घाटी

घाटी

डॉ. रश्मि

प्रभात पेपरबैक्स
www.prabhatbooks.com

प्रकाशक

प्रभात पेपरबैक्स

प्रभात प्रकाशन प्रा. लि. का उपक्रम

4/19 आसफ अली रोड, नई दिल्ली–110002

फोन : 23289777 • हेल्पलाइन नं. : 7827007777

इ–मेल : prabhatbooks@gmail.com ❖ वेब ठिकाना : www.prabhatbooks.com

संस्करण

प्रथम, 2021

मूल्य

दो सौ पचास रुपए

मुद्रक

आर–टेक ऑफसेट प्रिंटर्स, दिल्ली

———— ★ ————

GHATI

novel by Dr. Rashmi

Published by **PRABHAT PAPERBACKS**

An imprint of Prabhat Prakashan Pvt. Ltd.

4/19 Asaf Ali Road, New Delhi-110002

ISBN 978-93-90900-39-8

₹ 250.00

अपनी बात

हिंसा का पुराना इतिहास रहा है। सभ्यता के साथ ही हिंसा या प्रभुत्व स्थापना हेतु स्वयं को श्रेष्ठ सिद्ध करना और सामनेवाले का दमन करना पुराने समय से होता आया है। हिंसा का सहारा लेकर ही मनुष्य अपने अस्तित्व को सुरक्षित रखता आया है और अन्य जीवों पर प्रभुत्व जमाता आया है, लेकिन जब जाति, धर्म, पंत, संप्रदाय या मजहब के नाम पर हिंसा होती है तो मानवता शर्मसार हो उठती है। ऐसा अनेक बार हुआ है कि इन सबके नाम पर मनुष्य ने मनुष्य को ही मौत के घाट उतारा है।

आजादी के समय एक ओर तो हर्ष था कि वर्षों की गुलामी खत्म हुई और अंततः ब्रिटिश राज समाप्त हुआ, अब अपने देश में हमारा अपना राज होगा, लेकिन यह आजादी बँटवारे का दर्द साथ लेकर आई। उस समय मानवता ने हिंसा का वो चरम देखा, जिसे आज भी सुनकर या पढ़कर आत्मा काँप उठती है। हमें आजादी मिली जरूर, लेकिन उसकी बहुत बड़ी कीमत भी चुकानी पड़ी। सीमा रेखा के दोनों पार मानवता की इतनी लाशें गिरीं कि गिनना भी नामुमकिन था। हिंदू-मुसलिम के नाम पर न जाने कितने अत्याचार हुए, औरतों का जीवन नरक से भी बदतर बना दिया गया, बच्चे यतीम हो गए। कुछ ही जिंदा सरहद पार कर रहे थे, उससे ज्यादा तो मुर्दे यहाँ से वहाँ बँटवारे की भेंटस्वरूप भेजे जा रहे थे। दोनों पार लाशों से भरी ट्रेनें, ट्रक के ट्रक मुर्दों से भरे हुए, नदी में तैरती खोपड़ियाँ···कितना बीभत्स था यह विभाजन।

बात यहीं पर नहीं रुकी। सांप्रदायिक हिंसा की यह आँधी समय-समय पर चलती रही। सन् 1984 में सिखों के साथ हुए अत्याचार की पराकाष्ठा इसी बात

से लगाई जा सकती है कि दो सिख अपराधियों का बदला पूरे समुदाय के साथ लिया गया। देश की इतनी बड़ी हस्ती की हत्या हो जाना कोई मामूली बात नहीं थी, लेकिन उस हत्या के बदले पूरे सिख समुदाय पर हमला कर देना और उनकी नृशंस हत्या किया जाना भी कोई मामूली घटना नहीं थी। अमानवीयता की सारी हदें पार कर दी गई थीं। लूटपाट से शुरू हुई घटनाएँ कुछ ही घंटों में हिंसा में तब्दील हो गईं। बेरहमी से अंगों को काटा गया, मिट्टी का तेल डालकर, पेड़ से बाँधकर, टायरों और बोरों में डालकर जिंदा जला दिया गया। बदले की इस हिंसा को लोगों ने खुली आँखों से देखा।

धर्म, सम्प्रदाय, पंत, मजहब आदि मनुष्यों ने ही बनाए हैं। हमारे पुरखों ने हमें संगठित और मर्यादित रखने के लिए, सभी को अपने समान समझकर उसके साथ सहिष्णु बने रहने के लिए धर्म की परिकल्पना की होगी और यह अस्तित्व में आया होगा, लेकिन आज का इनसान इन्हीं सबसे उलट करने में लगा हुआ है। हम चाहे किसी भी धर्म को देख लें, चाहे किसी भी धार्मिक ग्रंथ को पढ़ लें, सभी प्रेम और इनसानियत की ही बात करते हैं, लेकिन दिक्कत तो इसी बात की है कि दूसरे धर्म और उनके धार्मिक ग्रंथों को तो छोड़ो, आजकल का मनुष्य तो अपने ही धर्म और अपने ही धार्मिक ग्रंथों की शिक्षाओं को समझ नहीं पाता। व्याख्या करनेवाले मजहबी ठेकेदार जो कह देते हैं, उसे ही आँख मूँदकर सच मान लेता है। हिंदू सोचते हैं कि स्वर्ग हमें ही मिलेगा, बाकी सब तो भटके हुए हैं। मुसलिम इस वहम में हैं कि जन्नत तो बस हमें ही नसीब होगी, जितने भी गैर-मुसलिम हैं, वे सभी गुमराह हैं। ईसाई मानते हैं कि हमारे अलावा बाकी सब-के-सब भ्रम की जिंदगी जी रहे हैं, जबकि सच तो यह है कि आज सभी लोग अपने धर्म से शिक्षा लेने की बजाय दूसरों के धर्म में बुराइयाँ अधिक खोजते फिर रहे हैं। मनुष्य की यही प्रवृत्ति उन्हें आपस में लड़वाती है, समाज की बरबादी का बहुत बड़ा कारण बनती है।

कश्मीर से पंडितों को पलायन के लिए मजबूर कर देना सांप्रदायिक हिंसा के साथ-साथ आतंकवाद का भी विद्रूप चेहरा दिखाता है। आतंकवाद संप्रभु राष्ट्रों की विस्तारवादी सोच की ही देन है, लेकिन आज यह इतना विस्तार ले चुका है कि विश्व का कोई देश इससे अछूता नहीं है। प्रत्येक देश के लिए आतंकवाद एक

प्रमुख समस्या है। सभी इससे मुक्ति हेतु हल पाने के लिए कटिबद्ध हैं, किंतु सभी इससे ग्रसित भी हैं। आतंकवाद हो या अतिवाद दोनों ही हमारे समाज के लिए एक भीषण समस्या हैं।

मैंने अपने इस उपन्यास में सिखों पर हुए नृशंस हमले और कश्मीरी पंडितों के साथ की गई अमानवीयता को केंद्रीय विषय बनाया है। मेरे उपन्यास का नायक सिख है और नायिका कश्मीरी पंडित। दोनों अपने जीवन में इन त्रासदियों से गुजरते हैं। हिंसक घटनाएँ नायिका के मन-मस्तिष्क में गहरा असर छोड़ जाती हैं। वह इतनी भयभीत हो जाती है कि अपने ही माता-पिता के घर में, अपनी घाटी में जाना छोड़ देती है, अंततः वह शादी के 29 सालों बाद घाटी लौटती है और एक नई वास्तविकता से उसका सामना होता है। 'भय' उसे अब तक घाटी आने नहीं दे रहा था, लेकिन 'मुक्ति' उसे वहाँ खींच ही लाती है, जब आप इस उपन्यास को पढ़ेंगे तो इस भय और मुक्ति से परिचित होंगे।

आशा है कि आप सभी मेरे इस उपन्यास को पसंद करेंगे और अपना स्नेह प्रदान करेंगे।

—डॉ. रश्मि

अनुक्रम

अपनी बात *5*

1. घाटी की पुकार 11

2. जख्म जो भरते नहीं 33

3. जीवन : एक अनवरत यात्रा 72

4. बातें जो बिसरती नहीं 81

5. गुल, चिनार और वादियाँ 141

6. पीछा करती परछाइयाँ 168

7. एक चीख और खामोशी 187

घाटी की पुकार

यह कहानी है केसर की···हँसती, मुसकराती, प्यार की खुशबू बिखराती केसर···

यूँ तो यह सच है कि शादी के बाद लड़कियों का पीहर पीछे छूट जाता है, लेकिन केसर की कहानी कुछ अलग है। वह अपना पीहर छोड़ने पर मजबूर हुई। मजहब की अंधी आँधी ने उसका बचपन छीन लिया, घर छुड़वा दिया, समय से पहले जिम्मेदार बना दिया। बाद में वह आँधी शांत तो हो गई, लेकिन केसर के मन में दर्द की ऐसी गर्द भर गई कि अब वह उम्र के इस पड़ाव पर पहुँचकर भी उससे उबर नहीं पाई है।

अपने हँसमुख स्वभाव के कारण पति, बच्चों और सभी के साथ हँसती-खिलखिलाती तो रहती है, लेकिन अतीत के दर्द को साथ लिए···

उसने एक बार जो घाटी छोड़ी तो मानो छोड़ ही दी। पलटकर वहाँ जाने की हिम्मत ही नहीं जुटा पाई, हालाँकि उसके भयभीत माँ-बाप ने बड़ी हिम्मत दिखाई थी। वे नब्बे की त्रासदी के वक्त घाटी छोड़ने पर मजबूर तो हुए, लेकिन एक शरणार्थी की तरह कुछ ही समय श्रीनगर में रह पाए, बाद में निडरता के साथ यह तय करके कि अब तो जिएँगे भी वहीं और मरेंगे भी वहीं, अपनी उसी घाटी में लौट गए थे। आततायियों द्वारा उजाड़े गए अपने आशियाने के तिनके-तिनके को पुनः जोड़ लिया था।

···लेकिन केसर इतने साल पहले की इस त्रासदी के एक-एक पल को अब तक न भुला पाई थी। आज भी घाटी जाने की बात पर बिफर जाती, लेकिन माँ तो माँ ही होती है, फिर चाहे वह जन्म देनेवाली माँ हो या धरती माँ···वह तो

ताउम्र अपने बच्चों को सीने से लगाए रखना चाहती है, पुकारती ही रहती है।

"केसर! कश्मीर से माँ की चिट्ठी आई है।"

"उसे स्टडी टेबल पर रख दो मनवीर, रसोई का काम निबटाकर पढ़ लूँगी।"

"तुम हर बार ऐसे ही बोलती हो। पहले पढ़ लो यार, कोई जरूरी बात लिखी हो···"

"अरे! कहा न तुम्हें, रख दो, पढ़ लूँगी। वही होगी हमेशा वाली रट— कश्मीर आ जा और क्या जरूरी बात लिखी होगी!"

ऐसा कहते हुए केसर अनमनी हो उठी। मनवीर समझ गया कि अब वह दिन भर बुझी हुई रहेगी। हमेशा ऐसा ही होता था, जब भी उसकी माँ की चिट्ठी आती, केसर को उदास कर देती। यूँ केसर बहुत खुशमिजाज थी, लेकिन कश्मीर जाने की बात आती तो वह अनमनी हो उठती। बहुत कड़वी यादें थीं, वहाँ की केसर के जहन में, मिटाए नहीं मिटती थीं।

केसर के माता-पिता घाटी में रहते हैं और केसर का बचपन भी उन्हीं सुंदर वादियों में बीता, लेकिन बाद में हुई पलायन की त्रासदी से उसका मन इतना आतंकित हो उठा कि अब वह वहाँ जाने के लिए तैयार तक नहीं होती। शादी के बाद वह आज तक वहाँ नहीं गई। उसे अपने मायके गए उनतीस साल होने को आए, उसने एक बार जो घाटी छोड़ी तो पलटकर नहीं गई। उसकी माँ कभी फोन पर तो कभी चिट्ठी में हमेशा एक ही बात दोहराती रहती कि 'केसर, आ जा बेटी। एक बार आ जा···तुम सभी बच्चों की बहुत याद आती है। ये घाटी भी तुम लोगों को बुला रही है, अब ये घाटी पहले जैसी नहीं है, कोई डर नहीं है यहाँ···आ जा बेटी।' लेकिन केसर तो वहाँ जाने को राजी ही न थी। उसके मन में अब भी उस रात का खौफ समाया हुआ था। उन डरावनी यादों को वह आज तक अपने जेहन से निकाल नहीं पाई थी, जैसे कोई तीखा काँच गड़ जाए, बहुत दर्द दे, लेकिन इनसान उसे चाहकर भी निकाल न पाए···और यदि निकाल भी दे तो देर तक टीसता रहे।

उसने जिन यातनाओं से गुजरते हुए वह घाटी छोड़ी थी, वे आज भी उसके मन-मस्तिष्क में तरोताजा हैं।

उसका पति मनवीर भी अकसर उसे समझाता, "केसर! तुम्हें अपने इस डर से बाहर निकलना ही पड़ेगा, वैसे भी जो बीत गई, वो पुरानी बात थी, लेकिन अब माँ-बाबूजी की खातिर, अपने बच्चों की खातिर हमें कश्मीर चलना चाहिए, अब तो दोनों बच्चे भी बड़े हो चुके हैं और नाना-नानी के पास कश्मीर चलने की जिद करने लगे हैं। तुम भी अपने डर को पीछे छोड़कर आगे बढ़ो केसर।"

हालाँकि मनवीर केसर के मन की पीड़ा को भी बखूबी समझता था। आज भी वह देख रहा था कि केसर अपना मन नाश्ता बनाने में लगाना चाह रही है, लेकिन नहीं लगा पा रही है। एक ओर उसका पीहर उसे पुकार रहा था, जबकि दूसरी ओर आतंक उसे दर्द में धकेल देता था। आज फिर माँ की चिट्ठी ने उसे विचलित कर दिया है।

मनवीर ने आलू छीलती हुई केसर के हाथ से चाकू लिया और उसे अलग रख दिया, फिर उसकी हथेली अपने हाथों में लेकर बड़ी ही कोमल आवाज में बोला, "यही हाथ थामकर तुमने जिंदगी भर मेरे साथ चलने का वचन दिया था, अब मुझसे ही अपना दुःख छुपा रही हो। क्या हुआ, मुझे नहीं बताओगी? आजकल माँ से तुम्हारी बात नहीं हो रही क्या? या तुम उनका फोन नहीं उठा रही हो? जब तुम उनसे बात नहीं करती हो या घाटी में नेटवर्क कट जाता है, तभी वे खत लिखती हैं। बताओ केसर क्या बात है?"

केसर धीरे-धीरे पिघलने लगी, आँखें नम हो उठीं, जुबान बस हिलकर रह गई। वह कुछ नहीं बोल पाई, बल्कि उसने अपनी नजरें झुका लीं। वह बोले भी तो क्या बोले! उसे समझ में ही नहीं आ रहा था। एक ओर माँ हैं, जो उससे कश्मीर आने की जिद करती रहती हैं, जबकि दूसरी ओर उसके भीतर का डर है, जो उसे कश्मीर जाने से रोकता रहता है...वह करे तो क्या करे! मनवीर जानता तो है उसके दिल का हाल और क्या बताए वह उसे!

केसर कुछ नहीं बोली। मनवीर ने ही बोलना जारी रखा, "केसर हम बहुत खुशकिस्मत हैं कि हम दोनों के माता-पिता का साया हमारे सिर पर है। तुम उन सभी से लगातार बात करती रहती हो, इसलिए मैं भी निश्चिंत रहता हूँ, वरना मैं तो अपने ऑफिस जाकर इतना व्यस्त हो जाता हूँ कि किसी से बात ही नहीं

कर पाता। कल अमृतसर से बेब्बे का फोन आया था। बता रही थीं कि तुमने उनकी दवाइयाँ यहाँ से कोरियर कर दी हैं। बहुत प्यार और आशीष दे रही थीं तुम्हें। मैं तो अपनी व्यस्तता में उनसे दवाइयों के बारे में पूछना भूल ही गया था, थैंक्यू केसर।"

"अरे! इसमें थैंक्यू कैसा, वे मेरे भी तो माता-पिता हैं।" केसर पति की आँखों में अपने लिए बेशुमार प्यार देख रही थी। मनवीर ने उसके गालों को अपनी दोनों हथेलियों में लेते हुए कहा, "चिंता मत किया करो। खुश रहा करो, जब तुम अपने अंतर्मन से पूरी तरह तैयार हो जाओगी, हम तभी कश्मीर चलेंगे, लेकिन जान! खुद को तैयार करने में ज्यादा देर मत कर देना। पहले ही काफी देर हो चुकी है। उम्रदराज माँ-बाप बच्चों की राह तकते-तकते पथरा जाते हैं अकसर···"

अपनी बात कहते-कहते मनवीर खुद भी भावुक हो उठा। केसर मनवीर का स्वभाव बहुत अच्छी तरह से जानती थी। वह जानती थी कि उसे हम दोनों के माता-पिता की बहुत चिंता रहती है। वह चाहता है कि वे हमारे साथ आकर रहें, लेकिन यह संभव नहीं, क्योंकि केसर के माता-पिता बेटी के घर आकर रहने को अपनी परंपरा के विरुद्ध मानते थे और मनवीर के माता-पिता अमृतसर जैसी पावन जगह और वहाँ वाले अपने घर को किसी भी कीमत पर छोड़ने को राजी नहीं होते थे। हाँ! ये बात और थी कि वे दोनों जल्दी-जल्दी यहाँ आते रहते। वे महीने दो महीने में आ ही जाते, कुछ दिन सबके साथ बिताकर फिर वापस अमृतसर लौट जाते, लेकिन केसर के माता-पिता को यहाँ आए लगभग छह साल होने को आए हैं। वे जल्दी नहीं आ पाते थे। इसके दो बड़े कारण थे, एक तो अब केसर की माँ की तबीयत ठीक नहीं रहती, दूसरे कश्मीर से यहाँ दिल्ली तक आने में सफर की अनेक दुश्वारियाँ हैं, सो अलग।

केसर अपनी माँ की यादों में खोई हुई सुबह का नाश्ता बनाने में जुट गई।

सुबह वह काफी व्यस्त रहती। सबसे पहले वह सभी के लिए नाश्ता बनाती, फिर इसके बाद ही कोई और काम करती। मनवीर भी अब नहाने चला गया था, क्योंकि उसके फैक्टरी जाने का वक्त हो रहा था। उसका अपना लकड़ी के फर्नीचर का पारिवारिक व्यवसाय था जिसे वह कड़ी मेहनत से

सँभालता था। उसकी मेहनत का ही नतीजा था कि उसका शोरूम पहले से तीन गुना अधिक बड़ा हो चुका था।

"बुलबुल बेटे! आज तुझे कॉलेज जाना है क्या?" केसर ने बेटी को आवाज देकर पूछा।

बुलबुल अपने कमरे से निकलकर बालकनी की तरफ जाते हुए बोली, "मम्मी! समझ में नहीं आ रहा कि जाऊँ या नहीं…वैसे कोई जरूरी लेक्चरर तो नहीं है आज, लेकिन कल और परसों दो दिन कॉलेज की छुट्टी है तो सोच रही हूँ कि हो ही आऊँ।"

केसर ने खाने की टेबल पर नाश्ता रखते हुए कहा, "अब मैं तो अपनी कोई राय दे नहीं सकती इसमें। तुम खुद ही डिसाइड करो बेटा।"

"हम्म…टीना से फोन करके पूछ लेती हूँ, अगर वो भी जा रही होगी तो मैं भी चली जाऊँगी।"

"कमाल की है तुम्हारी जनरेशन भी! अरे तुम्हें कोई क्लास जरूरी लगे तो जाओ। इसमें टीना का क्या रोल?"

"अरे मेरी प्यारी मॉम, कंपनी मिल जाती है न; समझा करिए।" कहते हुए बुलबुल अपनी मम्मी के गले से झूल गई और माँ-बेटी दोनों खिलखिलाकर हँस दीं।

तभी मनवीर भी तैयार होकर नाश्ते के लिए आ गया। माँ-बेटी को हँसते-खिलखिलाते देख उसे बहुत अच्छा लगा और यह सुकून भी हुआ कि चलो! अब केसर दिन भर उदास नहीं रहेगी। वह चिट्ठी की बात को पीछे छोड़कर बेटी के साथ हँस रही है।

लेकिन तभी बुलबुल पूछ बैठी, "मम्मी! नानी की चिट्ठी फिर आई है?"

"अभी तू नाश्ता कर ले, इसके बारे में बाद में बात करेंगे।" केसर ने धीरे से कहा।

"आप बात को टालिए मत…। खैर! अभी आप पापा को नाश्ता कराइए, मैं तब तक नहा-धोकर तैयार होकर आती हूँ, फिर हम साथ में कर लेंगे।"

केसर समझ गई कि बुलबुल नाश्ते के समय दोबारा यह टॉपिक छेड़ेगी। वह मनवीर की प्लेट में सब्जी डालने लगी। मनवीर केसर के हाव-भाव को

पढ़ता जा रहा था, लेकिन उसने कुछ बोलना ठीक नहीं समझा। वह नाश्ता करके ऑफिस के लिए निकलने लगा। हाँ! जाते-जाते उसने हमेशा की तरह केसर की ओर देखकर प्यार से कहा, "अच्छा चलता हूँ, अपना खयाल रखना।"

"ध्यान से जाना।" केसर ने भी हमेशा की तरह अपने चेहरे पर मुसकराहट सजाकर उसे विदा किया।

मनवीर को विदा करने के बाद वह बुलबुल के लिए नाश्ते की प्लेट तैयार करने लगी। वह मन-ही-मन बुलबुल के सवालों से बचने के लिए उत्तर भी सोचती जा रही थी।

···और वही हुआ। बुलबुल ने आते ही अपने सवालों की जैसे झड़ी ही लगा दी, "मॉम बताइए न···नानी ने क्या लिखा है? क्या हम जाएँगे इस बार उनके पास? आप क्यों नहीं जाना चाहतीं वहाँ? कितनी खूबसूरत जगह है कश्मीर। एक मैं हूँ, अपना ननिहाल होते हुए भी मैंने अब तक वहाँ की वादियाँ नहीं देखीं, धरती के उस स्वर्ग को नहीं देखा।"

'धरती का स्वर्ग'—बुलबुल के ये शब्द केसर के कान में जाकर दहकने लगे, उसके पूरे जिस्म को सुलगाने लगे। बुलबुल अपनी मम्मी का दर्द समझ तो रही थी, लेकिन वह चाहती थी कि अब वे उन कड़वी स्याह यादों से बाहर निकलें। वे फिर से घाटी जाएँ, अपने माता-पिता से मिलें, जैसे बाकी की औरतें अपने मायके जाती हैं, वे भी अपने मायके जाएँ। बुलबुल अब बड़ी हो चुकी थी। वह काफी समझदार लड़की थी। केसर ने भी उसका पालन-पोषण बेटी की तरह नहीं, बल्कि सहेली की तरह किया था। इसलिए वह अपनी मम्मी के साथ घुल-मिलकर बातें किया करती। उसने भी तय कर लिया था कि अब मम्मी को कश्मीर जाने के लिए तैयार करना ही पड़ेगा···उनका डर निकालना ही पड़ेगा···

"मम्मी! हम सब जानते हैं कि आप लोग किस तरह की परिस्थितियों में वहाँ से रातोंरात अपनी जान पर खेलकर भागे थे। उन घटनाओं की कल्पना भर से हमारा दिल काँपने लगता है, जबकि आपने तो वह समय जिया है। मैं आपके दर्द को समझती हूँ, लेकिन न जाने क्यों···"

"नहीं समझती हो तुम मेरा दर्द···" केसर ने बीच में बात काटते हुए कहा,

"बुलबुल तुम चाहे जितना भी समझना चाहो, तब भी उस दर्द को नहीं समझ सकतीं, जो कि हमने खुद पर झेला है, हालाँकि एक माँ होने के नाते मेरी ये दुआ है कि तुम कभी उस दर्द के छटाँक भर से भी न गुजरो।"

"आप अपने मन का दर्द मन में ही दबाकर रखेंगी तो वो कैसे मिटेगा? अब जो समय निकल गया, उसे बार-बार याद करके भी क्या फायदा!"

"इसीलिए तो बार-बार जुबान पर लाकर उस दर्द को दोहराना नहीं चाहती। तुम लोग तो इंटरनेट जनरेशन के बच्चे हो। क्या छुपा है तुमसे। अपने ही घर से बेदखल कर दिए जाने के हमारे किस्से तो जगह-जगह लिखे मिल जाते हैं, लेकिन दर्द के जिस स्याह रंग से वे हमारे जहन में छप चुके हैं, वे हमारे जहन के अलावा और कहीं देखने-पढ़ने को नहीं मिल सकते। बेटे, हम पहले भी तो इस बारे में कई बार बात कर चुके हैं न?" ऐसा कहते-कहते केसर की आँखें भर आईं और वह उठकर बाथरूम की ओर चली गई।

"मम्मी! सुनिए तो···सॉरी मम्मी।"

केसर ने पलटकर देखते हुए कहा, "कोई बात नहीं बेटे! अब तू कॉलेज के लिए तैयार हो जा, वरना तुझे देर हो जाएगी। इस टॉपिक पर हम बाद में भी बाद कर सकते हैं।"

बुलबुल जानती थी कि मम्मी इस वक्त अपना मन उसके सामने खोलकर नहीं रखेंगी, क्योंकि अभी उसे कॉलेज जाना है और वैसे भी वे इतनी जल्दी अपना मन खोलती भी तो नहीं हैं।

बुलबुल जल्दी-जल्दी नाश्ता कर अपने कमरे में तैयार होने चली गई। थोड़ी ही देर में रसोई से बरतनों के खनकने की आवाज से वह समझ गई कि मालती आंटी झाड़ू-पोंछा-बरतन करने आ गई हैं। उसने एक तरह से राहत की साँस ली कि चलो अब मम्मी उनके साथ काम करवाने में व्यस्त हो जाएँगी और अपना दर्द भूल जाएँगी।

"कुशल! उठ बेटा। कितनी देर तक सोएगा! पापा, दीदी, आंटी, मैं, हम सब अपना-अपना काम कर रहे हैं और एक तू है, जो अभी तक सोए जा रहा है! उठ जा मेरे बच्चे।" केसर अपने बेटे के सिरहाने बैठकर प्यार से उसका माथा सहलाने लगी। एक रुटीन की तरह सुबह के सभी काम होने लगे थे।

मालती सफाई का सारा काम निबटाकर चली गई। नाश्ता करने के बाद बुलबुल कॉलेज निकल गई और कुशल अपनी बास्केटबॉल लेकर बाहर खेलने चला गया। हाल ही में उसकी दसवीं की बोर्ड परीक्षाएँ खत्म हुई थीं। आजकल उसकी छुट्टियाँ चल रही थीं। रिजल्ट आने के बाद ही उसकी ग्यारहवीं कक्षा की पढ़ाई शुरू होगी। चूँकि वह पढ़ने में अच्छा था और पढ़ाई से जी नहीं चुराया करता था। इसलिए केसर भी उसके साथ ज्यादा टोका-टाकी नहीं करती थी। वह खुद ही अपनी मर्जी के मुताबिक कभी खेल लेता तो कभी पढ़ने बैठ जाता।

थोड़ी देर खेलने के बाद वह अपने कमरे में जाकर पढ़ने लगा। इधर केसर भी घर के छोटे-मोटे काम निबटाने लगी, लेकिन उसकी नजरें थीं कि रुक ही नहीं रही थीं। इधर से उधर आते-जाते स्टडी टेबल पर रखी माँ की चिट्ठी पर पड़ ही जाती। केसर भी बड़ी सख्त मिजाज थी, हर बार अपना जी कड़ा कर लेती और अपनी नजर उस पर से हटा लेती। वह उस चिट्ठी को पढ़ना भी चाहती थी और नहीं भी...

वह असमंजस में थी। वह उसे इसलिए पढ़ना चाहती थी, क्योंकि उसमें उसकी माँ के हाथ की खुशबू बसी थी, उसकी माँ की भावनाएँ रची थीं, उसकी माँ का प्यार और पुकार समाई थी और उसके कश्मीर की मिट्टी की सुगंध घुली थी, लेकिन पढ़ना इसलिए नहीं चाहती थी, क्योंकि उसे पढ़ने के बाद ही उसे कश्मीर घाटी के मरते-कटते हुए कुछ अपने लोग याद आ जाते, छोटे भाई अंबर का स्मरण हो आता, उसकी पुस्तकें जलने का दृश्य जीवंत हो उठता, कुछ अपनों के दरिंदगी भरे चेहरे नजर आने लगते। उसे पढ़ने के बाद जलते हुए घर, उठता हुआ धुआँ, टूटते हुए स्कूल-कॉलेज-मंदिर और सुलगते हुए, चीत्कारते हुए जिस्म आँखों के सामने घूमने लगते थे।

केसर अनमनी-सी एक कुरसी पर बैठ गई और घूर-घूरकर उस खत को देखने लगी। उसके अपने दर्द के आगे उसकी माँ की ममता जीत गई, उसने वह खत उठा लिया।

केसर हमेशा ही परिवार के सामने माँ के खत पढ़ने से बचती, फिर बाद में अकेले में पढ़ती और दिल खोलकर रोती।

आज भी यही होनेवाला था।

मेरी प्यारी बच्ची,

कैसी है तू?

एक माँ अपने बच्चों को याद करने और उन्हें दुआएँ देने के सिवाय और कर भी क्या सकती है। मैं भी बस वही करती रहती हूँ। तेरे पिता जी भी ठीक हैं। बस हमारी उम्र के अंक और हमारे चश्मे का नंबर बढ़ गया है, लेकिन फिर भी हम दोनों खुद को दिन भर किसी-न-किसी तरह से व्यस्त रखते हैं।

उम्मीद है तुम सब भी वहाँ ठीक होंगे। कुशल और बुलबुल कैसे हैं? उन्हें हमारा ढेर सारा प्यार देना। मनवीर तेरा बहुत खयाल रखता है, तू भी हमेशा उसका ध्यान रखना।

मेरी बच्ची! हमें तेरी बहुत याद आती है। तुझे देखे हुए छह साल हो गए हैं। एक बार ही आ जा चाहे, फिर नहीं बुलाऊँगी बेटे यहाँ के हालात अब इतने भी बुरे नहीं हैं कि तू यहाँ आने से डरे, हालाँकि मुझे पता है तू हालातों से नहीं डरती, बल्कि अपनी यादों से डरती है। तू आज भी उन काली सुलगती रातों को अपने भीतर सहेजे हुए है। केसू मेरी बच्ची वो समय ही इतना बुरा था कि उसे आसानी से नहीं भुलाया जा सकता, लेकिन बेटे अब यहाँ फौज दिन-रात निगरानी करती है। तू अपने भीतर का सारा डर निकाल दे और आजा।

सच-सच बताना कि क्या तुझे हमारी जरा भी याद नहीं आती? क्या तुझे मेरी ममता से बढ़कर अपना दर्द लगता है? एक बार मेरी ममता के साये में आजा, तेरे सारे दर्द, सारे डर दूर कर दूँगी। केसू तुझे आतंक की रातें तो याद हैं, लेकिन बचपन के वो दिन और वो रातें नहीं याद जो तूने मेरी ममता के साये में गुजारी थीं। क्या तुझे घर के आँगन का वो झूला कभी याद नहीं आता, जिसमें झूलने के लिए तुम दोनों भाई-बहन हमेशा झगड़ते रहते थे और फिर आखिर में दोनों ही उसमें मिल-जुलकर झूलने लगते थे। तुझे अपने बाबूजी का घोड़ा बनना और फिर तुम दोनों को बारी-बारी से अपनी पीठ पर सवारी कराना याद नहीं आता? हमारा मिल-जुलकर त्योहार मनाना, जन्मदिन मनाना, झील पर जाकर पूजा करना... वो सब तू भूल गई है?

तुझे पता है, अगर हम भी आतंक की रातें ही याद करते रहते तो आज

भी शायद रिफ्यूजी कैंप में ही जिंदगी काट रहे होते या फिर अब भी श्रीनगर में ही किसी किराए के घर में बसर कर रहे होते।

बेटा, सालों पहले हमने भी तो निर्णय लिया ही था न! जब हमने देखा कि हमारे दुःखों का कोई अंत नहीं है और हमारी तकलीफें सुनने और समझने का हौसला न सरकार के भीतर है और न ही यहाँ के लोगों के भीतर तो हमने खुद ही अपने हाथों अपने आँसू पोंछे और अपनी राह चल दिए। खुद ही अपने हालात सँवारने का निर्णय कर लिया। हम उस समय देख रहे थे कि यदि इस कैंप में रहे तो भी मरेंगे और यदि कश्मीर लौटे तो भी मरेंगे·· ऐसे में हमने अपने मन को कड़ा किया और अपनी धरती, अपने घर–आँगन में मरना ही उचित समझा। हम जैसे मजबूत इरादों वाले कुछ लोगों ने सुलगते हुए कश्मीर की ओर अपने कदम दोबारा बढ़ा दिए थे। जहाँ की आग से बचकर भागे थे, वहीं फिर चल दिए थे और करते भी तो क्या करते! रिफ्यूजी कैंप में कब तक रहते और किराए के घर को भी कब तक अपना ठिकाना बनाते, जबकि अपना खुद का इतना बड़ा घर घाटी में मौजूद था। उस समय हमारे लिए वह निर्णय लेना बिल्कुल ऐसे था, जैसे जानते बूझते हुए किसी दहकते जंगल की ओर बढ़ना, लेकिन फिर भी हमने अपने भीतर के डर को तिलांजलि देकर यह निर्णय लिया था।

तू ही सोच केसू, क्या हमारे लिए वो समय आसान था? क्या हमारे सामने मौत मुँह बाए नहीं खड़ी थी? लेकिन फिर भी हमने अपने घरों में ही लौटने का निर्णय लिया। मारे जाएँ तो मारे जाएँ, लेकिन अब रहेंगे तो वहीं, यही सोचकर हम लौट पड़े थे।

···और जब लौट आए, तब कुछ भी पहले जैसा न मिला। रास्ते और मोड़ों के अलावा कुछ ऐसा नहीं बचा था, जो पहचाना जा सके। हर तरफ ऐसा मंजर था, मानो किसी चमन को जलाकर राख कर दिया गया हो। जिन मोहल्लेवालों के सुख–दुःख में हम हमेशा साथ निभाया करते, वे ही हमारे सामने दुश्मन बने खड़े थे। सिर्फ एक ही पड़ोसी, मीर भाईसाहब ने हमारा साथ निभाया था।

केसर इतना सब सहने के बावजूद हमने भी तो अपने उस जले और

बिखरे हुए आशियाने के तिनके-तिनके को समेटा और उसे नए सिरे से दोबारा सँवारा। उस समय यह सब करना क्या हम दोनों के लिए आसान था? नहीं न! लेकिन फिर भी हमने किया। बेटे! अगर मुश्किलों के बीच जीना है तो अपने डर को जीतना भी पड़ता है।

दिन भर हमें घर के हर कोने से तेरी और तेरे भाई की आवाजें सुनाई देतीं। कानों में तुम दोनों की किलकारियाँ गूँजती रहतीं। कभी ऐसा लगता कि तुम आँगन में खेल रहे हो तो कभी महसूस होता कि कमरे में बैठे पढ़ रहे हो, लेकिन अगले ही पल अपने सूने घर और सूने मन का एहसास अंदर तक चीर डालता। तेरे बारे में सोचकर तो हम फिर भी एक-दूसरे को तसल्ली दे दिया करते थे, लेकिन तेरे भाई की याद आते ही हमारे सीने दर्द से सुलगने लगते। दिमाग की एक-एक नस तड़कने लगती। तेरे पिताजी ने तो उसके बारे में बात करनी बंद कर दी थी। उन्होंने घर में अपने बेटे की एक भी निशानी नहीं छोड़ी, जैसे कि वह हमारे जीवन में कभी आया ही न हो। वे अपने उस नालायक बेटे को पूरी तरह से भूल जाना चाहते थे। उनके लिए उनका एक ही बच्चा था…सिर्फ तू !

केसर बेटे! हमने बहुत कुछ खोया है इस धरती में, लेकिन फिर भी हम इसे छोड़कर कहाँ जाएँगे? आखिर यही हमारी मातृभूमि है, अब तो जीना भी यहीं है और मरना भी यहीं है। उम्मीद करती हूँ कि तू मेरा दुःख समझेगी। तू तो खुद भी एक माँ है। तू इस माँ का दर्द नहीं समझेगी तो कौन समझेगा?

तेरे इंतजार में,
तेरी माँ।

केसर पढ़ते-पढ़ते इतना रोई कि आधा पत्र तो उसके आँसुओं से ही तर हो गया। अपना घर-आँगन, स्कूल, वादियाँ सब उनकी आँखों के सामने तैरने लगे। पापा के साथ खेले तरह-तरह के खेल, घर के आँगन में लगा झूला और उसमें लगीं छोटी-छोटी घंटियाँ, माँ के साथ हँसना-रोना सब याद आने लगा। उसे वो घटना याद हो आई, जब एक घंटी को लेकर उसके और भाई के बीच जबरदस्त झगड़ा हुआ था।

दरअसल केसर झूले को सजाने के लिए कुछ छोटी-छोटी सुनहरी घंटियाँ खरीदकर लाई थी और उन्हें गिनकर आधा-आधा दो हिस्सों में बाँट झूले की रस्सी के दोनों तरफ लगा रही थी, तभी उसने देखा कि एक तरफ के हिस्से के लिए एक घंटी कम पड़ रही है। उसे ताज्जुब हुआ, क्योंकि उसने तो बराबर गिनकर रखीं थीं तो फिर एक कम कैसे हो गई! जब भी कोई चीज नहीं मिलती, तब उसका शक हमेशा अंबर पर ही जाकर ठहरता था।

अब वो भी तो उस समय बच्ची ही थी, जबकि अंबर तो और भी छोटा था।

"तूने मेरी एक घंटी ली?"

"मैं क्यों लूँगा तेरी सड़ी-सी पीली-पीली घंटी? और वैसे भी मैंने तो कोई घंटी-वंटी देखी भी नहीं···ऊँह।"

"जब देखी ही नहीं तो तुझे कैसे पता कि वो सड़ी-सी और पीली-पीली थी···बोल?' केसर ने अंबर के कान उमेठते हुए पूछा।

अपने कान पकड़े जाने से हुई हेठी से तिलमिलाया अंबर माँ को जोर-जोर से आवाज देकर पुकारने लगा। उसने अपने ही हाथों अपना कान इतना रगड़ डाला कि वो टमाटर की तरह लाल हो उठा। यह उसकी हमेशा की आदत थी, जब भी वह कोई शरारत करता और कोई उसे मारता तो वह उस हिस्से को अपने ही हाथों रगड-रगड़कर इतना लाल कर लेता कि देखनेवाले को उस पर दया आ जाती। सभी को लगता कि वाकई उसे बहुत तेज मारा गया है।

आज भी उसने यही किया। अपना कान लाल कर लिया और माँ से रोते हुए बोला, "देखो माँ, दीदी ने कितने जोर से मेरा कान खींचा। वो तो उखाड़ने ही वाली थी लेकिन आप आ गईं इसलिए मैं बच गया।"

माँ भी अपने शरारती अंबर को खूब जानती थीं, लेकिन फिर भी उन्होंने प्यार से उसका कान सहलाया और केसर पर झूठ-मूठ का गुस्सा करते हुए बोलीं, "केसू! कोई ऐसे मारता है अपने छोटे भाई को? चल प्यार कर इसे।"

"लेकिन माँ इसने मेरी एक घंटी चुरा ली और मान भी नहीं रहा है। इस घर में इसके अलावा और कौन मेरी घंटी चुराएगा?"

"अरे वाह! मैं कोई चोर हूँ, जो तेरी घंटी चुराऊँगा?"

"हाँ तू चोर है और एक नंबर का बेईमान भी···अब बैठना मेरे झूले में।"

"हाँ, हाँ, नहीं बैठूँगा तेरे उस सड़े से झूले में।"

"क्यों नहीं बैठेगा तू झूले में? वो जितना दीदी का है उतना ही तेरा भी है, लेकिन तूने दीदी की घंटी क्यों ली? यह तो वाकई बेईमानी है। चल घंटी वापस कर दे।"

"नहीं है मेरे पास। पहले इनसे कहो कि ये मुझसे माफी माँगे।"

तब तक माँ ने लाड़ करते हुए अंबर को अपनी गोद में उठा लिया और अगले ही पल उसकी निक्कर की जेब में हाथ डालकर घंटी बाहर निकाल दी। इस तरह से अचानक चोरी पकड़े जाने पर अंबर एकदम खिसिया गया और माँ की गोद से उतरकर रोते और पैर पटकते हुए अपने कमरे में भाग गया।

तभी पीछे से केसर चिल्लाई, "बेईमान कहीं का!"

बेईमान कहीं का…

सच में वह एक नंबर का बेईमान निकला। सभी को रोता-बिलखता छोड़कर चला गया। घर में सबसे छोटा था और सबसे पहले ही मौत को गले लगाने निकल पड़ा।

अंबर को याद करते हुए केसर काफी देर तक रोती रही और यूँ ही रोते-रोते सोफे पर सो गई।

कॉलेज से लौटी बुलबुल ने जब घंटी बजाई तब उसकी आवाज से केसर की आँख खुली। अगले पल उसने सुना कि कुशल दरवाजा खोलने पहुँच गया है।

कुशल ने अपने मुँह पर उँगली रखते हुए बुलबुल से फुसफुसाकर कहा, "श्श्श्श दीदी! मम्मी सो रही हैं। आज बहुत उदास हैं।"

"हाँ! वो नानी की चिट्ठी आई है न। अच्छा सुन! एक गिलास पानी पिला दे भाई।"

"अभी लाया।"

केसर ने उठकर अपने हाथ-मुँह धोए, फिर बाहर बेटी के पास आ गई। उसने अपने लंबे बालों को समेटकर जूड़ा बनाते हुए पूछा, "आज क्लास हुई?"

"हाँ हुई ना, अच्छा हुआ मम्मी, जो आज मैं चली गई। आज बहुत जरूरी लेक्चर्स हुए। आज के लेक्चर्स सेमेस्टर टेस्ट में बहुत हेल्प करेंगे।"

"फ्रेश होकर आजा। खाना लगाती हूँ।"

"हाँ, बहुत तेज भूख लगी है। आप लोगों ने खाया?"

"नहीं। तेरे आने का इंतजार कर रहे थे। साथ ही खाएँगे।"

कुशल भी खाने की टेबल पर आ गया। वह घर में सबसे छोटा जरूर था, मगर समझदार था। जिस दिन वह मम्मी को शांत और उदास देखता, उस दिन उन्हें जरा भी तंग न करता। वह तो बस इतना ही जानता था कि बड़े लोगों की टेंशन थोड़ी ज्यादा ही बड़ी होती है और मैं अभी इतना भी बड़ा नहीं हुआ हूँ कि उनकी कोई हेल्प कर सकूँ, लेकिन इतना तो कर ही सकता हूँ कि अपनी ओर से उन्हें जरा भी परेशान न करूँ। वह चुपचाप हाथ धोकर आकर बैठ गया और कुरसी के नीचे अपने पैरों को निश्चिंतता से हिलाने लगा। उसने माँ को कनखियों से देखा, मानो आँखों-ही-आँखों से यह पूछ रहा हो कि 'मैं आपको तंग तो नहीं कर रहा न?' केसर को उस पर प्यार आ गया और वह मुसकरा दी। उसने थालियाँ रखते हुए कुशल के बालों को स्नेह से सहला दिया।

बुलबुल ने उसकी बगलवाली कुरसी पर बैठते हुए पूछा, "और मिस्टर कुशल! कैसे आज का दिन पास किया? कुछ पढ़ाई-लिखाई की या सिर्फ खेलता ही रहा?"

"थोड़ा पढ़ा भी, थोड़ा लिखा भी और थोड़ा खेला भी। अभी तो छुट्टियाँ हैं।" कुशल ने लापरवाही से जवाब दिया, फिर उसने बुलबुल से पूछा, "दीदी, खाना खाने के बाद मेरे साथ वीडियो गेम खेलोगी?"

"धत्त पगले! मेरे टेस्ट शुरू होनेवाले हैं और तुझे खेलने की सूझ रही है! और तू भी पढ़ ले। इलेवेंथ क्लास है तेरी इस बार!"

बुलबुल के ऐसा बोलते ही कुशल का मुँह लटक गया।

उसका लटका मुँह देखकर केसर ने कहा, "सुन कुश, तू पढ़ चुका है न? अभी फ्री है तो चल मेरे साथ नवरेह की तैयारी करवा। हम लोग उसके लिए प्लानिंग करते हैं। मैं सामान बोलती जाती हूँ और तू लिस्ट बना।"

"अच्छा मम्मी! वो हमारा वाला हैप्पी न्यू ईयर आने वाला है?"

"हाँ वही।" बुलबुल और केसर हँस दीं।

केसर और मनवीर ने प्रेम-विवाह किया था। केसर कश्मीरी पंडित थी,

जबकि मनवीर सिख, लेकिन फिर भी वे सभी पर्व बहुत ही हर्ष से मनाया करते। उन्होंने अपने बच्चों को भी किसी बंधन में नहीं बाँधा था, बल्कि उन्हें हर प्रकार की आजादी दी थी। चाहे लोहड़ी हो या नवरेह, गुरुपर्व हो या वसंत पंचमी, बैसाखी हो या हेरथ, वे सभी त्योहार बड़े उल्लास से मनाते।

शाम को मनवीर के दफ्तर से लौटते ही कुशल उनके पीछे पड़ गया, "चलो पापा, बाजार से सामान लाने चलें।"

"अरे रुक तो! ऐसा कौन सा जरूरी सामान चाहिए तुझे, जो मेरे घर में घुसते ही शुरू हो गया। जरा बैठने तो दे। चाय नाश्ता करने दे। बात-वात करने दे।"

"अच्छा ठीक है जल्दी-जल्दी चाय पी लीजिए। हाँ बात-वात ज्यादा मत कीजिएगा, नहीं तो देर हो जाएगी। हमें बहुत सारा सामान खरीदना है। मम्मी बता रही थीं कि इस फेस्टिवल में मर्द सारा सामान लाते हैं और औरतें थाल सजाती हैं।" कुशल ने बड़ी ही संजीदगी के साथ कहा। मनवीर के साथ-साथ केसर और बुलबुल भी उसकी इस बात पर खिलखिलाकर हँस दिए।

"हँस क्यों रहे हैं आप लोग! आज मम्मी ने ही बताया कि नवरेह बहुत ध्यान से करना चाहिए। हमारा पूरा साल फिर वैसा ही जाता है।"

"अच्छा ठीक है बाबा, हम सब काम ध्यान से करेंगे। बड़ा हो गया है, अब हमारा कुश। मर्द बन गया है, मर्द ···लेकिन बेटा मैं तुम्हें एक बात समझाना चाहूँगा कि यह सब हमारी परंपरा जरूर है, लेकिन आज के समय में औरत और मर्द दोनों ही बराबर हैं, अब दोनों मिलकर सभी काम करते हैं। कोई किसी से न कम है और न ही ज्यादा। मम्मी तो तुझे सिर्फ रीति-रिवाज बता रही होंगी, लेकिन बेटा समय के साथ-साथ पुरानी रीतियाँ भी बदल जाती हैं। पहले अधिकतर औरतें घर सँभालती थीं, जबकि आदमी पैसे कमाने जाते थे, लेकिन आज यह परंपरा बदल गई है। आज कितनी सारी औरतें नौकरी करती हैं या बिजनेस सँभालती हैं, अब तुम अपनी मम्मी को ही देखो, अकसर वे भी फैक्टरी जाती हैं न? जब मैं शहर से बाहर होता हूँ, तब वे ही यहाँ का ऑफिस सँभालती हैं न?"

"हाँ ये तो है।" कुशल ने सहमत होते हुए कहा।

मनवीर और केसर दोनों ही नए विचारों वाले माता-पिता थे। वे अपनी संस्कृति और परंपराओं की गरिमा को बनाए रखते हुए बहुत ही सकारात्मक ढंग से अपने बच्चों की परवरिश कर रहे थे। न तो वे यह चाहते थे कि उनके बच्चे अपनी जड़ों को भूलें और न ही ये चाहते थे कि वे वर्तमान तरक्की के इस समय में पिछड़े कहलाएँ। मनवीर और केसर अपने दोनों बच्चों को समान सुविधाएँ देते थे। उनके लिए जैसी बुलबुल थी वैसा ही कुशल···उन्होंने दोनों में कभी कोई भेद नहीं किया। वे घर-बाहर के कामों में भी दोनों बच्चों की भरपूर मदद लिया करते और उन्हें आत्मनिर्भर बनने के लिए प्रेरित करते रहते।

कुशल थैला उठाए तब तक पूरे घर में टहलता रहा, जब तक मनवीर ने गाड़ी की चाबी नहीं उठा ली।

"चल बाबा चल···" मनवीर ने बेचैन कुशल की पीठ पर प्यार भरी एक चपत लगाते हुए कहा और अगले पल दोनों हँसते हुए गेट से बाहर निकल गए।

कश्मीरी पंडितों के लिए नवरेह बहुत महत्त्वपूर्ण पर्व होता है। इसी दिन से उनके नए वर्ष की शुरुआत होती है। वे अपने बच्चों के जन्मदिन से लेकर साल भर आनेवाले बाकी सभी पर्व और त्योहार इसी के आधार पर मनाते हैं। नवरेह से एक दिन पहले कश्मीरी पंडित पवित्र विचार नाग के झरने की यात्रा करते हैं तथा इसमें पवित्र स्नान करके अपनी मलीनता को दूर करते हैं। इसके बाद ही प्रसाद वगैरह ग्रहण करते हैं। प्रसाद को 'व्ये' कहते हैं। इसे बनाने के लिए तरह-तरह की जड़ी-बूटियाँ डाली जाती हैं और घर में पिसे चावल की पिट्ठी भी बनाई जाती है। नवरेह की सुबह सबसे पहले चावल से भरे बरतन को श्रद्धा के साथ देखते हैं। ऐसा माना जाता है कि इससे घर में धन-धान्य और समृद्धि बढ़ती है। यदि परिवार का कोई कुलगुरु होता है तो वह इस दिन परिवार को नया कश्मीरी पंचांग देता है, जिसे नेची पत्री कहा जाता है। इस पंचांग में साल भर की शुभ तिथियाँ, समय, अन्य धार्मिक दिन और पर्व आदि लिखे होते हैं। एक अलंकृत पत्रावली भी दी जाती है, जिसे क्रीच प्रच कहते हैं। इसमें देवी शारिका की मूर्ति बनी होती है। घर की महिलाएँ शाम से ही थाली तैयार करने लगती हैं। इस थाली को 'थाल बरुन' कहा जाता है। इस दिन ब्रह्मा की पूजा का विधान है। नीलमतपुराण के अनुसार इस नवसंत्सर पर ब्रह्मा, विष्णु और महेश के अतिरिक्त ग्रह, नक्षत्र, संवत्सर आदि

काल के अंगों सहित सातों लोकों, सातों भुवनों, सातों द्वीपों आदि की पूजा भी करनी चाहिए।

केसर अपने बचपन में माँ को अनेक रीति-रिवाजों का पालन करते हुए देखती थी। वह भी अब तक जितना संभव हो सके परंपरागत तरीके से इस पर्व को मनाती आई थी, हालाँकि यहाँ दिल्ली में कश्मीर की तरह हर रीति को मनाना संभव नहीं हो पाता था, फिर भी वह हर पर्व पूरी श्रद्धा से मनाने की कोशिश करती। परिवार के सभी सदस्य उत्साह के साथ उसका हाथ बँटाते।

अभी शाम होने में जरा वक्त बाकी था। केसर अपने कमरे में तैयार होने चली गई। जाते-जाते उसने बुलबुल के कमरे की ओर मुँह करके कहा, "बुलबुल बेटे, तुम और कुश भी नए कपड़े पहनकर तैयार हो जाओ।"

"जी माँ।"

जैसे ही केसर कुछ कहने के लिए मनवीर की तरफ पलटी, वह खुद ही बोल पड़ा, "हाँ, मैं भी बस दो मिनट में तैयार हुआ देखना तुम्हें हरा दूँगा। तुम तो अभी लाली, बाली, हार, झुमके न जाने क्या-क्या करोगी!"

"अच्छा जी! तो न करूँ? आप कहें तो नहीं करती।" केसर ने पति की तरफ देखकर इतराते हुए कहा।

"अजी कर लीजिए। उसके बाद तो आपके चाँद जैसे मुखड़े का नूर और भी देखते बनता है।" मनवीर केसर के लंबे बालों को प्यार से सूँघते हुए रोमांटिक अंदाज में बोला। उसकी इस शरारत पर केसर लजा उठी, लेकिन फिर भी बनावटी गुस्सा दिखाते हुए बोली, "अच्छा जनाब अब ज्यादा रोमांटिक मत बनिए। जाइए जाकर तैयार होइए।"

"जो हुकुम मेरे आका…जा रहे हैं।" मनवीर अकसर मस्ती करते हुए ऐसे ही बोलता था।

केसर मुसकरा दी और फिर काफी देर तक यूँ ही मन्द-मंद मुसकराती रही। इन्हीं छोटी-छोटी मस्तियों और हँसी-मजाक ने जीवन में रस घोल रखा था। इनसान को खुश रहने के लिए और क्या चाहिए भला? थोड़ा सा सुकून और अपनों का साथ।

केसर तैयार होकर सीधे बुलबुल के कमरे में पहुँची और उसकी बलाएँ

लेते हुए बोली, "कितनी प्यारी लग रही है मेरी बच्ची, बिल्कुल गुड़िया जैसी।"

तभी वहाँ मनवीर भी आ पहुँचा। "अरे वाह! सब तैयार हो गए, लेकिन हमारे कुशल बाबू नजर नहीं आ रहे!"

"अरे मनवीर तुम ही जाकर देखो न उसे, तैयार क्यों नहीं हुआ अब तक! जरूर कपड़े सलैक्ट करने में उलझा पड़ा होगा, ये लड़का भी न! बुलबुल! तू चल मेरे साथ, थाल तैयार करवाने में मेरी मदद कर।"

केसर ने एक बड़ी सी काँसे की थाल ली और उसमें चावल भरे। उस पर बादाम, दूध, दही, छोटा शीशा, चाँदी का सिक्का, पेन, नमक और नया पंचांग आदि रख दिया, फिर कुछ सोचते हुए बोली, "बुलबुल! पापा से एक नोट लेकर आ तो बेटा; वह भी इसमें रखना है।"

बुलबुल ने दो हजार का एक नोट लाकर रखा, फिर उस थाल को गेंदे के ताजे फूलों से सजाने लगी।

"पता है बुलबुल, मैं भी अपनी माँ के साथ ऐसे ही थाल सजाती थी। हम बचपन में नरगिस के फूलों से यह थाल सजाते थे।"

"मम्मी! इसमें इतनी सारी चीजें क्यों रखते हैं?"

"बेटा इस थाल को तेरह तरह की चीजों से सजाया जाता है। ये सभी चीजें हमारी परंपरा का प्रतीक हैं और पूरे साल हमारे लिए इनका खास महत्त्व होता है, जैसे यह पेन हमें ज्ञान देता है, अनाज हमें अन्न-भोजन देते हैं और यह चाँदी का सिक्का और रुपया हमें धनवान बनाए रखते हैं। इसमें घर के सदस्यों की संख्या के हिसाब से अखरोट रखे जाते हैं। अरे! अखरोट तो रह ही गए। बुलबुल जरा वो अखरोट पकड़ाना बेटे।"

बुलबुल ने चार अखरोट मुट्ठी में लेकर केसर की तरफ बढ़ा दिए।

"नहीं बेटे, पाँच अखरोट और दे।" कहते हुए केसर के चेहरे पर एक उदासी उतर आई।

केसर की बात का मतलब समझते ही बुलबुल को अपनी इस गलती पर पछतावा होने लगा। वह हर साल तो मम्मी के साथ थाल बरुन सजाती है, फिर भूल कैसे गई! बच्ची मन-ही-मन दुखी हो उठी। उसे पता है कि उसकी मम्मी हर साल दादी-बाबा, नानी-नाना और मामा के नाम का भी अखरोट रखती हैं,

फिर चाहे भले ही वे यहाँ हों या न हों। उनके लिए तो वे सब ही उनका परिवार हैं और हमेशा उनके साथ ही रहते हैं, कभी प्यार बनकर तो कभी आशीर्वाद बनकर। वह भूल कैसे गई! उसे पछतावा हो रहा था

बुलबुल ने धीरे से कहा, "सॉरी मॉम।" केसर ने प्यार से उसके गाल पर हाथ फेर दिया।

टिंग टॉग''

तभी दरवाजे की घंटी बज उठी। केसर बुलबुल की तरफ देखकर धीरे से बुदबुदाई, "इस समय कौन हो सकता है!"

बुलबुल ने अनभिज्ञता जाहिर करते हुए अपने कंधे उचका दिए। वह दरवाजा खोलने के लिए उठने ही वाली थी कि तब तक मनवीर और लाड़ले कुशल बाबू भी तैयार होकर बाहर आ गए। मनवीर ने दरवाजे की तरफ बढ़ते हुए बुलबुल को बैठे रहने का इशारा किया और कहा "तुम बैठो। मम्मी के साथ काम करवाओ, मैं देखता हूँ।"

अगले ही मिनट कुशल की आवाज चहक उठी, "दादी-दादा आ गए।"

केसर दौड़कर बाहर पहुँची। सास-ससुर का आशीर्वाद लिया। बुलबुल भी दादी-दादा को देखकर खुश हो उठी। त्योहार की महक तो घर में फैली ही हुई थी, लेकिन उनके अचानक आ जाने से रौनक और बढ़ गई।

घर जैसे खिल उठा।

"मम्मीजी पापाजी! आप लोग अचानक!"

"हाँ पुत्तरजी, त्योहार था, इसलिए अपने बच्चों के पास चले आए। कैसा लगा हमारा सरप्राइज?"

"ये तो सचमुच बड़ा प्यारा सा सरप्राइज हो गया। बहुत अच्छा किया जो आप आ गए। असली त्योहार तो आप दोनों के आने से हुआ। बताइए क्या बनाऊँ आप दोनों के लिए?"

"मैं तो एक कप गरमागरम चाय लूँगा, वो भी मनवीर के हाथ की।" पापाजी ने बैठते हुए कहा।

"हाँ पुत्तर जरा भी भूख नहीं है।" फिर मम्मीजी ने मनवीर की तरफ देखते हुए कहा, "मनवीरे! चाय पिला दे बस। अच्छी बनाइए।"

मनवीर के माता-पिता के इसी स्वभाव ने केसर को अपना बना लिया था। वे उसे बहू नहीं, बल्कि बेटी की तरह प्यार करते।

केसर ने सास की तरफ थाल बढ़ाते हुए पूछा, "मम्मी जी! देखिए थाल पूरा तो है न? कुछ कमी तो नहीं?"

उन्होंने ध्यान से थाल को देखते हुए कहा, "मुझे तो हर चीज दिख रही है पुत्तर। तू और देख ले एक बार और वैसे भी पर्व तो सारे ही श्रद्धा के होते हैं। वाहेगुरु ईश्वर सच्चा बादशाह तो इन सबसे ऊपर है। वह तो मन के भाव देखता है बस!"

सभी ने उनकी हाँ में हाँ मिलाई। केसर भी संतुष्ट हो गई फिर बुलबुल से बोली, "बेटा इसे ढकने के लिए एक बड़ी थाल ले आ।"

सबने मिलकर प्रार्थना की और फिर बुलबुल ने थाल को ढककर पूजाघर की चौकी पर रख दिया। अगले दिन सुबह केसर ने पूजा की। इसके बाद थाल में रखे शीशे में अपना मुँह देखा और फिर उस शीशे को पूरे घर में घुमाया, तब तक बुलबुल भी आ गई। बुलबुल ने थाल की हर वस्तु को प्रणाम किया।

ऐसा माना जाता है कि थाल में प्रतीक स्वरूप रात भर रखी जानेवाली सभी चीजें पूज्य-सामग्री बन जाती हैं। उन्हें देखकर यह कामना की जाती है कि नववर्ष ऋद्धि-सिद्धि, समृद्धि, नीरोग, दीर्घायु, सुख-शांति, धन-धान्य आदि प्रदान करे। बुलबुल ने थाल की हर वस्तु को प्रणाम किया, फिर थाल दादी-दादा के पास ले गई, फिर पापा के पास और फिर कुशल के पास। कुशल ने देखा कि सभी लोग थाल की प्रत्येक वस्तु को प्रणाम कर रहे हैं और दीदी को शगुन दे रहे हैं।

"मुझे भी तो दो।" उसने तुनककर अपने दोनों हाथ दादी के सामने फैलाते हुए कहा।

"तुम्हें क्यों भई? लड़कों को नेग थोड़े ही न दिया जाता है।" दादी ने उसे छेड़ा।

"अरे वाह! ऐसे कैसे? बाजार से सारा सामान लाया मैं और मुझे ही कुछ नहीं मिल रहा!"

"बेटा! यह नेग बेटियों को दिया जाता है।"

"किसने कहा दादी? पापा बता रहे थे कि बेटा-बेटी सब बराबर होते हैं।

न कोई किसी से कम, न कोई किसी से ज्यादा।"

"अरे! इतनी बड़ी बात मैं कैसे भूल गई? ये तो तूने बिल्कुल ठीक बात कही। हाँ! सब एक बराबर होते हैं।" फिर वे दादाजी की तरफ देखकर अपना हाथ बढ़ाते हुए बोलीं, "सुनो! अपना बटुआ देना।"

दादा ने अपना बटुआ देने की बजाय दादी का ही पर्स उनके आगे कर दिया और शरारती मुसकराहट के साथ बोले, "मेरा बटुआ क्यों, तू अपना पर्स भी तो खाली कर। सुना नहीं? सब एक बराबर होते हैं। न कोई किसी से कम, न कोई किसी से ज्यादा।"

"हाँ-हाँ, सुन लिया जी, चंगी तरह सुन लिया त्वानू की लगदां, अस्सी कंजूस हां?" दादी ने तुनककर अपना पर्स ले लिया और कुशल को पैसे देने लगीं, फिर उन्होंने प्यार से उसके सिर पर हाथ फेरते हुए कहा, "नवरेह पोषतु।"

कुशल चहक उठा, "अरे वाह दादी, आपको तो कोशुर बोलनी भी आ गई!"

दादी ने अकड़कर दादाजी की तरफ देखा और बोली, "और नहीं तो क्या, हम किसी से कम हैं क्या!"

दादा जी ने बड़ी ही विनम्रता से दादी की तरफ देखकर अपने दोनों हाथ जोड़ लिए और सिर झुका दिया। सभी लोग खिलखिलाकर हँस पड़े। कुशल को दादी-दादा की इस मीठी नोक-झोंक पर खूब मजा आ रहा था, फिर वह अपने पैसे गिनने में व्यस्त हो गया।

सभी ने एक-दूसरे को नवरेह की शुभकामनाएँ दीं, "नवरेह पोषतु!" अर्थात् नववर्ष शुभ हो।

"मम्मीजी! मैं और बुलबुल मंदिर होकर आते हैं।" केसर ने सास से कहा।

"ठीक है पुत्तर, तब तक मैं रसोई में खाने की तैयारी कर लेती हूँ।"

"आज तो घर में खूब सारे व्यंजन बनेंगे, क्योंकि अब तो मम्मी और दादी दोनों मिलकर बनाएँगी और अब मैं दादाजी के साथ खेलूँगा, कहानियाँ सुनूँगा।" कुशल की खुशी का तो ठिकाना ही नहीं था।

मंदिर से लौटकर केसर रसोई में चली गई और बुलबुल अपने कमरे में जाकर पढ़ने लगी।

"आ गई पुत्तर? देख मैंने ये सब तैयारी कर दी है। तू सबको टेबल पर

बुला ले, तब इसके बाद ही गरमा गरम पूरी और कचौरियाँ उतारेंगे।"

"ठीक है मम्मी।"

"अरे सुन पुत्तर! पहले तू अपनी माँ और बाबूजी को नवरेह की बधाई तो दे दे, वे तेरे फोन का इंतजार कर रहे होंगे।"

"आप सुबह से अकेले ही सब काम कर रही हैं, आप थक गई होंगी। पहले यहाँ का काम खत्म करा दूँ, फिर फोन कर लूँगी।"

"न! बिल्कुल नहीं···पहले फोन कर, फिर कुछ और···चल।"

वे केसर के मन की स्थिति समझ रही थीं। बेटी को माँ-बाप की याद आती होगी। आज त्योहार है और आज तो बेटियाँ अपने मायके जाती हैं, दही मिठाई लेकर, अब तो उन्हें भी कश्मीरी त्योहारों की लगभग सभी रीतियाँ पता चल चुकी थीं।

जब उन्हें पता चला था कि उनके बेटे ने अपने लिए एक कश्मीरी लड़की को चुना है, वे तभी से केसर, कश्मीर और उनकी परंपराओं को अपनाने लगी थीं। उन्होंने वहाँ की परंपराएँ, रीतियाँ सभी में रुचि लेनी शुरू कर दी थी। इसमें उनके पति ने भी उनका खूब साथ दिया। हाँ! कुछ दोस्त और रिश्तेदार जरूर नाखुश हुए इस शादी से, लेकिन इससे उन्हें कोई फर्क नहीं पड़ा। उनके लिए अपने बच्चे से बढ़कर कुछ नहीं था। उन्होंने हमेशा ही अपने परिवार की खुशी को तवज्जो दी। अब तो इस बात को उनत्तीस साल होने आए। केसर का हँसमुख स्वभाव और अपने बेटे की खुशनुमा गृहस्थी देखकर उन्हें मनवीर के चुनाव पर गर्व होता।

"अरे, ये क्या ? तू तो आ भी गई! माँ-बेटी की बातचीत इतनी जल्दी खत्म भी हो गई!"

"जी मम्मी। अभी तो बस हालचाल पूछ लिए और बधाई दे दी। बाकी बाद में फुर्सत से बात कर लूँगी।"

केसर के उदास चेहरे को देखकर उन्होंने उसे पुचकारा और फिर अपने साथ काम में लगा लिया, ताकि उसका मन बहल जाए और उदासी कम हो जाए। वे समझ गईं कि उसे अपने माता-पिता की याद आ रही है।

□

जख्म जो भरते नहीं

मनवीर को आज कुछ जरूरी काम था, इसलिए वह सुबह आठ बजे ही फैक्टरी निकल गया। नाश्ते के बाद बुलबुल और कुशल बड़ी देर तक दादी-दादा के साथ बात करते रहे, फिर बुलबुल अपने कमरे में पढ़ने चली गई और कुशल बाहर अपने दोस्तों के साथ खेलने।

दोपहर में मम्मीजी, पापाजी और केसर साथ बैठकर बातें कर रहे थे।

पापाजी पंजाब के हालचाल बता रहे थे। मम्मीजी भी रिश्तेदारों-पड़ोसियों आदि की बातें बताने लगीं। अचानक हलकी-फुलकी बातचीत करते-करते बात का विषय गंभीर हो उठा। आतंकवाद की समस्या हर समय देश के सामने एक बड़ी चुनौती बनकर खड़ी रहती है, इस बात पर चर्चा क्या शुरू हुई कि धीरे-धीरे कमरे का माहौल संजीदा हो उठा।

"अभी कुछ समय पहले ही पुलवामा में इत्ना बड़ा हमला हुआ पुत्तर, हमारे जवानों की जानें चलीं गईं। पता नहीं आतंकवाद का यह गंदा खेल कब खत्म होगा!"

"पापाजी! इस खेल में न जाने कितने ही लोग शामिल हैं, जो परदे के पीछे से छुपकर खेल रहे हैं! मासूम लोगों के हाथों में बंदूकें थमा दी जाती हैं। उनके जीवन के साथ खिलवाड़ होता है, उन्हें उस जहान का लालच देकर, बहत्तर हूरों का ख्वाब दिखाकर, यह जहान तबाह करवाया जाता है।"

"तू सही कह रही है, जिन छोटे-छोटे हाथों में पुस्तकें होनी चाहिए, उनमें एके-47 थमा दी जाती हैं। जिन आँखों में भविष्य के सुनहरे सपने होने चाहिए, उन्हें मानव-बम में तब्दील कर दिया जाता है। जमीन के टुकड़े के लिए इनसान

राक्षस बन चुका है और उससे भी बुरा यह है कि आज हर मसले को धर्म के साथ जोड़कर देखा जाने लगा है। पूरा हिंदुस्तान धर्मनिरपेक्ष देश है, सब मिल-जुलकर प्यार से रहते हैं। हाँ, स्थानीयता का अपना रंग है, लेकिन ऐसा नहीं है कि पंजाब में दक्षिण भारतीय लोग नहीं रह सकते या उत्तर प्रदेश में कोई गुजरात-राजस्थान से आकर नहीं बस सकता। पूरा हिंदुस्तान एक राष्ट्र है।

अच्छा हुआ जो अनुच्छेद 370 और 35-A हटाने की तैयारियाँ चल रही हैं। जम्मू-कश्मीर के विकास के लिए इनका हटना बहुत जरूरी है। ये हमारे ही देश के अहम हिस्से को हमसे अलग करती रही हैं।"

"लेकिन पापाजी वहाँ के हालात इतनी आसानी से सुधरने वाले नहीं हैं, क्योंकि वहाँ आतंकवाद की जड़ें बहुत गहरी हैं। सीमा पर यह आतंकवाद आज भी आए दिन तबाही मचाता रहता है।"

"वो तो शुक्र है कि हमारे फौजी अपनी जान पर खेलकर चौबीस घंटे बॉर्डर पर तैनात रहते हैं, वरना आपको याद है जी! एक समय ऐसा भी था जब यही आतंकवादी दिल्ली और मुंबई तक पहुँच जाते थे।" मम्मीजी चिंतित होते हुए बोलीं।

"सही कहती है तू। मुझे आज भी याद है। कैसे घबरा गए थे हम दोनों, जब हमें पता चला था कि दिल्ली में सीरियल ब्लास्ट हो रहे हैं।"

"हाँ, वो धनतेरस का दिन था और हम बालकनी में खड़े दीवे देख रहे थे, तभी तुम्हारे दोस्त का फोन आया। उसी ने बताया कि जल्दी से टेलीविजन में समाचार लगा। देख तो दिल्ली में क्या अनर्थ हो गया है!"

मम्मीजी को बेचैनी से बोलता देख केसर ने सास की हथेली को स्नेह से सहला दिया।

"हाँ, याद है मुझे। मैं टी.वी. खोलने लगा था, लेकिन तुझसे रहा ही नहीं गया। तू सबसे पहले अपने बच्चों की खैर-खबर लेने दौड़ी और सीधे मनवीर को फोन लगा दिया था।" पापाजी ने याद करते हुए कहा।

"हाँ जी मम्मीजी, जब आपका फोन आया तब हम घर में ही थे। उस दिन हम कहीं गए ही नहीं। दिन में ही मैंने घर के पासवाली दुकान से दीये खरीद लिये थे। पता नहीं क्यों, उस दिन कहीं जाने का मन ही नहीं हुआ था और वैसे

भी तब कुशल बहुत छोटा भी तो था, जैसे ही मनवीर ने टीवी में न्यूज सुनी, मुझे पुकारा। जब आपका फोन आया, तब हम लोग भी न्यूज ही देख रहे थे। हम बहुत डरे हुए थे उस समय। आप दोनों से बात करने के बाद थोड़ा मन शांत हुआ था हमारा।"

"त्योहार के समय सरोजनी नगर की व्यस्त मार्केट और पहाड़गंज की मेन मार्केट में धमाके होना कोई छोटी बात नहीं थी। इन खबरों ने हमारे दिल को दहलाकर रख दिया था। इन्हें अंजाम देने के लिए आतंकी न जाने कब से प्लानिंग कर रहे होंगे। एक के बाद एक अलग-अलग जगह होनेवाले धमाकों ने सरकार की सुरक्षा व्यवस्था की पोल खोलकर रख दी थी। डी.टी.सी. बस तक में धमाका किया गया उस दिन। सभी को ऐसा लग रहा था कि जैसे जनता की जान की तो कोई कीमत ही नहीं रह गई है।"

"जनता की जान की कीमत कब रही है पापाजी? आप वो स्वर्णमंदिर पर हमला भूल गए? या वो सन् 84 के दंगे?"

"कुछ नहीं भूला पुत्तर और न ही कभी भूल सकता हूँ। पंजाब की इतनी हरी-भरी धरती और इतने मस्त गबरू मुंडे···सबको बरबाद करके रख दिया। देश की आजादी को लेकर पूरा देश सपने देख रहा था। सभी को लग रहा था कि आजादी के बाद ब्रिटिश चले जाएँगे और हमारे देश पर अब हमारा राज होगा। महात्माजी, नेहरूजी, पटेल साहब फिर से इस देश को सोने की चिड़िया बना देंगे, लेकिन किसे मालूम था कि यह आजादी बँटवारे का जख्म साथ लेकर आएगी और वो भी ऐसा जख्म जो समय के साथ-साथ नासूर बनता चला जाएगा। पुत्तर! हमने बँटवारे के समय का दुःख तो नहीं देखा, लेकिन '84 में जो अपने ऊपर झेला, वो सब याद करके आज भी हमारी आत्मा काँप उठती है।" कहते-कहते उनकी आँखें भर आईं।

"दिल्ली में इंदिरा गाँधी की हत्या के बाद से उठा यह दंगा तेजी से पूरे पंजाब में फैल गया था। बाद में खबरों से पता चला था कि सिर्फ दिल्ली और पंजाब ही नहीं, बल्कि इसकी चपेट में तो पूरा देश आ चुका है, सब जगह से हिंसा की खबरें सुनने को मिलने लगी थीं। मैं तो उस वक्त तेरे ही पास था पुत्तर··· तू न होती तो आज न मैं जिंदा होता और न ही मनवीर···पुत्तर! तू तो मेरे और मेरे

बेटे के लिए देवी का रूप बनकर आई थी उस दिन।" कहते हुए उन्होंने केसर के सिर पर अपना हाथ रख दिया।

"देवी न कहिए पापाजी, वो तो मेरी खुशनसीबी थी कि मैं उस शाम सही समय पर सही तरह से सोच पाई और सारे डिसीजन ठीक लेती चली गई। वक्त ने और ऊपर वाले ने भी हमारा खूब साथ दिया था उस समय।"

"किस देश में अचानक कुछ लोगों के खिलाफ नफरत कैसे अपना भयंकर रूप ले लेती है, यह मैंने पहले भी कई बार करीब से देखा था, लेकिन उस दिन तो इस नफरत को मैं खुद पर ही झेल रहा था। सबसे पहले हम सिखों को सबके सामने अपमानित किया गया और इसके बाद बड़ी ही क्रूरता से हमारी कौम के लोगों को मौत के घाट उतारा जाने लगा, जबकि हमारी कोई गलती ही नहीं थी। दो दोषी व्यक्तियों का बदला पूरी कौम से लिया जा रहा था। इतना अशिक्षित है हमारे देश का युवा, जो कि अपनी ताकत को किसी के भी हाथ की कठपुतली बन जाने देता है। अपने राजनीतिक फायदे के लिए हमारे युवाओं का कैसे दुरुपयोग किया जाता है, यह उन दिनों साफ दिख रहा था। मौत का भयंकर नंगा नाच मैंने अपनी इन्हीं आँखों से देखा था।" कहते-कहते वे पुरानी स्मृतियों में खो गए।

उन दिनों मनवीर कॉलेज-स्टूडेंट था और यहीं दिल्ली में अपने तायाजी के परिवार के साथ रहकर पढ़ाई पूरी कर रहा था। मनवीर के पापा दो ही भाई थे। उनके बड़े भाई, यानी मनवीर के तायाजी अपने परिवार के साथ दिल्ली में रहते थे और मनवीर के पापा अमृतसर में। दो भाइयों में कोई बहन नहीं थी।

मनवीर अपने माता-पिता की अकेली संतान था, जबकि तायाजी का भरा पूरा परिवार था। तायाजी, ताईजी, उनका एक बेटा और बहू। एक छोटी बेटी, जो कि तब हाई स्कूल की पढ़ाई कर रही थी। दादी भी थीं, जो कुछ दिन अपने बड़े बेटे के परिवार के साथ रहतीं तो कुछ दिन अपने छोटे बेटे-बहू यानी मनवीर के माता-पिता के पास रहने चली जातीं। जब से मनवीर के दादाजी इस दुनिया से गए थे, तब से वे अपनी इच्छानुसार जिंदगी जीने लगी थीं। ऐसा नहीं था कि पहले वे अपनी इच्छानुसार नहीं जी पा रही थीं। पहले उनपर अपने पति की जिम्मेदारियाँ थीं, जो कि अब नहीं रहीं। इसलिए अब वे एक तरह से स्वतंत्र थीं

और जब जी चाहे छोटे बेटे के पास चली जातीं और जब जी चाहे बड़े बेटे के पास आ जातीं। दिल्लीवाली यह कोठी उनके ससुर, यानी मनवीर के पड़दादा ने बनवाई थी। बाद में यह कोठी पड़दादा ने दादा के नाम लिख दी और फिर दादा ने अपने दोनों बेटों के नाम कर दी, लेकिन इस घर की असली मालकिन आज भी दादी ही थीं।

मनवीर के दादाजी ने अपने जीते जी ही वसीयत तैयार करवा दी थी। उन्होंने उसमें यह लिखवाया था कि जब तक हम दोनों पति-पत्नी जीवित रहेंगे, तब तक इस घर के मालिक हम ही रहेंगे, लेकिन हमारे देहांत के बाद हमारे दोनों बेटों का इस घर में बराबर का हक होगा।

मनवीर के पापा ने पढ़ाई पूरी होते ही अपने पिता और बड़े भाई की सलाह पर अपने लकड़ी के पुश्तैनी व्यवसाय को और बढ़ाने के लिए अमृतसर में भी एक ब्रांच खोल ली थी। उनका यह व्यवसाय साझा था। बाद में अपनी शादी के बाद वे वहीं बस गए। उनकी किस्मत और मेहनत रंग लाई। अमृतसर का काम भी काफी अच्छा चल निकला। इसलिए मनवीर के दादाजी ने छोटे बेटे के लिए भी वहाँ एक कोठी बनवा दी, हालाँकि वह कोठी दिल्लीवाली कोठी जितनी बड़ी नहीं थी। मनवीर के दादाजी ने इस कोठी की वसीयत भी दिल्लीवाली कोठी की तरह ही तैयार करवाई। यानी जीते जी वे और उनकी पत्नी के नाम और उन दोनों के इस दुनिया से चले जाने के बाद दोनों भाई बराबर के हकदार। अपने व्यवसाय को बढ़ाने के लिए दोनों भाई अलग-अलग शहरों में रह जरूर रहे थे, लेकिन मन से अब भी सब साथ थे। वे हर त्योहार साथ मनाते। कभी मनवीर के माता-पिता दिल्ली आ जाते तो कभी यहाँ से सब लोग अमृतसर पहुँच जाते।

मनवीर बचपन से ही अपने तायाजी के परिवार के साथ ज्यादा रहा था। ताया-ताईजी भी उसे खूब प्यार करते। मनवीर बचपन में बड़ी ही मासूमियत से सबसे कहा करता कि मेरे दो-दो मम्मी और पापा हैं। स्कूल में सभी उसकी यह बात सुनकर हँसते और कहते कि ऐसा हो ही नहीं सकता, सबके एक ही मम्मी-पापा होते हैं। वो तो थोड़ा और बड़ा हो जाने के बाद मनवीर को समझ में आया कि वे उसके तायाजी और ताईजी हैं, लेकिन उसे कभी भी अपने तायाजी और पापाजी में तथा ताईजी और मम्मी में फर्क नजर नहीं आता था। मनवीर के

दादाजी जल्दी ही इस दुनिया से चले गए थे, लेकिन फिर भी मनवीर के मन में अपने दादाजी की हलकी स्मृतियाँ थीं, लेकिन उसकी दादी के साथ खूब पटती, लाड़ला था वह अपनी दादी का।

मनवीर अमृतसर में अपने स्कूल की पढ़ाई पूरी करने के बाद कॉलेज की पढ़ाई के लिए यहीं उनके पास दिल्ली चला आया, वैसे भी वह साल में दो-तीन महीने तो यहीं गुजार देता था। उसका बड़ा भाई यानी तायाजी का बेटा अपनी पढ़ाई पूरी करके पिता के साथ व्यवसाय में लग गया था और बहन, यानी तायाजी की बेटी अपनी पढ़ाई के लिए ज्यादातर अपने प्यारे मनवीर प्राजी के ऊपर ही निर्भर रहती।

दादी का सभी पर बड़ा रौब था, सब उनकी बात मानते थे। उनके मुँह से निकली बात भी ऐसे जैसे पत्थर की लकीर। उनकी सख्त हिदायत थी कि कोई भी उन्हें बताए बिना बाहर नहीं जाएगा। यूँ तो वे बहुत कोमल हृदय की ममतामयी स्त्री थीं, लेकिन उनका मानना था कि बच्चों के भीतर अनुशासन होना बहुत जरूरी है। वे कहीं भी आने-जाने के लिए रोकती-टोकती नहीं थीं, लेकिन इतना जारूर चाहती थीं कि कोई कहीं भी आए-जाए तो उन्हें बताकर आए-जाए। घर में सभी उनकी बात बड़े ही प्यार और सम्मान से स्वीकारते भी थे।

उन्हीं दिनों की बात है, 31 अक्तूबर को देश की प्रधानमंत्री इंदिरा गांधी की हत्या की खबर ने पूरी दुनिया को सकते में डाल दिया। उन दिनों मनवीर के पापा भी फैक्टरी के कुछ काम से भाई के साथ सलाह-मशवरा करने दिल्ली ही आए हुए थे।

सुबह-सुबह ही आग की तरह यह खबर फैल गई कि प्रधानमंत्री को उनके अपने निवास पर उनके ही अंगरक्षकों ने गोली मार दी है। उन्हें एम्स ले जाया गया। दोपहर होते-होते प्रधानमंत्री की मृत्यु की सुगबुगाहट लोगों के बीच होने लगी, क्योंकि सुबह से ही एम्स के बाहर बड़ी संख्या में लोगों की और मीडिया की मौजूदगी बनी हुई थी। वे हर पल की खबर भीतर से लेने के लिए आतुर थे। दोपहर ढलते ही जब लोगों ने रेडियो और टेलिविजन पर प्रधानमंत्री के निधन की आधिकारिक खबर सुनी तो सभी स्तब्ध रह गए। पूरे विश्व में शोक की लहर दौड़ गई।

उस समय मनवीर अपने कॉलेज में था और उसके तायाजी, पापाजी और भाई फैक्टरी में। बहन दोपहर में ही स्कूल से घर लौट आई थी।

मनवीर और केसर एक ही कॉलेज में पढ़ते थे, लेकिन उनके बीच कोई जान पहचान नहीं थी। केसर ने इसी साल वहाँ एडमीशन लिया था और मनवीर उससे दो साल सीनियर था। इन दोनों का आपस में कोई लेना-देना भी तो नहीं था, क्योंकि केसर आर्ट्स में थी और मनवीर कॉमर्स में, हालाँकि वे दोनों एक-दूसरे को शक्ल से जरूर पहचानते थे, क्योंकि कभी कॉलेज गेट से आते-जाते, कभी लाइब्रेरी में तो कभी कैंटीन में या कैंपस में चलते-फिरते यूँ ही एक-दूसरे पर निगाह पड़ जाती। कुल मिलाकर यही कि जैसे आमतौर पर लोग अपने कॉलेज के कुछ लोगों को शक्ल से पहचानते हैं, फिर भले ही एक-दूसरे का नाम तक न जानते हों। बस उतनी ही पहचान इन दोनों के बीच भी थी।

केसर कश्मीरी लड़की थी और उसका परिवार घाटी में ही रहता था। चूँकि उसके माँ-बाबूजी को वहाँ केसर की उच्च शिक्षा का कोई भविष्य नजर नहीं आ रहा था। इसलिए उन्होंने उसकी आगे की पढ़ाई जारी रखने के लिए अपने एक करीबी रिश्तेदार के पास दिल्ली भेज दिया। शुरू में तो कुछ दिन उन रिश्तेदारों ने केसर के साथ खूब प्यार भरा बर्ताव किया, लेकिन बाद में वे उसे यह एहसास दिलाने लगे कि वह इस महँगाई के समय में उनपर बोझ है। केसर ने अपनी माँ से अपने मन की व्यथा साझा की। पूरी बात सुनने के बाद माँ-बाबूजी ने उसे तुरंत होस्टल में कमरा ढूँढ़ने के लिए कहा। केसर को वहाँ तो कोई कमरा नहीं मिल सका, लेकिन अपनी एक सहेली के घर पेइंग गेस्ट के तौर पर रहने का ऑफर जरूर मिल गया। केसर और उसकी वह सहेली एक ही कॉलेज में साथ पढ़ते थे। केसर उसके परिवार से परिचित थी, अतः उसने अपने माँ-बाबूजी से इस बारे में अनुमति ली और फिर अपनी सहेली के परिवार के साथ पेइंग गेस्ट के तौर पर रहने के लिए आ गई।

उन्होंने केसर को नीचे ग्राउंड फ्लोर पर गली की तरफ खुलनेवाला कमरा किराए पर रहने के लिए दे दिया। यह कमरा एक कोने में जरूर बना था, लेकिन सुरक्षित था। दोनों सहेलियाँ कॉलेज, मार्केट आदि जहाँ भी जातीं, साथ ही जातीं। केसर और उसकी माँ एक-दूसरे को बे-नागा चिट्ठियाँ भी लिखा करते थे, जब

केसर को माँ-बाबूजी से बात करने का मन होता तो वह पी.सी.ओ. चली जाती और जब उसके माँ-बाबूजी को उससे बात करनी होती तो वे मकान-मालिक के घर फोन कर लेते। केसर के माँ-बाबूजी कभी-कभी उसकी सहेली के माता-पिता से भी फोन पर बात कर लिया करते थे। लगातार संपर्क में बने रहने से वे निश्चिंत थे कि उनकी बेटी सकुशल है।

उस दिन, यानी 31 अक्तूबर को हर तरफ इसी घटना की चर्चा थी। लोग देश की प्रधानमंत्री पर हुए इस अप्रत्याशित हमले से स्तब्ध थे। किसी को यकीन ही नहीं हो रहा था कि जो स्वयं अंगरक्षक थे, उन्होंने ही हमला कर दिया और वो भी इतनी बड़ी हस्ती के ऊपर !

उस दिन सिर्फ यही एक अप्रत्याशित घटना नहीं घटी, बल्कि अन्य ऐसी घटनाएँ भी घटीं, जो कभी किसी ने सोची भी न होंगी।

"सुना तुम लोगों ने? कुछ लोग बता रहे हैं कि अभी राष्ट्रपतिजी एम्स पहुँचे खैर खबर लेने तो वहाँ खड़ी भीड़ ने उन्हें देखकर नारे लगाने शुरू कर दिए—'खून के बदले खून।'

"अरे! कुछ लोग तो बौखलाहट में यह भी भूल गए कि वे देश के राष्ट्रपति हैं! हद तो तब हो गई, जब उन्होंने उनकी गाड़ी पर भी पथराव शुरू कर दिया। लोगों के मन में एक विशेष कौम के खिलाफ कितना आक्रोश भर गया है! यह भी नहीं सोचा कि वे सिख हैं तो क्या हुआ, वे देश के सर्वोच्च पद पर आसीन हैं और वैसे भी इस घटना के लिए हर सिख पर नाराजगी दिखाना भी तो ठीक नहीं है न! राष्ट्रपति पद की गरिमा का तो ध्यान रखना ही चाहिए न!"

"ओह! यह तो वाकई बहुत बुरी बात है, लेकिन पब्लिक का क्या भरोसा! पब्लिक तो एकाएक आक्रामक हो उठती है। सत्ता में बैठे लोगों को कुछ भी बोलने से पहले हजार बार सोचना चाहिए। उनका बोला एक-एक शब्द, उनका हर स्टेटमेंट उनके कार्यकर्ता या उनके मुरीद बड़े ध्यान से सुनते हैं। उनके द्वारा बोले गए शब्दों से ही तो इन लोगों को दिशा मिलती है कि अब आगे क्या करना है!"

तभी लोगों की निगाह दूर से आते कुछ दंगाइयों पर पड़ी, "अरे! वो देखो क्या हो रहा है?"

"ओह! दंगाई तो सड़कों पर निकल आए हैं।"

"इनके हाथों में तो तलवार, भाले, रॉड, सरिया, डंडे न जाने क्या-क्या हैं!"

लोग वहीं ठिठककर दूर से देखने लगे। दंगाइयों ने वहाँ से गुजरती एक सिटी बस को रुकने का इशारा किया, जैसे ही बस धीमी हुई, उन्होंने बाहर से उस पर डंडे बरसाना शुरू कर दिया। जब तक बस रुकी नहीं, वे डंडे बरसाते रहे, फिर जैसे ही बस रुकी, वे अंदर चढ़ गए। अंदर जितनी भी सिख सवारियाँ थीं, उन्हें बस में ही बैठे रहने का इशारा किया और बाकी सब सवारियों को बाहर खदेड़ना शुरू कर दिया। लोग बेहद डरे हुए थे। इसलिए जल्दी-जल्दी बस से उतरकर भागने लगे, बस का ड्राइवर भी सिख था। दो दंगाइयों ने उसे सीट से बाँध दिया। वह बेचारा अपने दोनों हाथ जोड़े जान की भीख माँग रहा था। बाकी लोग भी रोने-गिड़गिड़ाने लगे, रब का वास्ता देने लगे, लेकिन इन गुंडों में नैतिकता और मानवता बची ही कहाँ थी। इसके बाद उन दंगाइयों ने नीचे उतरकर बस का दरवाजा बाहर से बंद कर दिया।

...और फिर पेट्रोल छिड़ककर उसमें आग लगा दी।

ओह! सड़क के दोनों पार खड़े लोग उस हृदयविदारक दृश्य को अपनी साँसें रोककर देख रहे थे। सबके सब क्रोध से काँप रहे थे, लेकिन किसी में भी इतनी हिम्मत नहीं थी कि आगे बढ़कर उन दरिंदों को रोक सके। लोग बस के भीतर जिंदा जलने लगे।

वे तड़प रहे थे, बचने के लिए इधर से उधर भाग रहे थे। खिड़कियों से कूदने की कोशिश कर रहे थे।

फिर वे अधजली अवस्था में बाहर किसी जलते हुए सामान की तरह गिरने लगे। दंगाइयों के भय से लोग मूकदर्शक बने हुए थे। किसी में हिम्मत नहीं थी कि उन्हें बचाने के लिए आगे बढ़े। दहशत इतनी जबरदस्त थी कि कोई नहीं बढ़ पाया। तभी दूर से एक और बस आती दिखी, लेकिन पास आती हुई वह बस एकाएक दूसरी ओर मुड़ गई। शायद ड्राइवर ने दूर से ही इस जलती हुई बस की दुर्दशा को देख लिया था, लेकिन उग्र भीड़ कब रुकने वाली थी! इधर वाले उपद्रवी नारे लगाते हुए उधर की तरफ भागे। दूसरी ओर से भी उपद्रवियों का पूरा एक रेला गाली बकता हुआ चला आ रहा था और दोनों समूहों का एक ही टारगेट था—वह बस।

कुछ मिनटों पहले जो अमानवीय कृत्य इस बस के सिख यात्रियों के साथ किया गया था, बिल्कुल वही अब उस बस में भी दोहराया जाने लगा।

जो लोग मौत का यह तमाशा अपनी आँखों से देख रहे थे, वे यकीन नहीं कर पा रहे थे ये वही दिल्ली है, जिसे दिलवालों की दिल्ली कहा जाता है! दो बसें आँखों के सामने ही धू-धू करके जल रही थीं और उसके अंदर जिंदा जलते जिस्म इधर से उधर भाग रहे थे, छटपटा रहे थे, मांस के लोथड़ों में तब्दील होते जा रहे थे।

फिर इन दंगाइयों ने वहाँ से गुजरने वाले ऑटोवालों, भीतर बैठी सवारियों, कारवालों और टू-व्हीलरवालों को रोककर तलाशी लेनी शुरू कर दी। उन्हें उसमें कोई भी सिख बैठा नजर आता तो दंगाई उसे भीतर से खींचकर जमीन पर पटक देते, फिर उस पर मिट्टी का तेल या पेट्रोल छिड़ककर आग लगा देते। यह सब इतनी फुर्ती से किया जा रहा था कि किसी को भी अपनी जान बचाने का मौका नहीं मिल पा रहा था और फिर भी यदि कोई अभागा भागने की कोशिश करता तो दंगाई उसे सरिये से, लाठी से पीट-पीटकर जख्मी कर देते। दरिंदे उनके जिस्म को टुकड़ों में काट दे रहे थे। यह ऐसा दृश्य था, जिसे देखकर तो मृत्यु भी थर-थर काँप उठी होगी।

जो लोग कुछ देर पहले समूह बना बनाकर प्रधानमंत्री की हत्या के विषय में बातें कर रहे थे, अब वे अपनी-अपनी जान बचाकर यहाँ-वहाँ भागने लगे।

ऐसी भयावह स्थिति यहीं की नहीं, बल्कि अनेक सिख बहुल इलाकों की थी। जबकि पुलिस का कहना था कि उनके इलाकों में ऐसी कोई भी घटना नहीं घटी है, स्थिति पूरी तरह से उनके नियंत्रण में है।

दंगाइयों की आगे की तैयारी पूरी थी। कुछ ही घंटों में सब बदलने वाला था।

हमारे बड़े-बुजुर्ग सही कहते हैं कि हर बात का बदला नहीं लिया जा सकता। यदि मौत का बदला मौत ही होता तो इनसान के जीवन का कोई महत्त्व ही न रह जाता। ऐसे में तो इनसान हर छोटी-छोटी बात पर अपना आपा खो देता और एक-दूसरे की जान का दुश्मन बन जाता। वह तो चुटकियों में किसी की भी जान ले लेता और तब तक चैन से न बैठता, जब तक उसका बदला पूरा न

हो जाए, फिर कैसा होता इनसान का जीवन और कैसा होता हमारा यह समाज? सोचकर ही मन काँप उठता है। कानून और व्यवस्था का निर्माण इसीलिए किया गया, ताकि हर मनुष्य निर्भीकता से रह सके। वह अपने जीवन का आनंद तो उठाए ही, किंतु दूसरे के अधिकारों का भी सम्मान करे। वह उनका हनन न करे, अपनी सीमाएँ न लाँघें।

...लेकिन आज उसी कानून और व्यवस्था की धज्जियाँ उड़ाई जा रही थीं।

इधर कॉलेज में भी यह खबर फैल चुकी थी और सब तरफ इसकी चर्चा थी। झुंड-के-झुंड युवा कॉलेज से बाहर निकल रहे थे। केसर अपनी सहेलियों के साथ काफी पहले ही निकल चुकी थी। घर पहुँचते ही उसे पता चला कि कश्मीर से माँ-बाबूजी का दो बार फोन आ चुका है और वे उससे बात करना चाहते हैं। वह उनसे बात करने पी.सी.ओ. जाने ही वाली थी कि ऊपर से उसकी सहेली की आवाज आ गई, "केसर तेरा फोन आया है।" माँ और बाबूजी को उसकी फिक्र हो रही थी। केसर ने उन्हें तसल्ली दी कि वे चिंता न करें। वह जिस इलाके में रह रही है, वहाँ सब ठीक है। वह अपना ध्यान रखेगी और बिना वजह घर से बाहर नहीं निकलेगी।

शहर में काफी अफरा-तफरी मची हुई थी। दहशत बढ़ती ही जा रही थी। शहर में शाम के आगाज के साथ धीरे-धीरे उठनेवाली बदले की लपट आनेवाले कुछ ही घंटों में विकराल रूप धारण कर लेगी, इसका किसी को अंदाजा भी नहीं था, लेकिन मनवीर और उसके साथी कॉलेज से बाहर आते ही हवा का रुख भाँप गए।

"लोग डरकर भाग रहे हैं, लगता है शहर में दंगा छिड़ गया है!"

"हाँ, सही कह रहा है तू। लोगों की आँखों में दहशत है, माहौल में अजीब सा डर घुला हुआ है, जरूर कहीं कुछ अनहोनी हो रही है।"

"यार सुन! तू भी अब जल्दी-जल्दी अपने घर पहुँच। पता नहीं क्यों, मुझे कुछ ठीक नहीं लग रहा है। तेरी फिक्र हो रही है; यार सुन! एक काम करते हैं, पहले हम तुझे तेरे घर तक छोड़ आते हैं।" मनवीर के एक दोस्त ने सुझाव दिया, जिस पर सभी ने अपनी सहमति जताई, सिवाय मनवीर के।

"अरे, तुम लोग यूँ ही डर रहे हो यार...हाँ! जब जब देश में इतनी बड़ी

हस्ती की हत्या हुई है तो आक्रोश तो होगा ही कुछ लोगों के भीतर, लेकिन इसका यह मतलब तो नहीं है न कि जो भी दिखेगा, उसे ही मार देंगे! कानून-व्यवस्था भी तो कोई चीज है। मुझे कुछ नहीं होगा, तुम लोग डरो मत।"

"आहा! क्या बात कही मेरे दोस्त तूने···कानून-व्यवस्था! बस, अब ज्यादा ज्ञान मत पेल, कोई ऑटो रिक्शा पकड़ ले और सीधे घर पहुँच। हम इन भारी-भरकम टॉपिक्स पर बाद में बहस कर लेंगे, समझा तू।"

मनवीर मुसकराता हुआ अपने घर की ओर जानेवाली सड़क पर मुड़ गया और उसके दोस्त अपने घर की ओर।

मनवीर हट्टा-कट्टा लंबे कद का सुंदर युवक था और उसकी पगड़ी उसके सिख होने की पहचान दूर से ही करवा देती थी। आज के दिन तो वैसे भी दंगाई हर सिख की जान के दुश्मन बने हुए थे। मनवीर इस वक्त अच्छी खासी भीड़-भाड़ वाली सड़क से गुजर रहा था, लेकिन कुछ ही पलों में हाथों में नंगी तलवार और लोहे की रॉड लिये कुछ लड़के मनवीर के रूप में अपना शिकार ताड़ चुके थे और वे भीड़ को चीरते हुए उसी की ओर दौड़ पड़े। भीड़ भी सकते में आ गई। वह भय से तितर-बितर होने लगी। मनवीर के पास अभी अपनी जान बचाने के लिए दौड़ना ही एकमात्र उपाय था···

वह सरपट दौड़ पड़ा। चूँकि सड़क पर लोगों की भीड़ बहुत अधिक थी, अतः उसके लिए खुद को बचाना भी आसान था। भीड़ की आड़ लेकर मनवीर आगे-आगे बेतहाशा दौड़ा चला जा रहा था और पीछे-पीछे उसकी मौत। वह जान बचाने के लिए एक और भीड़-भाड़ वाली गली के भीतर मुड़ गया। दंगाई अब तक उसके काफी नजदीक पहुँच चुके थे। तभी राह में उन्हें कुछ और भी सिख नजर आ गए और चीखते-चिल्लाते हुए ये दंगाई दो-तीन समूहों में बँट गए। आज उनके सिर पर खून सवार था। उनका एक ही लक्ष्य था कि कोई भी पगड़ीधारी दिखे, यानी कोई भी सिख दिखे, उसे छोड़ना नहीं है।

देश की प्रधानमंत्री को मारनेवाले चूँकि इसी संप्रदाय से थे। इसलिए दिमाग के अंधे ये लोग हर सिख को गुनाहगार ठहरा रहे थे और उन हत्यारों के किए की सजा सभी सिखों को देने पर उतारू थे।

मनवीर अपनी जान बचाने के लिए एक गली से दूसरी गली बेतहाशा

दौड़ लगाता रहा। लोग अपनी छतों से, छज्जों से, घर और दुकानों के अधखुले दरवाजों की ओट से मौत का यह नंगा नाच देखते रहे, लेकिन इन दंगाइयों को रोकना किसी के भी बस में नहीं था···आज इनके ऊपर तो मौत सवार थी।

हाँफता-दौड़ता मनवीर मौका पाकर एक सँकरी-सी गली में घुस गया। वह इधर से उधर जान बचाता हुआ भाग रहा था और दंगाई चीखते-चिल्लाते हुए उसके पीछे लगे हुए थे, तभी अचानक सँकरे से मोड़ के एक घर से कोनेवाले कमरे का दरवाजा हलका-सा खुला, किसी कोमल हाथ ने बड़ी ही मजबूती से मनवीर की कलाई को पकड़ा और उसे भीतर की ओर खींच लिया और अगले ही पल मनवीर एक छोटे से कमरे में कुरसी के पास लड़खड़ाकर गिर पड़ा।

सामने केसर खड़ी थी। उसने अपनी तर्जनी उँगली अपने होंठों पर रखी और 'शू' करते हुए मनवीर को चुप रहने का इशारा किया, तभी बाहर थोड़ी ही दूर पर उठती आग की लपटों की रोशनी से कमरे का रोशनदान सिंदूरी रंग का होकर आँखों में चुभन पैदा करने लगा और साथ ही उठने लगी कान के परदे चीर देनेवाली कुछ अभागों की भयावह चीत्कार! उन दंगाइयों ने गली में कुछ लोगों को जिंदा जला दिया था।

अपनी किस्मत और केसर की समझदारी से मनवीर तो उन दंगाइयों के हाथ न लग सका और बाल-बाल बच गया, लेकिन तब तक कुछ और अभागे उन्हें दिख गए। वे बेचारे खुद को नहीं बचा पाए। उन हत्यारों के हाथ लगकर मौत की भेंट चढ़ गए।

मनवीर का सीना ऐसे धड़क रहा था, भीतर-बाहर हो रहा था, मानो फट पड़ेगा। वह बुरी तरह से डरा हुआ था, हाँफ रहा था। यह सब इतनी तेजी से और अचानक घटा कि उसका दिमाग सुन्न हो गया। उसे इस वक्त कुछ भी नहीं सूझ रहा था, लेकिन फिर भी वह इतना तो समझ ही चुका था कि आज केसर ने उसकी जान बचा ली है।

तभी बाहर से फिर किसी के चीखने की आवाज आई, "कहाँ गया स्साला···यहाँ तक तो मैंने खुद उसे आते देखा था। अंधाधुंध भागे जा रहा था कमीना। कहाँ समा गया अचानक! हो न हो यहीं कहीं छुप होगा।"

तभी दूर से शोर उठा। दंगाइयों का दूसरा समूह चीख रहा था, "पकड़ो, वो

देखो, तीन-चार पगड़ीवाले उधर भागे जा रहे हैं। एक भी बचने न पाए।" केसर के कमरे के बाहर खड़े उपद्रवी भी चीखते हुए उस ओर दौड़ पड़े, जब उनकी आवाज थोड़ी दूर होती हुई महसूस हुई, तब केसर और मनवीर की जान में जान आई।

केसर ने मनवीर को पीने के लिए पानी दिया और उसे दिलासा बँधाने लगी, लेकिन खतरा अभी भी टला नहीं था। थोड़ी-थोड़ी देर में दौड़ने-भागने की आवाजें आने लगतीं और मनवीर के हाथ-पैर फिर फूलने लगते, दिल धौंकनी-सा चलने लगता।

केसर ने उसे ढाँढ़स बँधाते हुए कहा, "डरो मत, मुझे नहीं लगता कि वे घर के भीतर आने की हिम्मत करेंगे, अब तुम सुरक्षित हो। शुक्र है भगवान् का कि तुम्हें भीतर खींचते हुए मुझे किसी ने देखा नहीं। सब इतनी जल्दी-जल्दी में हुआ कि कोई कुछ देख नहीं पाया। तुम अभी चुपचाप यहाँ बैठे रहो, जब अँधेरा थोड़ा गहरा जाए और माहौल शांत हो जाए, तब निकल जाना।"

उसने केसर की बात का कोई जवाब नहीं दिया, मानो उसने कुछ सुना ही न हो। बस चुपचाप जमीन पर बैठा कभी उसे देखता तो कभी दरवाजे की तरफ देखने लगता। इस वक्त वह किंकर्तव्यविमूढ़ हो चुका था। केसर थोड़ी दूरी पर रखे अपने पलंग पर जाकर बैठ गई। धीरे-धीरे बाहर हलका धुँधलका छाने लगा, अब तक कमरे में बाहर की पर्याप्त रोशनी आ रही थी, लेकिन अब धीरे-धीरे मद्धिम-सा अँधेरा छाने लगा था, मगर केसर ने इस वक्त बत्ती जलाना ठीक नहीं समझा, क्योंकि वह कोई खतरा मोल नहीं लेना चाहती थी।

मनवीर हैरान था कि वह जिंदा कैसे बच गया, क्योंकि उसे कतई उम्मीद नहीं थी कि आज वो इन गुंडों के हाथों बच भी पाएगा। वह तो सिर्फ इसलिए भागता जा रहा था, क्योंकि कोई दैवीय चेतना उसे दौड़ने के लिए प्रेरित कर रही थी। वह मरने से पहले अपनी जान बचाने का हरसंभव प्रयास करना चाहता था।

केसर का अनुमान था कि जैसे-जैसे शाम गहरी होगी, दंगे थम जाएँगे, लेकिन यहाँ तो सब उलटा हो रहा था। बाहर की स्थिति लगातार बिगड़ती ही जा रही थी, अब भी गली में भगदड़ और मार-काट मची हुई थी। केसर ने मनवीर की तरफ देखा। वह जड़वत् बैठा था। आकस्मिक भय से उसकी आँखों की पुतलियाँ बीच-बीच में हिल जाती थीं।

केसर ने खिड़की से झाँककर देखना चाहा। उसने पर्दे की ओट से बाहर झाँका। सँकरी-सी गली में अँधेरा पसरने लगा था। एक बार उसे ऊपर रहनेवाली अपनी सहेली का खयाल आया, लेकिन इस वक्त सभी लोग भयभीत थे और अपने-अपने घरों में दुबके हुए थे। इसलिए उसे बुलाना या उसके पास जाना लगभग असंभव था। गली के कोने में जो दो दुकानें थीं, उन्हें भी दुकानदार दंगे और लूटपाट के डर से बंद करके जा चुके थे, लेकिन केसर को यह यकीन था कि उसी की तरह और लोगों की आँखें भी अपने-अपने घरों की खिड़कियों से चिपकी हुई होंगी।

कुछ देर बाहर देखने के बाद वह मनवीर के पास आकर बैठ गई। उसने मनवीर को फिर पानी दिया। मनवीर ने बिना कोई प्रतिक्रिया दिए छोटे बच्चे की तरह एक ही साँस में सारा पानी गले के नीचे उतार लिया।

तभी बाहर तेज शोर उठा। भीतर से ही अंदाजा लगाया जा सकता था कि बाहर क्या घट रहा होगा। कुछ सरदार भयभीत होकर अपनी जान बचाने के लिए भाग रहे थे। पीछे लाठी, सरिया, तलवार आदि लिये मौत बनकर दंगाई उन्हें पकड़ने के लिए दौड़ रहे थे। मनवीर सहम उठा। जैसे ही भगदड़ की आवाजें तेज होतीं, उसका दिल दहल उठता। केसर उसके हाव-भाव और मन की हालत को बखूबी समझ रही थी। उसने दिलासा देने के लिए उसकी हथेली को हौले से थपथपा दिया। एकाएक पीछेवाली गली के एक घर से लोगों के रोने-चीखने की आवाजें आने लगीं। घर की लड़कियों और महिलाओं की दर्दनाक चीखें दूर-दूर तक सुनाई दे रही थीं। केसर को याद आया कि पीछे भी दो-तीन सिख-परिवार रहते हैं। एक-दो बार उसकी निगाह पड़ी थी।

अब तो केसर का कलेजा भी भय से फटने लगा, लेकिन वह इस वक्त जरा भी कमजोर नहीं पड़ सकती थी। इसलिए वह अपने डर को भीतर ही छुपाए रही तभी बाहर फिर शोर उठा। अगले क्षण उसे महसूस हुआ कि अभी-अभी कोई उसकी खिड़की के पास लपका है। केसर और मनवीर दोनों काँप उठे। उनकी साँस ऊपर की ऊपर और नीचे की नीचे ही अटक गई। अगले पल बाहर शांति छा गई, लेकिन फिर अचानक एक खटका हुआ और केसर को लगा कि

कोई तो है उसके दरवाजे के पास! उसने दरवाजे पर अपने कान लगा दिए। एक हलकी-सी आहट फिर हुई।

इधर दरवाजे के पास किसी के पैरों की सरसराहट हुई और उधर खिड़की के पास कुछ लोग फुसफुसाए, "यहीं तो था बुड्ढा···यहीं था। मैंने इसी तरफ मुड़ते हुए देखा था उसे।"

"चल, आगे देखते हैं, कहीं इस गली में तो नहीं मुड़ गया!"

"हाँ-हाँ, चलो देखते हैं।"

पैरों की आहट से लगा कि हत्यारे पिछली गली की ओर मुड़ गए हैं, तभी केसर ने हिम्मत करके अपना दरवाजा हलका-सा खोला और पतली सी झिरी में से देखा कि एक अधेड़ उम्र का सिख व्यक्ति अँधेरे का सहारा लेकर डरा-सहमा सा उसके दरवाजे से चिपका हुआ है। उसकी आँखों में मौत का डर समाया हुआ था। पता नहीं आज केसर के भीतर माँ भवानी प्रकट हुई थीं या कोई दिव्य शक्ति जागी थी, उसने उन्हें भी भीतर खींच लिया। दहशत से भरा वह अधेड़ उम्र का सिख हाँफते हुए मनवीर के पास जमीन पर ही बैठ गया। कमरे में हलका अँधेरा जरूर था, मगर इतना प्रकाश तो टपक ही रहा था कि किसी की शक्ल पहचानी जा सके।

उधर पीछे की गली में लगातार शोर बढ़ने लगा था। रोने-चीखने की आवाजों से लग रहा था कि वहाँ कई घर सिखों के होंगे। इस वक्त वहाँ मौत का खेल चल रहा था।

सोलह साल की केसर के लिए आज की यह शाम एक भयानक शाम थी। उसके कमरे की सामने वाली गली में भी दंगाई सिखों को पकड़-पकड़कर जिंदा जला रहे थे और पीछेवाली गली में भी मौत का खेल खेल रहे थे।

तभी मनवीर हैरान होकर बोला, "पापाजी तुस्सी!"

"पुत्तर तू!" वे भी बेटे को देखकर हैरान हो उठे।

"हाँ पापाजी, मैं कॉलेज से लौट रहा था कि दंगाइयों ने घेर लिया। किसी तरह से जान बचाकर भागा-भागा फिर रहा था कि इस देवी ने बचा लिया।"

"पुत्तर! मैं भी फैक्टरी से घर की तरफ ही जा रहा था कि···" वे आगे कुछ भी न कह पाए। दरअसल वे दोनों ही एक जैसे संकट से बच-बचाकर यहाँ

तक पहुँचे थे और दोनों ने आज जो मंजर अपनी आँखों से देखा था, उससे बहुत सहमे हुए थे और वैसे भी बाहर मौत उनके इंतजार में घूम रही थी। इसलिए वे ज्यादा बोलना नहीं चाहते थे।

तभी केसर को कुछ सूझा और वह दराज से एक कैंची निकाल लाई। उसने कैंची मनवीर की ओर बढ़ाते हुए कहा, "तुम तुरंत अपने बाल काटो।"

यह सुनकर वह एक मिनट के लिए मानो जड़ हो गया। उसके बदन पर काटो तो खून नहीं। वह काँपते हुए बोला, "नहीं, यह हमारे धर्म के विरुद्ध है, मैं जीते जी अपने केश नहीं काट सकता।"

"अरे! जिओगे तब तो कुछ कर पाओगे। अभी ज्यादा मत सोचो, मैं जो कह रही हूँ, वो चुपचाप करो। चलो! जल्दी-जल्दी अपने केश काटो।"

तभी ऐसा लगा कि गली के बाहर कुछ लोग फिर किसी पर झपटे हैं और थोड़ी ही देर में आग की लपटें उठने लगीं। रोशनदान फिर से सिंदूरी हो उठा।

केसर लपककर उठी और उसने खिड़की से देखा कि जलनेवाला बुरी तरह से तड़प रहा है, चीख रहा है, लेकिन अपनी जान बचाने के लिए भाग भी नहीं पा रहा, क्योंकि दंगाइयों ने उसे सामने वाले पेड़ से बाँध दिया था। इसके बाद उस पर मिट्टी का तेल उँडेलकर उसके बदन को आग लगा दी थी। केसर की आत्मा कराह उठी, उसकी आँखों से आँसू टपकने लगे।

भयभीत मनवीर ने जल्दी-जल्दी अपने ही हाथों अपने केश काटने शुरू कर दिए। ऐसा करते हुए वह भावुक हो उठा। वह रोता जा रहा था और अपने केश काटता जा रहा था। उसके हाथ बुरी तरह से काँप रहे थे। केसर से मनवीर की यह हालत देखी नहीं गई। उसने मनवीर के हाथ से कैंची ले ली और खुद ही उसके बाल काटने लगी। इस वक्त केसर का चेहरा भावरहित था। न उसके लिए कुछ सही था, न गलत। वह बस वही कर रही थी, जो उसकी अंतरात्मा उससे करने के लिए कह रही थी। उसके लिए अभी वही धर्म था, जिससे इन दोनों बाप-बेटे की जान बचाई जा सके।

उसकी दोनों उँगलियाँ कैंची चलाती रहीं और आँखें लगातार आँसू बहाती रहीं। उसने जल्दी से मनवीर के कटे हुए केश समेटे और पास रखे मेजपोश की तह में छुपा दिए।

अब वह मनवीर के पिताजी की तरफ बढ़ी। केसर को कैंची लिये अपनी ओर आता देख वे जमीन पर उकड़ूँ बैठते हुए पीछे की ओर घिसटने लगे, फिर उन्होंने अपने दोनों हाथ जोड़ लिये और केसर के आगे दया की भीख माँगने लगे। केसर से उनकी यह हालत देखी नहीं जा रही थी, लेकिन वह कर ही क्या सकती थी! उसने अपनी आँखों से आँसू पोंछे और खुद भी अपने दोनों हाथ जोड़कर उनके सामने बैठ गई, फिर उसने मनवीर की तरफ बड़ी ही आस से देखा, ताकि वह ही उसकी मदद के लिए आगे आए, लेकिन मनवीर तो खुद ही सदमे के मारे जड़ हुआ बैठा था।

विधाता की भी क्या लीला थी कि इन लोगों की भावना और आस्था के खिलाफ जाकर केसर को इतना बड़ा निर्णय लेना पड़ रहा था। वह समझ गई कि यह काम भी उसे ही करना पड़ेगा। केसर उस प्रौढ़ व्यक्ति के और नजदीक खिसक आई। उसने थोड़ा सा गुस्सा और बहुत सारा अपनापन जताते हुए उनकी ओर स्नेह से देखा, फिर धीरे से बोली, “प्लीज, मान जाइए। मैं आपकी बेटी जैसी हूँ। फिलहाल हमारे पास इसके अलावा और कोई रास्ता नहीं है।”

“न कर पुत्तर। ये केश हमारे गुरु का बचन हैं।”

“मैं जानती हूँ, लेकिन समय की नजाकत को समझिए। ये लोग किसी भी हाल में नहीं छोड़ेंगे आप दोनों को। आपको आहट आ ही रही होगी कि ये लोग अब भी बाहर ही मँडरा रहे हैं। प्लीज, मैं आपके आगे हाथ जोड़ती हूँ, मान जाइए।”

केसर ने अपने हाथ जोड़ लिये। वे खुद भी अपने दोनों हाथ जोड़कर उसके सामने गिड़गिड़ाने लगे।

“मैं आपके धर्म का बहुत सम्मान करती हूँ, लेकिन यह भी मानती हूँ कि इनसानियत ही सबसे बड़ा धर्म होता है। आज मेरे सामने इनसानियत है और मुझे इस नाते आप दोनों को बचाना है। भगवान् कृष्ण ने भी यही कहा है कि इनसान परिस्थिति के वश में होता है। वह सिर्फ अपना कर्म कर सकता है, उसका परिणाम तो ऊपर वाले के हाथ में है। आज हम भी परिस्थिति के वश में ही यह करने के लिए मजबूर हैं...प्लीज, आप समझिए। मुझे इस समय और कोई रास्ता नजर नहीं आ रहा है।”

लेकिन वे तो अब भी हाथ जोड़े और घिग्घी बाँधे बैठे रहे। उनकी इस दयनीय स्थिति को देखकर केसर की रुलाई फूटने लगी। वह बेचारी करती भी तो क्या करती! मौत दरवाजे पर मँडरा रही थी। आसपास चीखें थमने का नाम नहीं ले रही थीं। अभी इन दोनों का जीवन बचाना ही उसके लिए सबसे बड़ा धर्म भी था और सबसे बड़ी जिम्मेदारी भी। उसने तेजी से अपना एक हाथ आगे बढ़ाया और उनकी पगड़ी उतारकर मेज पर रख दी। वे फफक-फफककर रो पड़े। केसर ने जल्दी से दूसरे हाथ से उनका मुँह बंद कर दिया। वह डर गई कि कहीं उनकी रोने की आवाज बाहर तक न चली जाए। बाहर से लगातार घात लगाए लोगों की सुगबुगाहट भीतर तक सुनाई दे रही थी।

वे अपने दोनों हाथ जोड़कर घिघियाते रहे और 'न कर पुत्तर, न कर पुत्तर' बुदबुदाते रहे, जबकि केसर अपनी सारी भावनाओं को भीतर दबाए जल्दी-जल्दी उनके केश काटती रही, हालाँकि ऐसा करते हुए वह खुद भी रोती जा रही थी, लेकिन फिर भी वह बिना रुके उनके केश काटती चली गई। आखिरकार उन्होंने अपने हथियार डाल दिए, अब वे एकदम निष्प्राण से हो उठे।

किसी तरह का विरोध नहीं, जैसे कोई हताश होकर परिथितियों के आगे अपने घुटने टेक देता है।

केसर के लिए यह समय एक भीषण नैतिक दबाव वाला था। उसे भीतर ही भीतर बुरा भी लग रहा था कि वह किसी की धार्मिक-आस्था को ठेस पहुँचा रही है, लेकिन वह करती भी तो क्या करती! मनवीर ने देखा कि केसर अकेले ही इस मुश्किल चुनौती से जूझ रही है। वह भी उन दोनों के नजदीक खिसक आया और उसी मेजपोश में अपने पापाजी के कटे हुए केश भी इकट्ठे करने लगा, जिसमें उसके अपने केश रखे हुए थे।

बाहर फिर आहट हुई। इस बार किसी ने केसर की खिड़की पर हाथ मारते हुए चीखकर पूछा, "अंदर कौन है ?"

मनवीर के रोंगटे खड़े हो गए। वह जल्दी-जल्दी केश इकट्ठे करने लगा। केसर के भी हाथ काँप उठे। कैंची उसके हाथ से गिरते-गिरते बची। उसने खुद को सँभाला और तेजी से केश काटने लगी। बाहर दंगाइयों के पैरों की आहट से ऐसा प्रतीत हो रहा था, जैसे वे उसकी खिड़की से दरवाजे की ओर और दरवाजे

से खिड़की की ओर घूम-घूमकर भीतर की टोह लेने की कोशिश कर रहे हैं।

केसर ने जल्दी से कैंची दराज में रख दी और फिर जमीन पर बिस्तर लगाने लगी। मनवीर कुछ समझ पा रहा था और कुछ नहीं, लेकिन इस वक्त उसने केसर से कोई सवाल करना उचित नहीं जाना। वह भी चुपचाप बिस्तर बिछाने में उसकी मदद करने लगा। इसके बाद केसर ने मनवीर को इशारा किया कि अपने पापाजी को पलंग पर लिटा दो। उसने पापाजी को दोनों कंधों से पकड़कर उठाया और पलंग पर लिटा दिया। उन्हें सिर तक चादर ओढ़ा दी। केश कट जाने से सदमे में डूबे पापाजी किसी भी तरह की कोई प्रतिक्रिया नहीं दे रहे थे। वे मूर्च्छित से पलंग पर एक तरफ लुढ़क गए, फिर जमीन पर लगे बिस्तर पर केसर खुद भी बैठ गई और मनवीर को भी बैठ जाने के लिए बोली। अब तक बाहर खड़े लोगों ने जोर-जोर से दरवाजा पीटना शुरू कर दिया था, "कौन है अंदर ? दरवाजा खोलो। जल्दी खोलो वरना तोड़ देंगे!"

मनवीर और केसर की जान हलक में अटकी हुई थी। दोनों एक-दूसरे की तरफ देखने लगे। पापाजी तो चेतनाशून्य हो चुके थे। उनके लिए केश कटना कोई छोटी-मोटी बात नहीं थी। केसर ने एक गहरी साँस ली और डरे हुए मनवीर को दिलासा देते हुए धीरे-से उसका हाथ दबा दिया। बाहर से दरवाजा पीटने की आवाज और तेज हो उठी, जब केसर को लगा कि अब तो कोई चारा नहीं है तो उसने मनवीर को दरवाजा खोल देने का इशारा किया। वह हिम्मत बटोरकर खड़ा हुआ और दरवाजा खोलने आगे बढ़ा, जैसे ही उसने कुंडी खोली, हथियार लिये लड़के दरवाजा ठेलते हुए अंदर घुस आए।

"दरवाजा क्यों नहीं खोल रहा था बे ? कौन है तू ? सरदार है क्या ?"

दूसरा चीखा, "बत्ती जला। अँधेरा करके क्यों बैठा है ?"

मनवीर असमंजस में था। उसे तो पता भी नहीं था कि बत्ती कहाँ से जलेगी इसलिए बेचारा करता भी तो क्या करता। केसर समझ गई। वह तुरंत उठी और उसने बत्ती जला दी, फिर सख्त आवाज में बोली, "क्या हुआ ? यहाँ क्या लेने आए हैं आप लोग ? आप गलत घर में आए हैं। यहाँ आपके मतलब का कोई नहीं है।"

बत्ती जलते ही मनवीर सिहर उठा। उसके केश जरूर कट गए थे, लेकिन

उसके भीतर तो हरेक रोएँ में यह एहसास अब भी जिंदा था कि वह एक सिख युवक है। उन लड़कों ने उसकी तरफ सिर्फ एक नजर डाली। सबकी नजरें केसर के जिस्म पर गड़ी हुई थीं। केसर पहले तो थोड़ा झिझकी, लेकिन फिर सँभल गई और निडरता से उन्हें घूरने लगी।

तभी एक लड़का पलंग की तरफ देखते हुए बद्तमीजी से बोला, "यह बुड्ढा कौन है?"

केसर ने कड़ककर कहा, "तमीज से बोलिए, ये हमारे पिताजी हैं। बीमार हैं बेचारे। सोने दीजिए इन्हें और भगवान् के लिए हमें भी सोने दीजिए।"

लड़कों ने कमरे में निगाह दौड़ाई। कमरे में एक छोटा सा मंदिर, कुछ खाने-पीने का सामान, एक स्टोव, कुछ बरतन, कुरसी-मेज और एकमात्र पलंग था। उन्होंने एक नजर लकड़ी के छोटे-से मंदिर की तरफ डाली, फिर आँखें तरेरकर मनवीर की ओर देखते हुए कहा, "बंद कर ले बे।"

केसर और मनवीर दोनों अब तक अपने भीतर उमड़ने वाली दहशत पर काबू किए हुए थे। यह कोई आसान काम नहीं था, वो भी तब जबकि मौत साक्षात् उनके सामने उनके कमरे में ही खड़ी हो।

मनवीर ने जल्दी से भीतर से दरवाजा लगा लिया। केसर ने बत्ती बंद कर दी और फिर वह पलंग के पाए के पास बैठकर सुबक-सुबककर रो पड़ी। मनवीर केसर के पास खिसक आया। वह भी उससे लिपटकर रोने लगा। दोनों बहुत देर एक-दूसरे को थामे रोते रहे। जो अब तक बर्फ-सी सख्त बनी हुई थी, पानी बनकर बहने लगी।

यह समय उनके लिए भीषण मानसिक यातना से भरा हुआ था। बाहर मौत का खेल चल रहा था, तभी बिजली भी चली गई। कमरे में जो मद्धिम-सा प्रकाश था, वह लुप्त हो गया, लेकिन मन के भीतर कहीं न कहीं राहत की इतनी ज्योति तो जल ही उठी थी कि ये दंगाई अब इस कमरे के आसपास नहीं आएँगे, क्योंकि भीतर से देखकर तसल्ली कर गए हैं।

जैसे-तैसे भयानक रात कटी और बाहर हलकी-हलकी रोशनी फूटने लगी। इसे सवेरा कहना तो उचित नहीं होगा, क्योंकि यह सवेरा दरिंदगी का घिनौना चेहरा दिखा रहा था। मानवता चीत्कार कर रही थी। यह एक भयावह सवेरा

था। देर रात तक बाहर मौत का खेल चलता रहा था। दिलवालों की दिल्ली सांप्रदायिक आग में सुलग उठी थी।

केसर ने खिड़की का परदा जरा सा सरकाया। बाहर का दृश्य देखकर उसकी चीख निकल गई। दरवाजे पर ही लाशें!

वह मनवीर के पास बैठकर फूट-फूटकर रोने लगी। कल रात वो दुर्गा बनी हुई थी और कितनी समझदारी से अकेले ही सभी निर्णय लेती जा रही थी। उसने अपनी सूझ-बूझ से कल दो जिंदगियाँ बचा ली थीं। आज बाहर लाशें देख घबरा उठी। जमीन पर बैठे मनवीर ने उसे अपनी बाँहों में भर लिया। वह खुद भी बहुत देर तक उससे लिपटकर रोता रहा, अब तक पापाजी भी उठकर बैठ गए। वे अपनी सूनी-सूनी निगाहों से शून्य में कहीं ताक रहे थे। केसर ने उनकी तरफ देखा। उनकी इस दशा के लिए वह खुद को जिम्मेदार मानने लगी। उसे अब बहुत अफसोस हो रहा था कि उसने उनके केश काट दिए। वह उठी और उनके पैरों की तरफ जाकर बैठ गई। उसने क्षमायाचना की मुद्रा में अपने दोनों कान पकड़ लिये और बच्चों की तरह बिलख-बिलखकर रो पड़ी।

पापाजी ने रोती हुई केसर को गले से लगा लिया। उनकी आँखों से भी दर्द फूट पड़ा। वे बोले, "चुप हो जा पुत्तर। मत रो।"

केसर हाथ जोड़कर बोली, "मुझे बेटी समझकर माफ कर दीजिए। मुझे रात में कुछ और नहीं सूझ रहा था।"

उन्होंने कहा कुछ नहीं, बस उसके जुड़े हुए हाथ अपने दोनों हाथों में ले लिए।

मनवीर भी उठकर पास आ गया और अपने पापाजी के बगल में बैठकर उनके आँसू पोंछने लगा।

कुछ देर बाद मनवीर ने केसर से कहा, "हम तुम्हें शुक्रिया भी नहीं कह सकते। तुमने हमारी जान बचाई है। इसके लिए शुक्रिया बहुत ही छोटा शब्द है।"

"नहीं, नहीं, ऐसा मत कहो। मैंने जो भी किया, वो इनसानियत से नाते किया और वैसे भी यह सब ईश्वर का खेल है, उसने मुझे जरिया बनाया, यह मेरी खुशकिस्मती है।"

"पुत्तर, हम थोड़ी देर में यहाँ से निकल जाएँगे।"

"जी! चले जाइएगा, लेकिन सँभलकर। मैं अभी कुछ देर में बहाने से बाहर निकलूँगी और थाह लेकर आऊँगी। इसके बाद ही आप दोनों निकलिएगा।"

"पुत्तर! तेरा नां की है?"

मनवीर ने भी स्नेह और आदर मिश्रित भाव के साथ पूछा, "अरे हाँ! तुम्हारा नाम क्या है? वैसे तो तुम भगवान् हो आज से हमारे लिए।"

"अरे नहीं नहीं! मैं कोई भगवान्-अगवान नहीं हूँ, मैं तो एक साधारण-सी लड़की हूँ। मेरा नाम केसर है। हम शायद एक ही कॉलेज में पढ़ते हैं। तुम सीनियर हो मुझसे।"

"हाँ! मैंने भी तुम्हें कॉलेज कैंपस में देखा है। मेरा नाम मनवीर है और मैं बी.कॉम. फाइनल में हूँ।"

"मैंने अभी ही बी.ए. में एडमीशन लिया है।"

वे बात कर ही रहे थे कि बाहर तीर जैसी रफ्तार से डरावना शोर करती हुई कई मोटरसाइकिलें एक के पीछे एक दौड़ती हुई चली गईं। मकसद सिर्फ एक ही था, लोगों के दिलों में दहशत फैलाना।

देश में एक बहुत बड़ी राजनीतिक शख्सियत की हत्या हुई थी, कोई छोटी बात तो थी नहीं। ऐसे में ऊँचे और प्रभावशाली पदों पर बैठे लोगों की, विचारशील और चिंतक लोगों की, समाज के सम्मानजनक और प्रतिष्ठित लोगों की बातों का जन साधारण पर बड़ा प्रभाव पड़ता है वे जो भी कहते हैं या जैसी भी प्रतिक्रिया देते हैं, उस पर आम जनता बहुत ध्यान देती है और अमल भी करने लगती है।

शहर में इतना बड़ा नरसंहार बिना किसी की मदद के तो संभव ही नहीं था। ऐसा करने के लिए लोगों को हथियार दिए गए, पैसे बाँटे गए, दहशत फैलाने के लिए बड़ी-बड़ी रैलियाँ निकाली गईं।

केसर और मनवीर खिड़की पर आ गए। गुंडे जैसे दिखने वाले लड़के बड़ी तेजी से मोटरसाइकिल चलाते हुए निकल रहे थे। उनके पीछे बैठे लड़कों के हाथों में सरिए, छड़ें, डंडे आदि थे। देखकर ही लग रहा था कि वे पूरी तैयारी से हैं और सुबह से ही आज के दंगों को अंजाम देने निकल पड़े हैं।

आज यह शहर एक भीषण नरसंहार देखनेवाला था। कुछ लोग अपनी

मोटरसाइकिलों से मिट्टी के तेल से भरे कंटेनर ले जा रहे थे। केसर और मनवीर ने एक-दूसरे की तरफ देखा। दोनों की आँखों में दहशत थी। वे समझ गए कि आज का दिन बहुत भारी गुजरने वाला है, कल से भी भीषण नरसंहार होगा आज।

···और वाकई में आज ऐसा ही होनेवाला था। सिखों के घरों और दुकानों में घुसकर कीमती सामान लूटने, उन्हें जलाने, मारने की योजना बनाई गई थी। उन्होंने बड़ी संख्या में अप्रिय घटनाओं को अंजाम देने के लिए हर संभव तैयारी कर रखी थी।

केसर के कमरे में बहुत ही बेचैनी भरा माहौल था। सभी का दिल घबरा रहा था।

मनवीर बोला, "पापा जी, मुझे बेब्बे की बहुत चिंता हो रही है। वे अमृतसर में अकेली हैं। देश की प्रधानमंत्री की हत्या हुई है, ये कोई छोटी-मोटी घटना तो है नहीं। न जाने क्यों मेरा दिल बैठा जा रहा है। पता नहीं यह दंगा दिल्ली तक ही सीमित है या पूरे देश में इसका असर हो रहा? न जाने बेब्बे कैसी होगी?"

"बस-बस पुत्तर, आगे और कुछ न बोल···तेरी इस बात से तो मुझे भी चिंता होने लगी है। वाहे गुरु! मेहर करीं।"

"केसर तुम्हारे पास रेडियो है? खबरें तो आ ही रही होंगी।"

"नहीं मनवीर, माफी चाहती हूँ। कभी जरूरत ही नहीं महसूस हुई, लेकिन आज मुझे भी लग रहा है कि काश! मेरे पास रेडियो होता।"

"न पुत्तर कोई बात नहीं। तू तो एक स्टूडेंट है। अगर तेरे पास रेडियो नहीं है तो इसमें कोई माफी माँगनेवाली बात नहीं, बल्कि तेरे माता-पिता के लिए तो गर्व की बात है कि उन्होंने तेरी जैसी बच्ची को जन्म दिया। तू अपने परिवार से दूर रहकर भी कितने संयम में रहकर अपना जीवन सँवार रही है। ज्यूंदी रह पुत्तर।"

"पापाजी सही कह रहे हैं केसर। तुम सॉरी मत बोलो, बल्कि सॉरी तो मुझे बोलना चाहिए तुमसे। मैंने बिना सोचे समझे रेडियो के बारे में पूछा।"

"नहीं! नहीं! तुमने तो अपनी बेब्बे की चिंता के कारण पूछा था न? मैं तुम्हारे मन की बेचैनी समझ सकती हूँ मनवीर। माँ और बच्चे का रिश्ता होता ही ऐसा है।"

मनवीर के मन में केसर के लिए कोमल भावनाएँ पैदा होने लगी थीं। इस वक्त उसे केसर पर प्यार आने लगा, लेकिन इस समय जो परिस्थितियाँ थीं, वे प्रेम-व्रेम दिखानेवाली नहीं थीं, लेकिन फिर भी दिल तो दिल है, दिल का क्या है…केसर का व्यवहार उसके दिल में लगातार घर करता जा रहा था।

"मनवीर! प्राजी और भाभीजी ने कल हम दोनों की बड़ी राह देखी होगी पुत्तर। उन्हें हमारी चिंता हो रही होगी। हम कैसे उन तक अपनी खैर-खबर पहुँचाएँ?"

"पापाजी मेरा दिल भी बहुत घबरा रहा है…वाहे गुरु! वे सब अच्छे हों।"

फिर उसने केसर से कहा, "केसर! बाहर के हालात देखकर मुझे नहीं लगता कि शहर में आज कुछ ठीक होनेवाला है, लेकिन मैं अपने परिवार से मिलना चाहता हूँ। मैं एक बार तायाजी, ताईजी के पास जाना चाहता हूँ। अपनी बेब्बे से बात करना चाहता हूँ।"

केसर ने हैरान होते हुए मनवीर के पिताजी से कहा, "आप ही मनवीर को समझाइए प्लीज। आप तो देख ही रहे हैं न कि बाहर के हालात कैसे हैं? मैं ऐसे में आप दोनों को कहीं नहीं जाने दे सकती और ऐसे हालात में कोई पी.सी.ओ. भी तो नहीं खुला होगा…"

मनवीर ने उसे समझाते हुए कहा, "देखो केसर, तुमने हमारे केश तो काट ही दिए हैं। कल ये लोग हमें इसीलिए तो मारना चाह रहे थे, क्योंकि कल इन्हें हम में अपना शिकार दिख रहा था, लेकिन जब तुमने हमारे केश काट दिए, तब ये हमें देखकर भी कुछ नहीं बोले। कमरे में आकर भी चुपचाप लौट गए। मुझे नहीं लगता अब ये हमें कुछ कहेंगे या रोकेंगे और वैसे भी एक बात सोचो कि अगर तुम मेरी जगह होती तो क्या एक बार भी अपने परिवार को देखने या उन्हें अपनी खैरियत देने नहीं जाती?"

केसर को मनवीर की बात सही लगी। केश कट जाने से खतरा काफी कम था और सचमुच अगर वह इस समय मनवीर की जगह होती तो अपने परिवार के पास जरूर जाती, फिर चाहे उसे छुप-छुपकर ही क्यों न जाना पड़ता। उसे लगा कि मनवीर को नहीं रोकना चाहिए। वह उससे जाने के लिए पूछ रहा है यही क्या कम है, रिश्ता ही क्या है उनका। उसने उनकी इस विपत्ति में जान बचाई है, इसी

लिहाज से सम्मान रखते हुए मनवीर उससे जाने से पहले पूछ रहा है, वरना बिना कुछ पूछे या बिना बताए भी तो जा सकता था।

केसर ने कहा, "अच्छा ठीक है, लेकिन तुम अकेले ही जाओ, इन्हें मत ले जाओ। अभी इनका जाना ठीक नहीं है। कोई मुसीबत आने पर तुम भाग सकते हो, खुद को बचा सकते हो, कहीं छुप भी सकते हो। ये यहाँ मेरे पास पूरी तरह से सुरक्षित रहेंगे, तुम बिल्कुल चिंता मत करना।"

मनवीर को केसर का यह सुझाव ठीक लगा। अभी पापाजी को ले जाना वाकई खतरे से खाली न था।

केसर ने बाहर झाँककर देखा। एक दो लोग दूर से आते नजर आए, वे दूर से देखने पर दंगाई नहीं लग रहे थे, फिर भी केसर ने उन्हें निकल जाने दिया, जब गली सुनसान हुई, उसने धीरे से मनवीर को बाहर जाने का इशारा कर दिया। मनवीर ने अपने पापा की ओर देखा फिर केसर की ओर देखा और तेजी से बाहर निकल गया।

वह गलियों से गुजरते हुए कल रात हुई तबाही का मंजर साफ देख रहा था। जगह-जगह मिट्टी का तेल पड़ा हुआ था। मोड़ पर पड़ी लाशें खुद-ब-खुद अपने साथ हुई दर्दनाक कहानियाँ बयाँ कर रही थीं। मनवीर को चलते-चलते इनसानों की कटी उँगलियाँ नजर आ जातीं या कटे हुए कुछ और अंग...इतना बीभत्स दृश्य देखकर उसके रोंगटे खड़े हो गए। वह रो पड़ा।

गली पार करके मुख्य सड़क पर पहुँचकर उसने देखा कि कुछ दंगाई अपने डिब्बों में मिट्टी का तेल भर रहे हैं। उनके पास बोरे और कुछ पुराने टायर भी हैं। वे आज तबाही मचाने के लिए पूरी तरह से तैयार होकर आए थे, तभी तीन-चार अधेड़ उम्र के सिख वहाँ से गुजरे, शायद वे गुरुद्वारे की ओर जा रहे होंगे। उपद्रवी लड़कों ने उन्हें घेरकर पकड़ लिया और उनके ऊपर मिट्टी के तेल से सने बोरे डालने लगे। वे अधेड़ सिख बेचारे चीखते रहे, अपनी जान बख्श देने की फरियाद करते रहे, लेकिन हत्यारे नहीं रुके, उन्होंने उनपर और मिट्टी का तेल डाला...आग लगा दी। जिंदा जिस्म धू-धू करके जल उठे। वे बेचारे खुद को बचाने के लिए इधर से उधर भागते रहे, तड़प-तड़पकर मदद की गुहार लगाते रहे, लेकिन कोई भी उनकी मदद करने के लिए आगे नहीं आया। मनवीर

काँप उठा। वह उन्हें बचाना चाहता था, लेकिन नहीं बचा सकता था, क्योंकि उसे पता था कि अगर वह आगे बढ़ा तो उसका भी यही हश्र कर दिया जाएगा। वह क्या, सभी यह जानते थे कि दंगाई इस वक्त किसी को भी नहीं छोड़ेंगे। जो भी उनके रास्ते में आएगा, वे उसका भी यही हाल करेंगे।

मनवीर पास खड़े पुलिसकर्मी के पास दौड़कर गया और इस कृत्य को रोकने की फरियाद करने लगा, लेकिन उसने उलटा मनवीर को ही धमकाना शुरू कर दिया और वहाँ से भगा दिया।

इस वक्त मनवीर की आत्मा उसे कचोट रही थी कि वह युवा होकर भी इन बूढ़ों की सहायता करने आगे नहीं बढ़ा। उसे खुद पर बहुत शर्मिंदगी महसूस होने लगी, लेकिन वह करता भी तो क्या करता!

इन उपद्रवियों को रोकना किसी के बस में नहीं था। न तो इन लोगों को समझा-बुझाकर ठीक किया जा सकता था और न ही इन्हें धमकाने से बात बन सकती थी। हालात ही एकदम अलग थे। ये लोग बदले की आग में जल रहे थे और अपने भीतर की उसी आग से दूसरों को भी जलाकर राख करने पर तुले हुए थे। इन्हें किसी समाधान से लेना-देना नहीं था। इनका मकसद सिर्फ और सिर्फ खून बहाना था, दहशत फैलाना और हर सिख से बदला लेना था।

बदले की आग मनुष्य को अंधा बना देती है, वह सही और गलत का विवेक भूल जाता है। इन दंगाइयों के साथ भी वही हो रहा था। इन्हें कौन समझाता कि मारनेवाले दो व्यक्ति थे, पूरी कौम नहीं। जानेवाली हस्ती को दोबारा नहीं लाया जा सकता, चाहे वे कितनी ही प्रिय रही हों। एक हत्या के बदले उस कौम के सभी बंदों का खून बहा देने से क्या हासिल होगा! दरअसल यह बात इतनी सरल है कि एक छोटा-सा बच्चा भी समझ जाए, लेकिन इस बात के पीछे की राजनीति उतनी ही जटिल और गहरी...

कुछ नेता इस सांप्रदायिक विद्वेष को और हवा देने का काम करने लगे। वही इस विद्वेष को भड़काने के लिए हर तरह की सुविधाएँ भी मुहैया करा रहे थे। दंगाइयों को हथियार दिए जा रहे थे, मौत का सामान उपलब्ध कराया जा रहा था। बदले में उन्हें सरदारों की जान लेने के लिए उकसाया जा रहा था।

खून के बदले खून और जान के बदले जान! उनकी प्रिय नेता की हत्या

दो सरदारों ने की थी। इसलिए सभी सरदारों को चुन-चुनकर मारना अब इनका कर्तव्य था, बस!

साफ दिख रहा था कि यह सब एक षड्यंत्र के तहत हो रहा है, इन बेखौफ और बेलगाम युवाओं की शक्ति का दुरुपयोग करने के लिए इनके भीतर हिंसा की आग को जान-बूझकर भड़काया गया है। इन्हें रोकने और पकड़ने के लिए पुलिस भी कहीं नजर नहीं आ रही थी।

मनवीर ने अपनी शर्ट की बाजू से अपने आँसू पोंछे और भारी मन से आगे बढ़ने लगा। उसके तायाजी जहाँ रहते थे, उस इलाके में सरदार परिवार बहुत अधिक संख्या में बसे हुए थे। एक तरह से यह सरदारों का ही इलाका था। उसने देखा कि कुछ सिख अपनी दूध, ब्रेड-बटर की दुकानें खोल रहे हैं। कदाचित् उन्हें उम्मीद होगी कि यह सिख बहुल इलाका है। इसलिए यहाँ दंगाई नहीं आएँगे, लेकिन उलटा ही हुआ, तभी मोटरसाइकिल से दंगाइयों का एक झुंड आया और उन्हें खींचकर दुकान से बाहर निकालने लगा। वे अपनी-अपनी जान बचाने के लिए भागे, लेकिन हत्यारों ने उन्हें घेर लिया, फिर उनके गले में टायर डाले और उन्हें भी जिंदा जला दिया। लोग छुपकर यह मंजर देख रहे थे। इसे देखकर किसी की भी रूह काँप जाए, लेकिन आज सुबह से ही दिल्ली की सड़कों पर यह हो रहा था।

भय का ऐसा माहौल था कि लोग अपने-अपने घरों में दुबक गए। गुंडे पहले से ही सिखों की दुकानों और मकानों पर निगाह गड़ाए बैठे थे। वे सरेआम उनकी दुकानों के ताले तोड़ने लगे, सामान लूटने लगे। उनकी दुकानों और मकानों को जला रहे थे।

मनवीर भयभीत हो उठा और सड़क के किनारे एक दुकान की आड़ में हो गया। तभी उसने देखा कि उन दंगाइयों के पास नाम और पते की एक लिस्ट है। वे उसी लिस्ट के जरिए यह पता लगा रहे थे कि कौन-कौन से घर और कौन-कौन सी दुकानें सरदारों की हैं। सरदारों के घरों और दुकानों के आगे वे बड़ा-बड़ा 'S' चिह्नित करते जा रहे थे।

दंगाई उनके घरों में घुसते, पहले लूटपाट करते फिर उनकी महिलाओं और बच्चियों के साथ दुर्व्यवहार करते। परिवार के बाकी सदस्यों के साथ मारपीट

करते और फिर सभी को जिंदा जला देते। वे पेट्रोल और मिट्टी का तेल डाल-डालकर इन घरों को आग के हवाले कर रहे थे। कोई व्यक्ति जान बचाने के लिए भागता, कोई रोता गिड़गिड़ाता तो कोई इनके पैरों पर गिरकर दया की भीख माँगता, लेकिन ये दंगाई किसी की भी नहीं सुन रहे थे। इनके सिर पर तो खून सवार था।

हिंसा अपने चरम पर थी। सुरक्षा व्यवस्था कहीं नजर नहीं आ रही थी। ऐसा लग रहा था कि आज वह खुद भी मूक दर्शक बनी हुई है। पुलिसवाले दिख नहीं रहे थे और जो दिख रहे थे, वे देख नहीं रहे थे। यदि कोई व्यक्ति भावनाओं से ओत-प्रोत होकर मित्रता के नाते सिखों को बचाने के लिए आगे आता भी था तो दंगाई उनका भी यही हश्र कर रहे थे। इसलिए सभी अपनी-अपनी जान बचाने के लिए भीतर ही छुपे बैठे थे, लेकिन सिखों के लिए छुपने का भी कोई फायदा नहीं था, क्योंकि ये दंगाई उनके घरों में घुसकर उन्हें बाहर खींच-खींचकर मौत के घाट उतार रहे थे।

सिख बेचारे रोते रहे, उन्हें ईश्वर का वास्ता देते रहे, नैतिकता का हवाला देते रहे, लेकिन दंगाइयों को इन सब बातों से कोई मतलब ही नहीं था। उनपर रोने-गिड़गिड़ाने का कोई असर नहीं हो रहा था। वे ऐसी भयंकर तबाही मचा रहे थे, जिसे देखकर किसी का भी दिल दहल जाए। आज उनका आतंक चरम पर था। वे न तो इनकी दुकानें छोड़ रहे थे, न घर और न ही धार्मिक स्थल।

इतिहास साक्षी है कि मनुष्य पर जब-जब विपत्ति आई है, तब-तब उसने ईश्वर की ही शरण ली है। आज भी ऐसा ही हो रहा था। अनेक सिखों ने भयातुर हो गुरुद्वारों में जाकर शरण ले ली। खासकर महिलाओं, बच्चों और बुजुर्गों को तो उनके परिवारीजनों ने खुद ही गुरुद्वारे जाकर छोड़ा, ताकि वे वहाँ सुरक्षित रह सकें। उन्हें उम्मीद थी कि गुरुद्वारे में उन पर हमला नहीं होगा, लेकिन उनकी यह उम्मीद भी टूट गई जब दंगाइयों ने गुरुद्वारों से खींच-खींचकर सिख बुजुर्गों, बच्चों और महिलाओं को मारा और उनके अंगों को काटा। उस दिन दंगाइयों ने गुरुद्वारों में बहुत बड़ी संख्या में हमले किए और जमकर आतंक मचाया।

मनवीर के लिए यह सब देखना बहुत दुखदाई था, लेकिन फिर भी वह अपनी भावनाओं पर काबू रखने की कोशिश करने लगा। उसे अपने परिवार

की चिंता सता रही थी। वह जल्दी-से-जल्दी घर पहुँचना चाहता था, तभी वहाँ मोटरसाइकिल से गुजरते दंगाइयों की निगाह सड़क किनारे पैदल चल रहे मनवीर पर पड़ी।

"तेरा नाम क्या है बे? यहाँ कहाँ टहल रहा है?"

"जी कुछ सामान लेना था। इसलिए बाजार तक आया था!" मनवीर काँपते हुए बोला।

"छोड़, छोड़, हिंदू है।" उनमें से एक ने कहा और फिर सभी ने धूँ-धूँ करके अपनी-अपनी मोटरसाइकिलों को रेस दी और आगे बढ़ गए।

अब तक काफी दिन चढ़ आया था, लेकिन भय और आतंक की वजह से लोग अपने घरों में सहमे बैठे थे। मनवीर जैसे ही तायाजी के घर के करीब पहुँचा तो उसके पैरों तले जमीन सरक गई। बाहर बड़े अक्षरों में 'S' लिखा हुआ था और पूरा बगीचा रौंदा जा चुका था। गमले टूटे पड़े थे। दरवाजा खुला हुआ था। मनवीर के पैर किसी आशंका से काँपने लगे, लेकिन फिर भी वह सहमते हुए अंदर दाखिल हुआ। अंदर पहुँचकर उसने देखा कि जगह-जगह घर का सामान बिखरा पड़ा है, खूब तोड़-फोड़ की गई है। मनवीर की आँखों में आँसू आ गए।

बाहर से मोटरसाइकिलों के गुजरने की आवाजें फिर सुनाई देने लगीं, लेकिन मनवीर पागलों की तरह इधर से उधर दौड़-दौड़कर अपने परिवारीजनों को खोजता रहा। वह रो-रोकर सबको आवाजें दे रहा था। कभी वह अपने तायाजी को पुकारता तो कभी अपनी ताईजी को, कभी भैया-भाभी को पुकारता तो कभी बहन किट्टू को ""लेकिन कोई उत्तर नहीं दे रहा था। उसका मन किसी अनहोनी के डर से बैठने लगा। वह एक कमरे से दूसरे कमरे की ओर दौड़-दौड़कर देखने लगा, लेकिन उसे कोई नजर नहीं आया, आखिर में वह बैठ गया और फूट-फूटकर रोने लगा, तभी फोन की घंटी बज उठी। मनवीर हॉल के उस कोने की ओर बढ़ा, जहाँ फोन रखा रहता था। उसे वहाँ फोन नजर नहीं आ रहा था, लेकिन आवाज अब भी वहीं से ही आ रही थी। वह समझ गया कि दंगाइयों ने फोन को भी खींचकर तोड़ा होगा और फिर उसे डिसकनेक्ट करके पटक दिया होगा, लेकिन इत्तेफाक से वह डिसकनेक्ट नहीं हो पाया होगा।

फोन बजना बंद हो गया था।

···लेकिन अगले ही पल फिर उसकी घंटी बज उठी।

तब तक मनवीर की नजर कोने में टूटे पड़े स्टूल पर जाकर ठहर गई। फोन वहीं पड़ा हुआ था। उसने रिसीवर उठाकर कान से लगाया।

"हैल्लो! हैल्लो!" उधर से बेब्बे की आवाज आई।

मनवीर ने जल्दी से अपनी कमीज की बाजू से आँसू पोंछ लिए और आवाज को संयत करते हुए बोला, "बेब्बे! तुसी कैसे हो? वहाँ सब ठीक है न?"

"मैं तो ठीक हूँ पुत्तर, लेकिन तुम सब लोग कैसे हो? सुबह से कितनी बार फोन लगा चुकी हूँ, कोई फोन ही नहीं उठा रहा! मुझे तुम सबकी बहुत चिंता हो रही है। कल रात भाभीजी से बात हुई थी, बहुत घबरा रही थीं। वे बता रही थीं कि देर रात तक तू और तेरे पापाजी घर नहीं लौटे थे!"

"हाँ बेब्बे! वहाँ आकर सारी बात बताऊँगा। पापाजी ठीक हैं। आप भी अपना खयाल रखना···और हाँ! घर के सारे दरवाजे अंदर से बंद ही रखना।"

"पुत्तर यहाँ कोई खतरे की बात नहीं है, लेकिन और जगहों पर वारदातें हो रही हैं। लोग बातें कर रहे हैं कि दिल्ली में बहुत माहौल खराब है। टी.वी. में कुछ नहीं दिखा रहे। तुम लोग अपना ध्यान रखना और सब लोग घर में ही रहना, मुझे बड़ी फिकर हो रही है।"

"ठीक है बेब्बे।"

"भाभीजी को मेरा सतश्री अकाल बोलना पुत्तर।"

मनवीर कुछ भी नहीं बोल पाया। अभी वह बोलता भी तो क्या बोलता! उसने फोन रख दिया। उसे पूरे घर में कोई नजर नहीं आ रहा था। उसने घर का एक-एक कोना छान मारा, फिर उसे ऊपर बने बाबाजी के कमरे का खयाल आया। यह छत पर बना एक बड़ा-सा कमरा था, जो कि इनका पूजाघर था। इसमें एक ओर चौकी पर पावन श्री गुरुग्रंथ साहब रखा रहता और दूसरी ओर सबके बैठने के लिए साफ सुथरी चादर बिछी रहती। दीवारों पर दसों गुरुओं की काफी बड़े आकार की तसवीरें लगी हुई थीं। कमरे में बड़ी-बड़ी हवादार और रोशनी देनेवाली खिड़कियाँ भी थीं, जिनमें सफेद रंग में परदे लटके रहते। सभी लोग अरदास करने के लिए इसी कमरे में आते थे। इसीलिए इसे बाबाजी का कमरा कहते थे। इसके बाहर पूरी खुली छत थी।

मनवीर घर के भीतर ही बनी घुमावदार सीढ़ियों से जल्दी-जल्दी ऊपर चढ़ने लगा। उसने देखा कि बाबाजी का कमरा बाहर से बंद है। वहाँ उसे कोई तोड़-फोड़ भी नजर नहीं आई। उसने बाहर से लगी कुंडी खोली और दरवाजे से अंदर दाखिल हुआ। कमरे में पैर रखते ही उसकी चीख निकल गई। घर के सभी सदस्य यहीं बेजान पड़े थे। उनके शरीर जगह-जगह से कटे हुए थे। दादी गुरुग्रंथ साहब के एकदम बगल में मृत पड़ी थीं। तायाजी का दायाँ बाजू उनके ही बगल में उखड़ा पड़ा था। भाई के पेट और सीने में अनेक गहरे-गहरे घाव थे, जिसमें से अब भी खून रिस रहा था। उनकी आँखें खुली हुई थीं। ताईजी और भाभी के गले में तीखे घाव थे। दरिंदों ने उनके तन से जेवर तक उतार लिए थे और वो भी बड़ी ही बेरहमी से। भाभी की उँगलियाँ पास ही कटी पड़ी थीं। किट्टू बुरी तरह से खून में लथपथ थी।

मनवीर यह दृश्य देखकर बिलखने लगा। वह कुछ समझ ही नहीं पा रहा था कि किसके पास पहले जाए, वह पागलों की तरह सबको पुकारता जा रहा था और बार-बार इधर से उधर भाग रहा था। कभी वह 'तायाजी, तायाजी' कहकर उनसे लिपट जाता तो कभी ताईजी के पास जाकर उनकी धड़कन सुनने की कोशिश करता, कभी वह भैया की नाक के पास कान ले जाकर उनकी साँसें सुनना चाहता तो कभी भाभी की कलाई पकड़कर उनकी नब्ज टटोलने की कोशिश करता। किट्टू के सिर को जैसे ही उसने अपनी गोद में रखा, उसे एक हलकी ही कराह सुनाई दी। वह बावलों की तरह किट्टू के गालों को थपथपाते हुए 'किट्टू किट्टू' चिल्लाने लगा।

"किट्टू! किट्टू! मेरी गुड़िया आँखें खोल···खोल न बहन! आँखें खोल किट्टू···" उसने किट्टू को अपनी बाँहों में भरकर बिलखते हुए कहा। किट्टू ने 'प् र आ···' बोलने की नाकाम कोशिश की और अगले ही पल उसका बेजान शरीर मनवीर की बाँहों में झूल गया। उसकी साँसों की एक बारीक-सी डोर, जो अब तक कहीं अटकी हुई थी, वो भी टूट गई···

किट्टू के जिस्म से बहता खून बता रहा था कि उस मासूम बच्ची की अस्मत किस हद तक दरिंदगी का शिकार हुई है।

मनवीर बहुत देर तक वहीं बैठकर बिलख-बिलखकर रोता रहा। कभी वह

अपने जिंदादिल परिवारवालों के मुर्दा जिस्मों की तरफ देखता तो कभी गुरुजी की तसवीरों को देखने लगता। वह इस वक्त खुद को बहुत असहाय महसूस कर रहा था। भरे-पूरे परिवार का यह लड़का आज उनके मृत शरीरों के सामने बैठा बिलख-बिलखकर रो रहा था। जिसके पास सुझाव देने के लिए हमेशा ही इतने सारे लोग मौजूद रहते थे, जिसका इतना बड़ा परिवार था, आज उसे ही समझ में नहीं आ रहा था कि अब वह करे भी तो क्या करे!

उसे दादी की बात याद हो आई। वे अकसर कहा करती थीं कि, "पुत्तर! कभी न कभी तो सभी को इस जग से जाना ही है। यहाँ कोई सदा के लिए नहीं है, लेकिन गुरु की मेहर से बंदे को इतना जरूर करना चाहिए कि जब तक यहाँ रहे, तब तक सत्संग और सेवा न छोड़े। उसे गुरबानी पर अटूट भरोसा होना चाहिए। वाहेगुरु जो भी करता है, चंगा ही करता है।"

मनवीर रोते हुए गुरुग्रंथ साहिब के पास आकर उकड़ूँ बैठ गया। अपने सिर पर रुमाल बाँधा और फिर दोनों कान पकड़कर झुककर पोथी साहिब पर माथा टेककर प्रणाम किया। वह वहीं पालथी मारकर बैठ गया और पाठ करने लगा। उसकी आँखों से आँसू थमने का नाम नहीं ले रहे थे, लेकिन अपनों की आत्मा की शांति के लिए इस वक्त उसे यही सूझा। वह रोता जा रहा था और पाठ करता जा रहा था।

पाठ करने के बाद वह उठा और तायाजी के गले में कुछ ढूँढ़ने लगा। वे अपने गले में हमेशा एक खंडा पहने रहते थे। मनवीर छोटे बच्चे की तरह बिलख-बिलखकर उनके गले से वह खंडा उतारने लगा। वह याद करने लगा कि बचपन में तायाजी की गोद में बैठकर वह इसी खंडे से खेलता रहता था। एक बार तो उसने खेलते-खेलते तायाजी के गले की जंजीर ही तोड़ दी थी। बेब्बे गुस्से में उसे मारने दौड़ी थीं, तब तायाजी ने उन्हें रोकते हुए कहा था, "अरे रहने दे न! बच्चा ही तो है। लॉकेट समझकर खेलता था, टूट गई तो टूट गई, नई जंजीर लेकर खंडा उसमें डाल लूँगा। मारती क्यों है तू इतनी सी बात पर बेचारे को!"

ताईजी तुरंत ही अपनी अलमारी से एक और सोने की जंजीर निकालकर ले आई थीं और तायाजी का खंडा उसमें डालकर बोली थीं, "लो जी इसे पहन लो और वो जंजीर मुझे दे दो, टाँका लगवा दूँगी।"

उसे याद आया कि ताईजी भी तो गले में एक ओंकार पहनती थीं। वह अपने आँसू पोंछते हुए उनके सिरहाने जाकर बैठ गया और दूर से ही बिना छुए उनका लॉकेट ढूँढ़ने लगा। उनके गले के गहरे-गहरे जख्म देखकर उसकी हिम्मत ही नहीं हो रही थी कि वह उन्हें हाथ भी लगाए और वैसे भी हत्यारों ने उनके जेवर पहले ही उतार लिए थे। इसलिए एक ओंकार मिलने की उम्मीद भी न के बराबर थी। उनके घाव देखकर मनवीर की आँखों में बार-बार आँसू भर आते थे। वह खंडा और ओंकार उनके आशीर्वाद के रूप में पाना चाहता था, उसे किसी जेवर की ख्वाहिश नहीं थी, अब तो बस अपनों की निशानी ही उनका आशीर्वाद थी।

फिर उसने मन-ही-मन कुछ निश्चय किया। वह नीचे गया और कुरसियाँ, छोटी मेजें, स्टूल, चौकियाँ आदि लकड़ी की जो भी चीजें उठाने लायक लगीं, वो सब छत पर ले आया, फिर उसने चादरें खोजीं। उसे जितने भी रजाई-गद्दे मिले, वह सब ऊपर छत पर उठा लाया।

वह फूट-फूटकर रोता जा रहा था और सतनाम वाहेगुरु जपता जा रहा था। उसने छत पर गद्दे बिछा दिए। सबसे पहले वह दादी की देह को कमरे से बाहर छत पर लाया और गद्दे पर लिटा दिया। ऐसा करते हुए उसका कलेजा दर्द से तड़प रहा था, फिर वह तायाजी और ताईजी की देह को बाहर लाया। इसके बाद भैया-भाभी और अपनी प्यारी बहन किट्टू की देह को भी ले आया, जब उसने अपने तायाजी का कटा हुआ हाथ उठाया, तब वह दुःख के मारे फट पड़ा। वह उनके कटे हाथ को अपने सिर से लगाए बड़ी देर तक बैठा रोता रहा।

लोग जब किसी अपने का अंतिम संस्कार करते हैं तो उनकी समूची मृत देह का करते हैं, लेकिन यहाँ तो बड़ी बेरहमी से शरीरों के टुकड़े-टुकड़े कर दिए गए थे। उन टुकड़ों को समेटना ऐसे था, मानो अपना ही कलेजा चिर जाना¨

मनवीर ने कभी भी नहीं सोचा था कि जिंदगी उसका इतना बड़ा इम्तिहान लेगी। उसे कभी यह सब भी करना पड़ेगा। आज उसे अकेले ही सबके अंतिम संस्कार की तैयारी करनी थी, कोई और उपाय भी नहीं था।

वह सतनाम वाहेगुरु जपता रहा, फूट-फूटकर रोता रहा और उनके अंतिम संस्कार की सब तैयारियाँ करता रहा। उसने सबकी देह के ऊपर चादरें डालीं। लकड़ी की चीजें रखीं। घर की सारी रजाइयाँ भी उनके ऊपर डाल दीं और आँख

मूँदकर उस सच्चे बादशाह को याद करने लगा। उनके हाथ-पैर काँप रहे थे, दिल बेतहाशा धड़क रहा था, आँखों से आँसू थमने का नाम ही नहीं ले रहे थे, फिर हाथ जोड़कर सबको अंतिम बार प्रणाम किया और अग्नि दे दी।

मनवीर अंतिम संस्कार की रीतियाँ जानता ही नहीं था और वैसे भी आज जो परिस्थितियाँ थीं, उनमें इन देहों का विधिवत अंतिम संस्कार करना संभव ही कहाँ था!

वह अपने परिवारीजनों की मृत देहों को ऐसे छोड़कर जा भी तो नहीं सकता था। कल तक तो इन देहों से दुर्गंध आने लगती।

कितना विचित्र है न हमारा यह शरीर! जब तक इसमें आत्मा नाम की दिव्य ज्योति मौजूद रहती है, तब तक सब इसके अपने बने रहते हैं, यह देह प्यारी लगती है, लेकिन जैसे ही वह ज्योति इस चोले को छोड़कर चली जाती है, हमारे अपने ही इसे अग्नि के हवाले कर देते हैं। इनसान जीते जी इस देह को चाहे जितना प्यार कर ले, लेकिन मरने के बाद चौबीस घंटे भी नहीं रख पाता। विचित्र है ऊपर वाले की यह संरचना और यह सृष्टि!

वह अचानक ही खुद को बहुत गंभीर और सयाना महसूस करने लगा। उसके अपनों के शरीर उसके सामने धू-धू करके जल रहे थे। वह जमीन पर हाथ जोड़कर बैठ गया और मन-ही-मन 'बिनती' उचारने लगा। वह और कर भी क्या सकता था। वह उनकी आत्मा की शांति के लिए प्रार्थना करने लगा। वह अपने दिल को तसल्ली बँधाने के लिए प्रार्थना ही तो कर सकता था, जब उनके जिस्म जलकर खाक हो गए तब उसने हाथ आगे बढ़ाकर थोड़ी सी मिट्टी अपने मस्तक में लगा ली और अपना दिल कड़ा करके वहाँ से चल दिया।

ताज्जुब की बात थी कि अब वह डरकर नहीं, बल्कि अपने कदमों में फुर्ती लिये और अपनी आँखों में अथाह दर्द का सैलाब लिये केनर के घर की ओर बढ़ा चला जा रहा था। रास्ते का मंजर अब भी बहुत भयावह था। जगह-जगह मौत का खेल चल रहा था, लेकिन अब जैसे उसे न तो कुछ दिखाई दे रहा था और न ही सुनाई दे रहा था, उसके कानों में बस अपनों की ही आवाजें गूँज रही थीं और आँखों में उनकी वही दर्दनाक छवि समाई थी, जैसी वह अंतिम बार घर की छत पर देखकर आया था।

केसर के दरवाजे पर पहुँचकर उसने धीरे से दस्तक दी। केसर ने उसे जल्दी से भीतर आने के लिए कहा, लेकिन मनवीर ने उससे दरवाजे पर ही थोड़ा पानी माँगा। केसर हैरान तो हुई, लेकिन इस समय उसने कोई प्रश्न पूछना ठीक नहीं समझा और जल्दी से एक गिलास में पानी ले आई। मनवीर ने उस पानी से अपने हाथ-पैर और मुँह धोए फिर अंदर आकर पापाजी के पास बैठ गया और छोटे बच्चे की तरह बिलख-बिलखकर रो पड़ा।

"क्या हुआ पुत्तर! वहाँ सब लोग खैरियत से तो हैं न?"

"हाँ पापाजी, वे सब अब हमेशा-हमेशा के लिए खैरियत से ही हो गए हैं।"

"क्या कह रहा है तू…पहेलियाँ न बुझा…ठीक-ठीक बता।"

मनवीर ने तायाजी की गले की जंजीर और खंडा पापाजी की हथेली में रख दिया।

"यह तो प्राजी का खंडा है! क्या हुआ उन्हें मनवीरे?" उन्होंने इस बार गुस्से से पूछा।

"सब खत्म हो गया पापाजी…सब!"

"सब खत्म हो गया…मतलब की है तेरा?"

"पापाजी, दंगाइयों ने पूरे घर को तहस-नहस कर दिया और सबकी जिंदगियाँ छीन लीं। मेरे पहुँचने से पहले ही वे दरिंदे अपना घिनौना काम अंजाम करके जा चुके थे।" कहते-कहते मनवीर फूट-फूटकर रो दिया। केसर उसके पास ही खड़ी थी। वह भी वहीं जमीन पर बैठ गई और मनवीर को तसल्ली देने लगी, लेकिन हकीकत तो यह थी कि उसके मुँह से सांत्वना का एक भी शब्द नहीं निकल पा रहा था, वह तो खुद ही रोए जा रही थी। उसे उनका दर्द अपना लग रहा था।

कितना अजीब समय था, बाहर कुछ दरिंदे बसे-बसाए घरों को उजाड़ रहे थे, अट्टहास कर रहे थे, जबकि भीतर छिपे लोग अपने उजड़े परिवारों का गम मना रहे थे, बिलख-बिलखकर रो रहे थे। आज तो ईश्वर के न्याय पर से भी विश्वास उठ रहा था, आस्था डगमगा रही थी। वह इतना निर्दयी कैसे हो सकता है! क्या वह अपनी प्रेरणा से इन लोगों के मन की कलुषता और बैर-भाव को

नष्ट नहीं कर सकता! क्या वह प्राणिमात्र में प्रेम का संचार नहीं कर सकता!

मनवीर जैसे-जैसे पूरी बात बताता गया, वैसे-वैसे पापाजी की हिचकियाँ और बढ़ती चली गईं।

"मैं कितना अभागा हूँ, जो अंतिम समय में अपनी माँ का आशीर्वाद भी नहीं ले सका, अपने बड़े भाई और भाभी के दर्शन नहीं कर पाया। मेरे बेटे-बहू ने तो अभी अपनी गृहस्थी शुरू ही की थी, अभी तो मैंने अपनी बहू और बेटे के लिए अनेक सपने सजा रखे थे। सब सपने टूट गए। किट्टू बिटिया की डोली उठाने का सपना, उसका बसता हुआ घर देखने की ख्वाहिश···सब खत्म! वाहे गुरु तूने मुझे भी क्यों नहीं उठा लिया उन सबके साथ! अब मैं अपने परिवार के बिना कैसे जीऊँगा! सच्चे पातशाह हमने किसी का क्या बिगाड़ा था, जो हमें आज यह दिन देखने को मिला! हम तो सदा हो तेरा हर हुकुम बजाते रहे मालिक! फिर यह सजा क्यों···"

उनके दर्द का पार न था। वे दोनों सिर झुकाए रोते ही जा रहे थे।

केसर तड़पकर रह गई। आह! आज इस परिवार के सभी लोगों के भीतर कुछ न कुछ मरा था, किसी की साँसों ने दम तोड़ा था तो किसी के सपनों ने। उसे भी अपने माता-पिता की याद आने लगी। अभी वह खुद भी छोटी ही तो थी। अभी बी.ए. में गई ही थी। इतने बड़े दर्द को सुनने और सहने लायक बड़ी कहाँ थी बेचारी···

लेकिन फिर उसने अपने आँसू पोंछ लिये, क्योंकि अभी उसे इन पिता-पुत्र दोनों को सहारा देना था, इन्हें सँभालना था। वह खुद कैसे कमजोर पड़ सकती थी?

शायद इसीलिए कहते हैं कि औरत में अथाह शक्ति होती है।

दो दिन तक शहर में इतनी बड़ी तादाद में हत्याएँ और लूटपाट हुईं कि अंततः कर्फ्यू लगा दिया गया। देश के अन्य शहरों से भी हिंसक घटनाओं की खबरें आने लगीं। सरकार और प्रशासन को कानून का सहारा लेना पड़ा। इस नरसंहार का एक दुःखद परिणाम यह हुआ कि कुछ दिनों बाद दिल्ली में कई सिख युवक आतंकवादी समूहों में शामिल हो गए। इसके कारण पंजाब में हिंसा की वारदातें और बढ़ गईं। इन आतंकियों ने अनेक हत्याएँ कीं।

बाद में इस दंगे के लिए दिल्ली में कई दंगाइयों को दोषी ठहराया गया। आजीवन कारावास की सजा सुनाई गई। दिल्ली के कुछ पुलिस अधिकारियों को भी दंगों के दौरान लापरवाही बरतने का गुनाहगार पाया गया। बाद में अनेक जाँच आयोग और समितियाँ बनाई जाती रहीं, अंततः जिन नेताओं की लिप्तता मिली, उन्हें सजा भी सुनाई गई। इस दंगे के दौरान मारे गए सिखों की याद में स्मारक बनाए गए, फिल्में बनीं, पुस्तकें छपीं, लेख लिखे गए आदि…आदि… लेकिन जानेवाले तो संसार से जा चुके थे। उनके अपने आज भी उनके गम में संजीदा हैं।

केसर ने सन् '84 के इस दर्द से खुद को बाहर निकाला फिर अपने सास-ससुर की तरफ देखा। वे दोनों भी पुरानी दर्द भरी यादों में डूबे हुए थे, तभी अचानक आँसू पोंछते हुए केसर ने दरवाजे की तरफ निगाह घुमाई। वहाँ बुलबुल और कुशल न जाने कब से आकर खड़े थे और उनकी बातें सुन रहे थे। दोनों बच्चों के चेहरे आँसुओं से तर थे। केसर के भीतर की माँ अपने बच्चों को रोता देख द्रवित हो उठी।

वह बच्चों के पास जाकर उनके गालों को सहलाते हुए बोली, "तुम दोनों कब आए बेटा?"

"… … …" बुलबुल ने बोलने के लिए अपना मुँह खोला, लेकिन मन भरा होने कारण उसका गला रुँध आया और वह कुछ न बोल पाई।

केसर ने दोनों बच्चों के कंधे पर अपना हाथ रखा और उन्हें दादी-दादा के पास ले आई। दादाजी ने कुशल का सिर अपनी गोद में रख लिया और बुलबुल को खुद से सटा लिया। सभी एक-दूसरे का दुःख महसूस कर रहे थे; इस वक्त सभी की आँखों से आँसू बह रहे थे। दादी ने आगे सरककर कुशल के सिर पर हाथ फेरते हुए कहा, "मत रो मेरे बच्चे! चुप हो जा।"

"दादाजी! आप लोगों ने इतना दर्द सहा था?" बुलबुल ने अपने आँसू पोंछते हुए पूछा।

"पुत्तर यही तो जीवन है। इसमें सुख-दुःख आते रहते हैं। इनसान का कोई जोर नहीं चलता इन पर।" उन्होंने दूर शून्य में कहीं ताकते हुए कहा।

बुलबुल अपने दादाजी की आँखों से आँसू पोंछने लगी। उन्होंने भी बच्ची के

सिर पर अपना हाथ फेरते हुए उसे पुचकारा, फिर बुलबुल ने अपनी माँ की तरफ देखते हुए कहा, "सॉरी मम्मी, मैं कभी आपका दर्द नहीं बाँट पाई।"

"अरे नहीं, मेरी पगली बच्ची···तू तो कितनी प्यारी बेटी है मेरी। सॉरी क्यों बोल रही है! बेटा आज तो यूँ ही ये बातें चल निकलीं, वरना उन दर्द भरे दिन और रातों को कौन याद करना चाहता है!"

कुशल अपने आँसू पोंछते हुए बोला, "इसीलिए पापा के बाल कटे हुए हैं, क्योंकि मम्मी ने काट दिए थे!"

आँसुओं से तर सबके चेहरों पर एकाएक मुसकराहट फैल गई। कुशल की इस बात ने सबको हँसा दिया।

दादी ने रुँधे गले से हँसते हुए कहा, "हाँ और नहीं तो क्या! तुम्हारी मम्मी तुम्हारे पापा के बाल काट देती हैं।"

"···लेकिन दादाजी, आपने अपने केश फिर से बढ़ा लिये?"

"हाँ पुत्तर, मैंने गुरुद्वारे जाकर अरदास की। इसके लिए माफी माँगी और फिर अपने केश बढ़ा लिये।"

□

जीवन : एक अनवरत यात्रा

दिन ढल गया था और मनवीर के फैक्टरी से लौटने का समय हो चला था। मम्मीजी और केसर ने एक-दूसरे को इशारा किया, ताकि अब इस विषय को बदला जा सके। सभी के चेहरे बहुत रुआँसे लग रहे थे, बच्चे भी उदास थे, हालाँकि कुशल की बात से कुछ मन हलका हुआ था सबका, एक हँसी गूँजी थी फिर से।

"मम्मीजी, चाय बनाकर लाती हूँ।"

"हाँ पुत्तर। सुन! मैं भी आऊँ तेरे साथ?"

"न-न, आप बैठो। मैं लाती हूँ। साथ में बच्चों के लिए भी कुछ खाने के लिए बना देती हूँ।"

तब तक दरवाजे की घंटी बजी और 'पापा आ गए' कहते हुए कुशल दरवाजा खोलने चल दिया। इधर दादी-दादा भी बुलबुल से उसकी पढ़ाई-लिखाई के बारे में पूछने लगे। उसके कॉलेज में एनुअल फंक्शन होनेवाला था, वह इसके बारे में अपने दादा-दादी को बताने लगी। बातचीत के विषय बदले तो धीरे-धीरे सभी के मन भी शांत हो गए।

रात को डिनर टेबल पर सभी प्रसन्न होकर भोजन कर रहे थे। मनवीर ने माँ की ओर देखकर कहा, "बेब्बे! मजा आ गया। आपके हाथ के इन भरवाँ बैंगनों का तो कोई जवाब ही नहीं है। वाह!"

वे सकपका गईं और मनवीर की पीठ पर धीरे से मारते हुए बोलीं, "धत्त! मैंने नहीं बनाए ये···ये केसर ने बनाए हैं।"

"अरे वाह! तुमने बनाए हैं केसर···वाह क्या स्वाद है!"

"अब ज्यादा बातें मत बनाओ, बस करो!" केसर ने आँखें तरेरकर मनवीर की तरफ देखा। मनवीर खिसियानी हँसी हँस दिया। उसकी हालत देखकर सभी की हँसी छूट गई।

तभी बुलबुल बोल पड़ी, "मम्मी! ये छोले भी बड़े यम्मी बने हैं। आपने बनाए हैं न?"

केसर ने 'हाँ' में सिर हिलाया और प्यार से मुस्करा दी।

पापाजी भी बोले, "हाँ पुत्तर! छोले बड़े स्वाद बने हैं!"

मनवीर भी केसर को छेड़ते हुए बोला, "हाँ पुत्तर! बड़े स्वाद बने हैं।"

केसर ने फिर मनवीर को घूरकर देखा। यह देख उसकी माँ ने हँसते हुए कहा, "अब तू रहने ही दे। आज तेरी खैर नहीं है।"

सभी दादी की इस बात पर खिलखिलाकर हँस दिए।

केसर ने पापाजी की तरफ देखते हुए कहा, "पापाजी! छोले बनाना तो मुझे मम्मीजी ने ही सिखाया है, बल्कि छोले ही क्या; और भी कई चीजें मैंने इनसे ही तो बनानी सीखी हैं। आप तो जानते ही हैं कि शादी के बाद मुझे खाना बनाना नहीं आता था।"

मनवीर की माँ ने केसर की तरफ प्यार से देखते हुए कहा, "अरे, तो क्या हुआ केसर! कई लड़कियों को शादी के समय तक खाना बनाना नहीं आता है। इसमें तेरी क्या गलती पुत्तर? तू जिन हालातों में दिल्ली पढ़ने आ गई थी और खुद को इतनी अच्छी तरह से सँभाला, ये भी तो कोई छोटी बात नहीं है? चल अब हँसकर खाना खा, ऐसा नहीं सोचते।"

"पुत्तर! सही ही तो कह रही है तेरी मम्मी। ये जब ब्याह कर आई थी तो इसे कौन-सा कुछ बनाना आता था! इसे भी मेरी बेब्बे ने ही सब सिखाया था।" पापाजी बीच में बोल उठे।

उनका इतना बोलना था कि मम्मीजी ने मानो तलवार खींच ली, "जी, क्या बोले तुस्सी! जरा फिर से तो बोलना। मुझे कुछ न आता था?"

"न जी, मैं ऐसा क्या बोला!" वे सकपका गए। कभी मेज पर रखे खाने को देखते तो कभी इधर-उधर देखने लगते, फिर बुलबुल से बोले, "बुलबुल

रोटी देईं जरा। पता है, तेरी दादी रोटी बड़ी चंगी बनाती है, ये गोल-गोल और नरम-नरम ···गरम-गरम।"

दादी ने बुलबुल के हाथ से रोटी लेकर खुद ही देते हुए आँखें तरेरकर पूछा, "न जी! रोटी ही क्यों, मुझे तो और भी बहुत कुछ बनाना आता है···गरम-गरम ···हुन बनावां कीं?"

"न जी, आज रहन दे, आज रोटी ही ठीक है···ओदे नाल कां चल जाउँगा।" उनकी इस मीठी नोक-झोंक से घर में सभी को बड़ा मजा आता था।

तभी बाबा थोड़े संजीदा होकर बोले, "वैसे सच बात यही है कि सबको अपनी माँ के हाथ का खाना दुनिया में सबसे ज्यादा स्वादिष्ट लगता है।"

"हाँ पापाजी, ये तो आपने एकदम सही कहा। अपनी माँ का खाना हर बच्चा याद करता है।" मनवीर के ऐसा कहते ही, जैसे सभी अपने-अपने बचपने में खो गए। पापाजी को अपनी बेब्बे की याद हो आई। आज दोपहर में ही तो तीनों ने सबको याद किया था।

दादी ने हमदर्दी से उनका हाथ दबा दिया और बोलीं, "उदास न हो जी! खाना खा लो।"

इधर उन्होंने अपनी बहू के चेहरे का दर्द भी पढ़ लिया था। वे समझ गईं कि केसर अपनी माँ को बहुत याद करती है, लेकिन जाहिर नहीं करती, शायद वह नहीं चाहती कि घर में कोई उसकी वजह से उदास हो।

अगले दिन सुबह होते ही बुलबुल दादी के पीछे पड़ गई। आज उसके कॉलेज में एनुअल फंक्शन था। इसलिए ड्रेस पसंद कराने के लिए दादी को अपने कमरे में खींच लाई। वह घंटे भर से अपनी अलमारी के एक-एक कपड़े को उलट-पलटकर देखे जा रही थी, लेकिन तय ही नहीं कर पा रही थी कि आज के मौके पर अपनी कौन सी ड्रेस पहने। कभी एक देखती तो कभी दूसरी। हर एक में उसे कोई-न-कोई नुक्स मिल ही जाता। उसकी दादी पीछे बेड पर बैठीं बहुत देर से उसका यह तमाशा देख रही थीं और उसकी हाँ में हाँ मिला-मिलाकर थक चुकी थीं। जी तो उनका यह कर रहा था कि यहाँ से उठकर चली जाएँ या फिर उसे एक जोर का चाँटा लगाकर कहें कि, 'घंटे भर से तुझे इन पचासों कपड़ों में से कोई एक ड्रेस भी पसंद न आ रही? जबकि सब एक से बढ़कर एक हैं!'

खैर! उन्होंने ऐसा कुछ नहीं किया और न ही कुछ कहा, क्योंकि उनके दिमाग में ये बात थी कि जब बच्चे बड़े हो जाएँ तो उनकी हर बात बहुत ही तसल्ली के साथ और दोस्ताने ढंग से सुननी चाहिए, अगर उनके घरवाले ही उनकी बातें रुचि लेकर सुनने लगें तो वे बेचारे बाहर गैरों का सहारा ढूँढ़ते हुए भटकें ही क्यों!

"दादी देखो, ये कैसी रहेगी आज के लिए?"

"हाँ, ये तो बहुत सुंदर है। इसका रंग भी तुझ पर बहुत खिलेगा।"

"न···मुझे लगता है कि इसका रंग कुछ ज्यादा ही डार्क है। बहुत शाइन करेगा।" उसने मुँह बिचकाकर कहा।

"अच्छा, बताओ दादी, ये वाली कैसी है?" उसने अपने ऊपर दूसरी ड्रेस लगाते हुए पूछा।

"अरे हाँ! ये तो सचमुच बहुत प्यारी है। इसकी लेंथ भी कितनी अच्छी है। इसे पहनकर तू लंबी भी लगेगी।" उन्होंने दोस्ताने अंदाज में जवाब दिया।

"ओ नो दादी! मैं तो पहले ही इतनी लंबी हूँ, इसे पहनकर ताड़ का पेड़ न लगने लगूँ?"

"अरे, तो कोई दूसरी पहन ले···वो पिंकवाली पहन ले।" दादी आखिर झुँझला उठीं।

"क्या दादी, आप भी! पिंक कलर कौन पहनता है आजकल, फैशन भी नहीं है इसका अब तो।"

अब तक दादी की सहनशक्ति भी जवाब देने लगी थी, तभी कमरे में केसर आ गई और उन्हें यहाँ से भाग निकलने का बहाना मिल गया, "ले! अपनी माँ से ही पूछ कि क्या पहनना है, तब तक मैं तेरे दादाजी को देखती हूँ···कहाँ हैं, क्या कर रहे हैं!"

केसर सारा माजरा समझ गई और अपनी सास की इस हालत पर हँस पड़ी। वे खिसियाई सी धीरे से बोलीं, "हँस मत ज्यादा···एक घंटे से परेशान करके रख दिया कुड़ी ने!"

केसर और जोर से हँस दी।

माँ को देखते ही बुलबुल चिढ़कर बोली, "देखो न मम्मी, मेरे पास कोई

ढंग की ड्रेस नहीं है! मैं क्या पहनूँ आज?"

"इतनी सारी तो हैं! अलमारी भरी पड़ी है, फिर भी तेरे पास ड्रेस नहीं हैं? अरे! अभी जो तेरे बर्थडे पर पापा लाए थे, वह ड्रेस पहन ले!" केसर ने बिखरे कपड़ों को हैरानी से देखते हुए कहा।

"मम्मी, सब कपड़ों के साथ कुछ न कुछ गड़बड़ है और वैसे भी वह ड्रेस तो मैं अपनी सारी फ्रेंड्स के सामने पहले ही पहन चुकी हूँ।"

"अच्छा तो फिर इन्हें छोड़, आ मेरे साथ आ।" वह बेटी का हाथ पकड़कर उसे अपने कमरे में ले गई।

केसर ने बुलबुल को अपनी अलमारी में से एक ड्रेस निकालकर देते हुए कहा, "ये पहन। इसमें तू बहुत प्यारी और सबसे अलग दिखेगी।"

उसने बिना कोई तर्क किए वह माँ के हाथ से ले ली और पहनने के लिए अपने कमरे की ओर चल दी।

"रुक! इससे मैचिंग के जेवर भी तो लेती जा।"

बुलबुल खुद को आईने में देख देखकर हैरान हो रही थी। वाकई ड्रेस बहुत प्यारी थी···सबसे अलग। बुलबुल भी खुद को देखती रह गई।

जैसे ही वह अपने कमरे से निकलकर बाहर ड्राइंगरूम में आई कि अचानक सबकी निगाहें उसी पर ठहर गईं। मनवीर को एक बार तो ऐसा लगा, जैसे अठारह साल की चंचल केसर आज फिर वही कश्मीरी फिरन पहनकर उसके सामने आकर खड़ी हो गई हो, जिसे पहनकर वह उसके जीवन में आई थी।

तब तक बुलबुल उसके सामने आकर खड़ी हो गई, "पापा मैं कैसी लग रही हूँ?"

"बहुत-बहुत-बहुत प्यारी, एकदम कश्मीरी गुड़िया।"

उसने लाड़ दिखाते हुए अपने दादा और दादी से भी पूछा, "दादी! दादू! मैं कैसी लग रही हूँ?"

"बहुत प्यारी, एकदम परी।" दादाजी ने प्यार से कहा, फिर दादी बोलीं, "ये ड्रेस पहले ही पहन लेती! मुझे एक घंटे तक अपने सारे कपड़े दिखा-दिखाकर परेशान कर दिया तूने!"

"अरे, मेरी प्यारी दादी!" कहते हुए वह उनके गले में हाथ डालकर लाड़ लड़ाने लगी।

तभी उसने देखा कि माँ दूर खड़ी उसे प्यार से निहार रही हैं। उसने कुछ नहीं कहा, बस चुपचाप उनके सामने जाकर खड़ी हो गई। केसर ने बहुत कोमलता से अपनी बच्ची का माथा चूमा और उसकी बलाएँ उतारते हुए बोली, "किसी की नजर न लगे, मेरी भी नहीं। कितनी प्यारी लग रही है तू!"

दादी ने कॉलेज जाती हुई बुलबुल को प्यार से डाँटते हुए कहा, "सुन कुड़िए! बहुत ज्यादा खी-खी खी-खी न करीं···उसी से नजर ज्यादा लगती है।"

उसने मुसकराते हुए 'हाँ' में अपना सिर हिला दिया। दादी की यह प्यार भरी डाँट उसे बहुत मीठी लगी।

रात में सोने से पहले केसर उस फिरन को तह करके रखने लगी, जैसे ही उसने उसे अलमारी में रखने के लिए अपना हाथ आगे बढ़ाया, पीछे से मनवीर ने उसकी कलाई पकड़ ली और धीरे से बोला, "जान! आज इसे पहनकर दिखा दो न···प्लीज।"

केसर ने कुछ नहीं कहा, बस प्यार से मनवीर की तरफ देखने लगी। वह फिर मनुहार करते हुए बोला, "प्लीज आज फिर पहनो इसे। कितना समय हो गया उस कश्मीरी लड़की को अपनी बाँहों में लिये हुए।"

"धत्त! तुम भी न! कुछ भी बोलते हो···अब मैं लड़की हूँ? बुड्ढी हो रही हूँ।"

"किसने कहा बुड्ढी! तुम तो अब भी मेरी वही केसर हो, जो मेरा हाथ थामकर महकती हुई मेरी जिंदगी में चली आई थी।"

केसर शरमा उठी। मनवीर ने उसके चेहरे पर सामने आए बालों को अपनी उँगलियों से पीछे किया और भीगी हुई आवाज में बोला, "पहनो न···प्लीज।"

केसर ने मनवीर से आँखें बंद करने के लिए कहा। वह भी आज्ञाकारी प्रेमी की तरह दोनों आँख बंद करके बैठ गया।

वह शुरू से ऐसा ही था, एक सच्चा प्रेमी। वह आँख बंद करके बैठ गया और यादों की गलियों की सैर करने लगा। उसे याद हो आया कि उसने ऐसे ही आँख बंद करके पहली बार केसर के सामने अपने प्रेम का इजहार किया था,

हालाँकि दोनों एक-दूसरे से प्यार करते हैं, यह बात इन्हें क्या, बल्कि पूरे कॉलेज को पता थी, लेकिन फिर भी मनवीर के खास दोस्तों ने उसे यह अनमोल सलाह दी कि "प्रेम में इजहार बहुत जरूरी है और यह इजहार लड़के को ही करना पड़ता है, क्योंकि अगर तू केसर से इजहार की उम्मीद लेकर बैठा रहा तो तेरे प्यार की बैलगाड़ी कभी कहीं नहीं पहुँच पाएगी। इसलिए उठ और हिम्मत कर! जा उसके सामने अपने प्यार का इजहार कर डाल। अपने प्यार की बैलगाड़ी को बुलेट ट्रेन बना डाल।"

अब जितने दोस्त, उतनी सलाहें—

एक बोला, "सुन मनवीर! तू उसे जाते ही बेधड़क बोलना—मैं तेरे से प्यार करता हूँ।"

दूसरे ने बात काटते हुए कहा, "धत्त! ऐसे भी कोई अपने प्यार का इजहार करता है? लग रहा है प्यार का इजहार करने नहीं, बल्कि धमकी देने आया हो। तू इसकी छोड़, मेरी सुन। तू उसे गुलाब देते हुए पूछना—क्या तुम मुझसे शादी करोगी?"

"नहीं यार! ये तो बड़ा ही पुराना स्टाइल है।" मनवीर मुँह बिचकाकर बोला।

"अच्छा तो तू ऐसे बोलना, "क्या तुम मेरी लाइफ पार्टनर बनोगी?" तीसरे ने अपनी कीमती सलाह दी।

"ऊंह''न, ये भी नहीं जम रहा। ऐसा लग रहा, जैसे प्यार का इजहार नहीं कर रहा, बल्कि बिजनेस का कोई प्रपोजल सुना रहा हूँ।"

"अच्छा तो ये कह देना—क्या तुम मेरे साथ रूम शेयर करोगी?" एक और बिंदास सलाह आई।

"अबे! तू मुझे बीवी दिलवा रहा है या होस्टल की रूम मेट?"

तभी एक और महान दोस्त ने गर्म साँसें छोड़ते हुए सलाह दी, "अरे यार! तू सीधे-सीधे बोल दियो कि क्या तुम मेरे साथ बेड शेयर करोगी?"

मनवीर उसे मारने दौड़ा। उसके सभी दोस्त इस सुझाव पर अपना-अपना पेट पकड़कर हँसने लगे। मनवीर ने उसकी पीठ पर एक धौल जमाते हुए कहा, "स्साले! सबको अपने जैसा समझा है क्या!"

सभी दोस्तों ने मनवीर को तरह-तरह के सुझाव दिए, लेकिन उसे कोई भी सुझाव पसंद ही नहीं आया।

आखिर में एक दोस्त बोला, "यार तू सब छोड़...तू सीधे जा और उसे 'आई लव यू' बोल दे बस।"

बाकी सबने भी उसकी हाँ में हाँ मिलाई, "हाँ यार! सीधे अपने मन की बात बोल दे जाकर।"

मनवीर ने मन-ही-मन कुछ तय किया और एक दिन कॉलेज के प्ले-ग्राउंड में सबके सामने उसने प्यार से केसर का हाथ पकड़ा और घुटने पर बैठते हुए अपनी आँख बंद करके कहा, "तुसित मुहब्बत करान।"

"क्या!"

"तु...सि...मुहब्बत..." मनवीर ने अब भी अपनी आँखें नहीं खोली थीं, लेकिन वह मन-ही-मन डर रहा था कि कहीं वह गलत कश्मीरी तो नहीं बोल रहा? सिर्फ इतना बोलने के लिए उनसे तीन दिन तक कितनी ही पुस्तकें और डिक्शनरियाँ खँगाल डाली थीं।

लेकिन अगले ही पल उसे अपने चेहरे के पास केसर की साँसों की नरमी और गरमी महसूस हुई। उसकी खुशबू से मनवीर बहकने लगा, लेकिन फिर भी उसने अपनी आँखें नहीं खोलीं। केसर झुकी और मनवीर के चेहरे के पास अपना चेहरा ले आई। वहाँ जितने भी लड़के-लड़कियाँ थे वे सब अपना-अपना दम साधकर देख रहे थे कि अब आगे क्या होगा! केसर ने मनवीर की दोनों पलकों पर बारी-बारी से किस किया और बोली, "मैं वी तैनूं प्यार कर दीं।" मनवीर ने हैरान होकर आँखें खोल लीं। उस दिन केसर ने कश्मीरी फिरन पहना हुआ था और उसमें बहुत प्यारी लग रही थी।

मनवीर ने केसर के सामने टूटी-फूटी कोशुर बोलकर अपने प्रेम का इजहार किया था और केसर ने भी बदले में पंजाबी में प्यार का जवाब दिया था। दोनों के दोस्तों ने खूब सीटियाँ और तालियाँ बजाईं, अगर यह कॉलेज न होता तो मनवीर अब तक केसर को अपनी बाँहों में उठा चुका होता। उसने बस धीरे से उसकी दोनों हथेलियाँ चूम लीं।

आज फिर मनवीर उसी तरह से आँखें बंद किए बैठा था और पुरानी मीठी

यादों में खोया हुआ था, तभी केसर ने बिल्कुल उस दिन की तरह मनवीर की पलकों पर किस किया। केसर आज फिर उसी फिरन में मनवीर के सामने खड़ी थी। मनवीर कुछ देर तक केसर को प्यार से निहारता रहा, फिर उसने उसे अपनी बाँहों में भरकर कहा, "तुसित मुहब्बत करान।"

"मैं वी तैनूं प्यार कर दीं।" कहते हुए केसर भी मनवीर की बाँहों में सिमट आई।

□

बातें जो बिसरती नहीं

आज बच्चे सुबह से उदास थे, क्योंकि उनके दादा-दादी अमृतसर वापस जा रहे थे।

केसर और मनवीर चाहते थे कि अब वे यहीं आ जाएँ और सभी साथ मिलकर रहें। दोनों पहले भी उनसे कई बार यह बात कह चुके थे। आज भी नाश्ते के समय मनवीर बोला, "बेब्बे! अब आप लोग यहीं आ जाओ। आप दोनों के रहने से घर कितना हरा-भरा सा लगता है।"

"हम आते-जाते तो रहते ही हैं पुत्तर।"

"आते-जाते रहने में और साथ-साथ रहने में बहुत फर्क होता है बेब्बे। आप दोनों यहाँ आ जाएँगे तो हम भी निश्चिंत हो जाएँगे। हमें आप लोगों की चिंता लगी रहती है।" केसर बोली।

"चिंता क्यों करती है पुत्तर! हम वहाँ बहुत चंगी तरह रहते हैं। वहाँ हमारे बहुत यार-दोस्त हैं। तेरी बेब्बे की भी बहुत सारी सहेलियाँ हैं। उम्र के इस पड़ाव में हम अब मनमर्जी से जीना चाहते हैं। कभी तेरे पास आ जाते हैं, कभी कहीं घूमने-फिरने निकल जाते हैं। बाकी रोज के काम, सैर, गुरुद्वारे जाना, वहाँ की सेवा, दोस्त, बिजनेस, मेरा पोलो, तेरी मम्मीजी की केट्टी पार्टी इन सब में वक्त कैसे निकल जाता है, पता ही नहीं चलता!"

"ये भी तो आपका घर है पापाजी। जब आप लोग यहाँ आ जाएँगे तो यहाँ भी यही सब रुटीन बन जाएगा और यहाँ भी आप लोगों को अच्छा लगने लगेगा।"

"बेटे वहाँ मैंने अपनी पूरी जवानी···या यूँ कह ले कि अपना पूरा जीवन

लगा दिया है। बहुत कम उम्र में वहाँ की फैक्टरी शुरू की थी, अब तो वहीं दिल-ओ-जान बसता है पुत्तर। तू यहाँ आने के लिए न कह। यदि यहाँ ही आना होता तो हम अपनी यहाँ वाली इतनी बड़ी पुश्तैनी कोठी बेचते ही क्यों?"

कोठी को याद करके सर्भ उदास हो गए। '84 के दंगों में आततायियों ने बहुत बरबादी की थी सिख समुदाय की। मनवीर की दादी और तायाजी का पूरा परिवार ही इस दंगे की भेंट चढ़ गया था। दंगाइयों ने उस घर को इतनी बुरी तरह से तहस-नहस करके रख दिया था कि उसे ठीक कराने में अच्छा-खासा खर्चा आ रहा था और वैसे भी जब र्भ कोई उस कोठी में जाता तो उदास हो उठता, क्योंकि उसकी सूनी दीवारें, खून से लथपथ बाबाजी का कमरा और सायं-सायं करते कमरे बार-बार अपनों की याद दिला देते और हरेक के भीतर एक गहरी उदासी छा जाती, अंततः सभी ने मिलकर यही निर्णय लिया कि चाहे जो भी दाम मिलें, इसे बेचना ही उचित रहेगा और उन्होंने कुछ ही समय बाद उसकी थोड़ी-बहुत मरम्मत करवाकर बहुत ही सस्ते दामों में उसे बेच दिया था, लेकिन उस कोठी की स्मृतियाँ आज भी सबके जहन में बाकी हैं और हमेशा रहेंगी।

मनवीर अपने मम्मी-पापा को स्टेशन छोड़ने के बाद फैक्टरी चला गया, अब कुशल के भी स्कूल की छुट्टियाँ खत्म हो गई थीं। बुलबुल के सेमेस्टर टैस्ट अच्छे हुए थे। इन दिनों वह अपनी सहेली के साथ मिलकर प्रोजेक्ट फाइल बनाने में व्यस्त थी। कभी बुलबुल उसके घर चली जाती तो कभी उसकी सहेली यहाँ आ जाती।

समय जल्दी-जल्दी बीतने लगा। एक दिन सुबह-सुबह माँ का फोन आया और उन्होंने बड़े ही हुलास के साथ अपनी बेटी को बताया, "यहाँ से बहुत जल्दी 370 हटाने की तैयारियाँ चल रही हैं। हो सकता है कि आनेवाले दिनों में कुछ समय के लिए फोन भी बंद रहें, लेकिन मैं तुझे चिट्ठी लिखती रहूँगी और हाँ! अब तो तू कश्मीर आएगी न? अब तो यहाँ सुरक्षा और बढ़ा दी जाएगी।"

केसर को यह तो नहीं पता था कि वह कश्मीर जाएगी या नहीं···और यदि जाएगी भी तो कब जाएगी! लेकिन अनुच्छेद 370 हटने की खुशी उसे भी हुई। रात को जब उसने माँ के साथ हुई इस बातचीत के विषय में मनवीर को बताया तो वह भी बहुत खुश हुआ और उसने उसे समझाया कि अब तुम्हें घर चलना चाहिए। अपने माता-पिता से मिलना चाहिए।

आज 15 अगस्त था और पूरा परिवार साथ बैठकर टेलीविजन देख रहा था। कश्मीर की खबरें खासतौर पर दिखाई जा रही थीं। एंकर बहुत ही उत्साह से वहाँ के बारे में बता रहे थे कि लद्दाख के स्वतंत्र राज्य बनने के बाद आज वहाँ पहला स्वतंत्रता दिवस मनाया जा रहा है। घाटी में जगह-जगह तिरंगा झंडा फहराए जाने की खबरें आ रही थीं। केसर को यह सब देख सुनकर बहुत सुकून मिला। उसकी आँखों के सामने पकिस्तान के झंडे तैरने लगे। कश्मीर में इन दोनों झंडों को लेकर हमेशा ही तनातनी बनी रहती, लेकिन आज तो प्रधानमंत्री मोदी ने लालकिले से अपने भाषण में बड़े ही उत्साह से कहा, "आज पूरा देश 'एक राष्ट्र एक संविधान' के रूप में स्वतंत्रता दिवस मना रहा है। हमने अनुच्छेद 370 को खत्म करके सरदार पटेल साहब के सपने को पूरा किया है।" यह सुनकर केसर का मन प्रसन्न हो उठा। कहीं-न-कहीं उसके दिल के भीतर भी एक उम्मीद जागी कि शायद अब घाटी के हालात सुधर जाएँ। आतंक का खात्मा हो और वहाँ के युवाओं को भी विकास करने के समान अवसर मिलें। औरतें भी कदम मिलाकर आगे बढ़ें।

इस बार स्वतंत्रता दिवस और रक्षाबंधन एक ही दिन पड़े थे। पूरे परिवार ने पहले झंडारोहण देखा, प्रधानमंत्री का देश के नाम संबोधन सुना, कश्मीर की खास खबरें सुनीं और फिर राखी की तैयारियों में लग गए।

मनवीर का अपना व्यवसाय था। इसलिए उसके लिए हर दिन एक समान ही हुआ करता, हाँ! रविवार को वह दोपहर में ही अपने दफ्तर से लौट आता, फिर पूरे परिवार के साथ ही समय बिताता। उस समय वह दफ्तर का कोई भी काम नहीं करता था। यहाँ तक कि फोन भी जरूरी होने पर ही उठाता, वैसे तो आज भी छुट्टी का दिन था, लेकिन उसने अपने सभी वर्कर्स को छुट्टी दे दी और खुद दफ्तर जाने का निर्णय लिया। वह शुरू से ही अपने काम को लेकर बहुत संजीदा था, हालाँकि उतना ही संजीदा वह अपने परिवार को लेकर भी था।

आज बुलबुल की एक सहेली का जन्मदिन भी था, जहाँ वह कुशल को अपने साथ ले जा रही थी। उसका भाई कुशल का दोस्त था। इसलिए वह जब भी वहाँ जाती तो इसे भी साथ ले जाती। सभी को जाना था, सो केसर सभी काम जल्दी-जल्दी निबटाने लगी। मनवीर और दोनों बच्चे उसका हाथ बँटा रहे

थे, वैसे भी दोनों बच्चे उसकी खूब मदद किया करते, जब बच्चे छोटे थे, तब कभी-कभी राखी पर इनमें झगड़ा हो जाता। कभी बुलबुल के तोहफे को देखकर कुशल का मुँह फूल जाता तो कभी कुशल की शरारतें देखकर बुलबुल उसे एक चाँटा लगा देती। इसके बाद तो कुशल पूरा घर ही सिर पर उठा लेता था।

"दीदी ने मारा कैसे! अब तो मैं न ही राखी बँधवाऊँगा और न ही उनका गिफ्ट उन्हें दूँगा।" बड़ी देर समझाने के बाद फिर मुश्किल से मानता और राखी बँधवाता, लेकिन अब ऐसा कुछ नहीं होता था। बड़े होने के साथ-साथ दोनों और समझदार होते गए और वैसे भी दोनों बच्चों की रुचि इधर-उधर के फालतू कामों की बजाय पढ़ने में ही ज्यादा रहती थी। वे आपस में हँसते-खेलते और पढ़ाई किया करते। दोनों की उम्र में छह साल का अंतर होने के बावजूद दोनों में खूब पटरी बैठती थी। साथ ही हँसते, साथ ही खेलते···।

हाँ! कभी-कभी झगड़ते भी, लेकिन जल्दी ही मान भी जाते।

त्योहार मनाने के बाद मनवीर फैक्टरी चला गया और दोनों बच्चे भी बर्थडे पार्टी के लिए निकल गए।

त्योहार होने के कारण आज घर काफी फैला हुआ था। केसर ने आज मालती को छुट्टी दे दी थी, ताकि वह भी अपने परिवार के साथ राखी मना सके।

वह बिखरा हुआ सामान समेटने लगी, फिर काम खत्म करके अपने बेडरूम में आकर लेट गई। बहुत देर तक छत के पंखे को देखती रही, फिर सामने दीवार पर लगे फोटो फ्रेम को देखने लगी। केसर उसे देखते हुए बीती यादों में खो गई। वह आज अपने भाई अंबर की कमी महसूस कर रही थी, जैसे यह फोटो फ्रेम अपनों की अनेक तसवीरें सँजोए हुए था, वैसे ही केसर का दिल भी अपनों की ढेर सारी यादें सहेजे हुए था।

इस फ्रेम में अपनों की कई छोटी-छोटी तसवीरें लगी थीं। केसर लेटे-लेटे ही अपने स्कूल के दिनों की एक फोटो देखने लगी। यूनिफॉर्म का कुरता-पजामा और दो चोटियाँ, जिनमें रिबन। इस तसवीर में अंबर आधा छुपा हुआ था। उसे घाटी में अपने स्कूल के दिन याद हो आए।

वह और उसका भाई अंबर साथ ही स्कूल जाते थे। अंबर उससे साढ़े सात साल छोटा था। छह साल की उम्र में वह काफी बीमार पड़ गया। एक साल तो

वह बीमार ही रहा, इसलिए ठीक से नहीं पढ़ सका और अगले साल भी कमजोरी की वजह से मन लगाकर नहीं पढ़ पाया। इन्हीं कारणों से वह कम अंक लाया और धीरे-धीरे उसके माथे पर यह धब्बा लग गया कि वह पढ़ाई में कमजोर है। उसके टीचर बार-बार उसकी तुलना उसके साथ पढ़नेवाले बच्चों के साथ किया करते, हालाँकि माँ और बाबूजी हमेशा ही उसे उत्साहित करते रहते और खूब मेहनत करने, अच्छे अंक लाने के लिए तरह-तरह के प्रलोभन देते रहते, लेकिन एक बार जो वो पिछड़ा तो फिर पिछड़ता ही चला गया। कभी-कभी बाबूजी यह भी कहते कि पढ़ ले बेटा वरना लोग कहेंगे कि डॉक्टर का बेटा होकर भी पढ़ता नहीं है, लेकिन अंबर का मन पढ़ने से ज्यादा खेलकूद में ही लगता।

हालाँकि बाद के सालों में उसने खूब मेहनत से पढ़ाई की थी, लेकिन फिर भी पता नहीं क्यों कभी भी अच्छे नंबर नहीं ला पाया। पढ़ाई के लिए हमेशा ही उसे डाँट खानी पड़ती।

आज रक्षाबंधन का दिन था और केसर को अपने माँ-बाबूजी की, छोटे भाई अंबर की याद हो आई।

जब वह आखिरी बार कश्मीर गई थी, तब एम.ए. फाइनल की परीक्षा देकर हटी ही थी। तब उसकी स्कूल के दिनों की प्रिय सहेली की शादी भी थी। उसके और केसर के परिवार के बीच बहुत मधुर संबंध थे। सहेली के परिवार वालों ने जान बूझकर बेटी की शादी ऐसे समय में रखवाई, ताकि केसर भी शादी में शरीक हो सके।

केसर की माँ साल भर अपनी बेटी की राह तकती रहती थीं। केसर भी छुट्टियों का इंतजार करती और कॉलेज में कोई भी लंबी छुट्टी पड़ते ही कश्मीर चली जाती, हालाँकि जब से मनवीर उसकी जिंदगी में आया था, तब से उसका काफी वक्त मनवीर के साथ भी गुजरने लगा था।

केसर जब भी कश्मीर जाती तो उसकी सहेलियाँ ठंडी आहें भरने लगतीं, उन्हें बड़ा रश्क होता केसर की किस्मत पर। वे कहतीं, "तू कितनी खुशनसीब है यार! तेरा घर कश्मीर जैसी सुंदर जगह में है। काश! हम भी कभी वहाँ जा पाते।"

केसर भी हँसते हुए जवाब देती, "अरे! तो चलो न मेरे साथ। बना लो प्रोग्राम, साथ चलते हैं। क्या मेरा घर तुम्हारा घर नहीं है?"

"अरे छोड़ यार···तू अपने मनवीर को ही ले जा। हम तो तुम्हारी शादी में ही आएँगे अब।" वे मनवीर का नाम लेकर उसे छेड़ने से बाज न आती थीं और केसर उनकी बातों से लजा उठती।

जब केसर घर पहुँचती थी तो माँ–बाबूजी और अंबर को अपने इंतजार में पाती।

उस समय भी वे उसके इंतजार में बाहर लॉन में ही बैठे हुए थे। केसर को देखते ही अंबर दौड़ पड़ा था और उसके हाथ से बैग लेकर उससे लिपट गया था।

और माँ का तो हमेशा से पहला डायलॉग यही होता, "कितनी दुबली हो गई है, जरा भी ध्यान नहीं रखती अपना! कुछ खाती–पीती नहीं थी क्या?"

फिर बाबूजी हँसते हुए कहते, "अब आ गई है न, जी भरकर खिला लेना तुम।"

वह हँसती हुई उन दोनों से लिपट जाती।

वहाँ रहते हुए ऐसा लगता मानो दिन सरपट भाग रहे हों। केसर अपनी सहेली के साथ दिन भर उसकी शादी की तैयारियों में व्यस्त रहती। दोनों साथ बाजार जातीं। शगुन के सामानों की पैकिंग करतीं। बातों ही बातों में एक दिन केसर ने उसे अपने और मनवीर के प्यार के बारे में बता ही दिया था। वह सुनकर बहुत खुश हुई थी।

जब केसर दिल्ली से चली थी, तब मनवीर उसे स्टेशन तक छोड़ने आया था। उसने केसर से वादा लिया था कि वह रोज पी.सी.ओ. से उसे फोन करेगी। केसर ने उसे समझाया कि रोज तो संभव नहीं होगा, लेकिन हाँ! मौका मिलते ही फोन किया करेगी। वह रास्ते भर सोचती आई थी कि कश्मीर पहुँचकर माँ–बाबूजी को मनवीर के बारे में बताएगी, लेकिन जो बात ट्रेन में सोचते वक्त बड़ी आसान जान पड़ती थी, अब उसे बोलने में उसकी जान सूखी जा रही थी। केसर मौके की तलाश में रहने लगी थी, ताकि यह बात उन्हें बता सके। उस जमाने में अपने माँ–बाप को यह बताना कि उनकी बेटी ने अपने लिए जीवनसाथी चुन लिया है, किसी भी लड़की के लिए आसान नहीं होता था।

एक दिन तो उसने निश्चय कर लिया था कि अपनी माँ को आज मनवीर

के बारे में बताकर ही रहेगी, लेकिन जब बात शुरू हुई तो वह सिर्फ उस दंगेवाली रात की घटना ही बताकर रह गई कि कैसे उसने बिना जान पहचान के भी मनवीर और उसके पापाजी की रक्षा की थी। वह उन्हें बस यही बता पाई। उसकी बात सुनने के बाद माँ को चिंता भी हुई और गर्व भी। उन्होंने कहा, "इतना रिस्क नहीं उठाना चाहिए था, अगर तुझे कुछ हो जाता तो?"

केसर चाहकर भी अपने और मनवीर के प्रेम के विषय में माँ को नहीं बता पाई थी।

उसकी सहेली की शादी बहुत धूमधाम से संपन्न हुई। केसर अपने परिवार के साथ उसकी शादी में शरीक हुई थी। केसर की माँ चाहती थी कि अब उनकी बेटी भी शादी कर ले, वैसे भी अब उसका एम.ए. तो पूरा हो ही चुका था, जैसा कि हमारे यहाँ चलन है, सहेली की शादी में अनेक महिलाओं ने केसर की माँ के सामने केसर के लिए अपने बेटों-भतीजों-भांजों का प्रस्ताव रख दिया। केसर थी भी इतनी प्यारी कि कोई भी उसे अपने घर की बहू बनाना चाहता।

उन्हीं दिनों की बात है, एक रोज मनवीर ने केसर को फोन पर बताया कि वह दो महीने के लिए कनाडा जा रहा है। उसके मामा-मामी काफी सालों पहले अपने परिवार के साथ वहीं जा बसे थे। वहाँ उनका अपना कारोबार था और मनवीर उनके साथ रहकर कुछ नया सीखना चाहता था, वैसे भी अब उसे अपना दिल्लीवाला बिजनेस ही तो सँभालना था। यूँ भी केसर के बिना उसका दिल्ली में जरा भी दिल नहीं लग रहा था। तायाजी और भाई के जाने के बाद से मनवीर ही यहाँ की फैक्टरी सँभाल रहा था, हालाँकि अभी उसके लिए यह सब नया-नया था, इसलिए पापाजी अकसर दिल्ली आते-जाते रहते। फैक्टरी का काम गुरु की मेहर से चल रहा था। यह फैक्टरी मनवीर के दादाजी ने खड़ी की थी। यह उनकी निशानी थी। मनवीर और उसके पापा अपनी पैतृक कोठी तो न बचा सके, लेकिन इस फैक्टरी को बचाए रखना चाहते थे।

कश्मीर में केसर के दिन बीतने लगे। एक दिन उसका छोटा भाई अंबर सुबह से ही स्कूल जाने में आना-कानी कर रहा था। न जाने के लिए कभी कोई बहाना बनाता तो कभी कोई। केसर समझ गई कि जरूर इसका आज टेस्ट होगा तभी जाने से बचना चाह रहा है। वह पढ़ने में बहुत अच्छा नहीं था, इसलिए

अकसर स्कूल जाने में आना-कानी करता, लेकिन माँ और बाबूजी उसे डाँट-डपटकर स्कूल भेज ही देते। उसे पढ़ाई के लिए सभी से डाँट पड़ती रहती थी।

उस दिन केसर ने अंबर से कहा, "चल आज मैं भी तेरे साथ स्कूल चलती हूँ। मुझे हेडमास्टर सर, मैथ्स सर, सभी से मिलने का मन भी है।"

पहले तो वह कुछ देर टालमटोल करता रहा, लेकिन फिर तैयार हो गया।

"आजकल घाटी के हालात ठीक नहीं हैं, सँभलकर जाना।" माँ ने जाने से पहले दोनों को हिदायद दी थी।

"माँ मैं सबसे मिलकर जल्दी ही लौट आऊँगी। अंबर रोज की तरह छुट्टी के बाद अपने दोस्तों के साथ आ जाएगा।"

"ठीक है।"

दोनों भाई-बहन स्कूल पहुँचे। अंबर सीधे अपनी कक्षा में चला गया, जबकि केसर रिसेप्शन में जाकर बैठ गई। इन सालों में स्कूल काफी बदल गया था। केसर उत्साहित होकर इधर-उधर देख रही थी। उसे यहाँ बिताया समय याद आने लगा। वह स्कूल की मेधावी छात्राओं में गिनी जाती थी। सभी अध्यापक उसे खूब स्नेह करते। उसने चपरासी द्वारा अपना नाम हेडमास्टर साहब के पास कहलवा भेजा। थोड़ी ही देर में हेडमास्टर साहब ने केसर को अपने केबिन में बुलवा लिया। वे केसर को देखकर बेहद खुश थे।

"अरे! केसर बेटी! कैसी हो?"

"अच्छी हूँ सर। दिल्ली में भी आप सभी को बहुत याद करती हूँ।"

"तुम जैसे आज्ञाकारी और होनहार बच्चों को तो हम भी बहुत याद करते हैं केसर। आजकल क्या कर रही हो तुम?"

"जी, इसी साल एम.ए. फाइनल के एग्जाम दिए हैं।"

"बहुत बढ़िया।"

"सर एक रिक्वेस्ट है…"

"हाँ! बोलो बेटे।"

"सर! क्या मैं अपने और टीचर्स से मिल सकती हूँ?"

"हाँ! हाँ! क्यों नहीं?…मगर एक बात का ध्यान रखना बेटे कि किसी क्लास को डिस्टर्ब मत करना। जो टीचर्स बाहर हों या स्टाफ रूम में हों, उनसे

ही मिलना। तुम समझ रही हो न बेटे? क्लास डिस्टर्ब हो जाती है।...और वैसे भी अनुशासन भी तो जरूरी है न?"

"जी सर, मैं आपकी बात समझ गई। आप निश्चिंत रहें, मैं आपको शिकायत का मौका नहीं दूँगी।"

केसर सबसे पहले स्टाफ रूम में गई थी। वहाँ पर ही उसे कई टीचर्स मिल गए। सभी अपनी पुरानी स्टूडेंट से मिलकर खुश हो रहे थे। केसर की भी बचपन की सारी स्मृतियाँ जीवंत हो उठी थीं, मानो वह पाँच साल पीछे चली गई हो। वही बारहवीं कक्षा की केसर हो गई हो। हेडमास्टर साहब से किए वादे के मुताबिक वह किसी भी चलती हुई क्लास के भीतर नहीं गई थी। उसने देखा कि स्कूल में कई नए टीचर्स भी नजर आ रहे हैं। कुछ पुराने टीचर्स उसे नहीं दिखे। जो भी टीचर उसे जानते थे, वे कक्षा के भीतर से ही उसे देखकर अपनी मुसकान फेंक रहे थे और उसे अपना आशीर्वाद दे रहे थे। केसर प्रसन्न मुद्रा में स्कूल ग्राउंड की तरफ चल दी थी। माली काका वही पुराने वाले ही थे। हाँ! एक चपरासी काका जरूर बदल गए थे। वे सब भी केसर को देखकर खुश हुए और उसके हालचाल पूछने लगे।

इधर अंबर अपनी कक्षा में पहुँचकर अपने दोस्त के बगलवाली सीट पर बैठ गया और मास्टर साहब की बातों को ध्यान से सुनने लगा। मास्टर साहब बोर्ड में कुछ लिखने के लिए मुड़े ही थे कि वह अपने दोस्त को अपनी दीदी के आने की बात बताने लगा। मास्टर साहब ने पीछे पलटकर उसे गुस्से से देखा और कहा, "अंबर तुम पढ़ाई में अपना ध्यान नहीं लगाते हो। तुम्हें पता है तुम्हारी उम्र में तुम्हारी बहन पढ़ने में कितनी तेज थी! उसे भी मैंने ही पढ़ाया है और वो आज आई हुई भी है। मैं तो सोच रहा हूँ कि उससे तुम्हारी शिकायत कर दूँ।"

"सॉरी सर! अब से गलती नहीं करूँगा।" अंबर भयभीत होकर बोला। उसने अपने कान पकड़कर माफी माँगी।

"ठीक है तो फिर ध्यान से पढ़ो।"

अभी स्कूल प्रारंभ हुए करीब घंटा भर ही बीता होगा कि बाहर से तेज शोर उठने लगा। अगले कुछ मिनटों में हवाई फायर होने की आवाजें आने लगीं। कक्षा में बैठे बच्चे सहम उठे। जो बच्चे ग्राउंड में, बाथरूम के आसपास या फिर

बाहर थे, वे डरकर अपनी-अपनी कक्षाओं की ओर दौड़ पड़े थे। शिक्षक बच्चों को डरा हुआ देखकर उन्हें हिम्मत बँधा रहे थे, हालाँकि भीतर ही भीतर वे खुद भी भयभीत हो उठे थे।

अंबर के अध्यापक ने कक्षा के सभी बच्चों को समझाते हुए कहा, "डरो मत बच्चों! मैं अभी देखकर आता हूँ कि क्या बात है? बाहर क्या हो रहा है? तब तक तुम लोग इस सवाल को खुद हल करने की कोशिश करो।" फिर उन्होंने कक्षा के मॉनिटर को आवाज देकर कहा, "अनवर! तुम यहाँ आकर खड़े हो जाओ। देखना कि कोई शोर न करे और न ही क्लास से बाहर निकले।"

सर ने बाहर निकलकर दरवाजा सटा दिया।

केसर भयभीत होकर रिसेप्शन की तरफ दौड़ पड़ी, तभी एक अध्यापिका ने उससे कहा, "बेटे आप इधर स्टाफ रूम में ही आ जाओ। अभी बाहर मत जाओ। शायद कोई खतरा है!"

स्कूल के फाटक के बाहर लगातार शोर बढ़ता ही जा रहा था। खौफ का सा माहौल बन गया था। कुछ लोग डंडों से स्कूल का फाटक पीटने लगे। सभी बच्चे अपनी-अपनी कक्षाओं में थे, लेकिन अब उनसे रहा नहीं जा रहा था। वे सब यह जानने के लिए बेचैन हो उठे कि आखिर बाहर हो क्या रहा है! लेकिन कोई भी अपनी जगह से उठने की हिम्मत नहीं जुटा पा रहा था।

इधर केसर को अंबर की और अंबर को केसर की चिंता होने लगी।

कक्षा के एक बच्चे ने अनवर से कहा, "अनवर! देख तो बाहर क्या हो रहा है?"

"सर आ गए तो? गुस्सा करेंगे।" मन तो उसका भी था कि एक बार बाहर झाँककर देखे।

"अरे! हलका सा दरवाजा खोलकर देखते हैं न!"

सभी बच्चे बाहर देखने के लिए उत्सुक हो उठे। वे दरवाजे के पास आ गए और ओट से झाँकने लगे। इधर केसर भी स्टाफ रूम के दरवाजे की आड़ से बाहर की तरफ ही देख रही थी। इस वक्त सभी की निगाहें बाहर गेट की तरफ थीं।

कुछ नकाब पहने हुए लोग गुस्से में भरकर चीख-चिल्ला रहे थे। उनके

हाथों में बंदूकें थीं और वे स्कूल के अंदर घुसना चाहते थे। हेडमास्टर सर उन्हें कश्मीरी भाषा में प्यार से रोकने की कोशिश कर रहे थे। वे हाथ जोड़कर उनके आगे गिड़गिड़ा रहे थे। शोर इतना था कि कुछ भी साफ सुनाई नहीं दे रहा था, तभी उन लोगों ने हेडमास्टर साहब को एक ओर धक्का दिया और चीखते-चिल्लाते हुए प्रिंसिपल सर के कमरे की ओर चल दिए। पीछे-पीछे हेडमास्टर सर और तीन-चार टीचर भी दौड़ पड़े। गुंडे जैसे दिखनेवाले ये लोग परदा हटाकर प्रिंसिपल सर के कमरे में घुस गए। इसके बाद तीन-चार फायर हुए और कुछ पलों के लिए शांति छा गई...

प्रिंसिपल सर के कमरे का परदा हटा। ये दरिंदे उनके खून से लथपथ बेजान शरीर को घसीटते हुए बाहर मैदान में ले आए और बीचोंबीच डालकर अपनी लाल-लाल आँखों से इधर-उधर देखने लगे।

केसर और बाकी लोग इस बीभत्स दृश्य को देखकर काँप उठे। इधर कक्षाओं में दरवाजे की ओट में छिपे बच्चे भी बुरी तरह से सहमे हुए थे। इसके बाद उन हत्यारों में से एक ने मैथ्स के सर को अपनी बंदूक की बट से मारा और उन्हें नीचे गिरा दिया। दो गुंडे उन्हें टाँग से पकड़कर मैदान में गोल-गोल घसीटने लगे। सर लहूलुहान हो उठे थे। अपने सर की ऐसी हालत देखकर हर किसी की मुट्ठी गुस्से से भिंच गई, लेकिन कोई करता भी तो क्या करता! इस वक्त जो भी सामने आता, ये दरिंदे उसका भी यही हाल कर देते सबके दिल बैठने लगे। वे अपनी आँखों के सामने सर के साथ होती यह निर्दयता देख रहे थे, लेकिन किसी में भी इतनी हिम्मत नहीं थी कि बाहर जाकर उन दरिंदों का सामना कर सके। बच्चे कक्षाओं में रो पड़े, तभी उनमें से एक दरिंदे ने अपनी कमर में लटकी हुई रस्सी खोली और सर के दोनों पैर उससे बाँध दिए, फिर वे लोग जोर-जोर से चीखकर कुछ बोले, जैसे कि चेतावनी दे रहे हों। इसके बाद सर को घसीटते हुए, फायरिंग करते हुए गेट से बाहर निकल गए।

अगले ही पल सारे टीचर्स अपनी-अपनी कक्षाओं की ओर दौड़ पड़े। हेडमास्टर सर ने हथौड़ी उठाई और जोर-जोर से छुट्टी का घंटा बजाने लगे। उनका पूरा शरीर थर-थर काँप रहा था और उनकी आँखों से अनवरत आँसू बह रहे थे।

बाहर से उन हत्यारों की आवाज अब भी सुनाई दे रही थी। वे चीख-चीखकर नारे लगाते हुए जा रहे थे, "हमें क्या चाहिए, आजादी!"

"आजादी का मतलब क्या, ला इलाहा इल्लाह।"

धीरे-धीरे उनकी आवाज दूर होती चली गई, लेकिन ये नारे अब भी केसर के दिमाग मे नगाड़े की तरह बज रहे थे और दूसरी ओर भयभीत हेडमास्टर सर अपनी पूरी शक्ति के साथ अनवरत छुट्टी का घंटा पीटे जा रहे थे।

केसर समझ ही नहीं पा रही थी कि ये लोग किस आजादी की बात कर रहे हैं! हमारा देश तो पहले से ही आजाद है, फिर इन्हें कौन सी आजादी चाहिए! और हमारे सर से इनकी क्या दुश्मनी थी, जो उन्हें इतनी बेरहमी से…!

अंबर अपनी बहन के लिए परेशान हो रहा था। इधर जैसे ही एक टीचर कक्षा में पहुँचे तो दरवाजे की आड़ में खड़े डरे-सहमे बच्चों ने रोते हुए पूरा दरवाजा खोल दिया। सर के अंदर आते ही सब उनसे लिपटकर बुरी तरह से बिलख-बिलखकर रो पड़े। सर ने बच्चों को खुद से चिपटा लिया। वे खुद भी रो रहे थे और भय से काँप रहे थे। हेडमास्टर साहब यंत्र संचालित से अब तक घंटा बजाए जा रहे थे। देखकर ही लग रहा था, उन्हें गहरा सदमा पहुँचा है। बूढ़े चपरासी ने दौड़कर उनके हाथों से हथौड़ी ले ली। उन्होंने भी कोई विरोध नहीं किया। ऐसा लग रहा था कि वे चेतनाशून्य हो गए हैं। वे जस-के-तस खड़े शून्य में कहीं ताके जा रहे थे। पास ही प्रिंसिपल सर का बेजान शरीर पड़ा हुआ था।

कक्षा में बच्चे पूछ रहे थे, "सर ये कौन लोग थे? इन्होंने प्रिंसिपल सर को क्यों मारा? ये हमारे मैथ्स सर को कहाँ ले गए हैं?"

टीचर बच्चों को समझाते हुए बोले, "बच्चो! हमें भी नहीं मालूम कि ये लोग अब क्या करेंगे! घाटी के हालात खराब होने की आशंका है। तुम सभी तुरंत जल्दी से जल्दी अपने-अपने घर निकल जाओ। बेटा! कोई इधर-उधर मत जाना। वादा करो कि तुम सब सीधे अपने घर जाओगे।"

बच्चे क्या वादाखिलाफी करते! वे तो खुद ही बुरी तरह से सहमे हुए थे और जल्दी से जल्दी अपने-अपने घर पहुँचकर माँ के आँचल में दुबक जाना चाहते थे।

प्रिंसिपल सर की मृत देह स्कूल मैदान के बीचो-बीच पड़ी हुई थी। मैथ्स

वाले सर का भयभीत चेहरा और उन्हें बाँधकर इतनी निर्दयता से घसीटते हुए ले जाने का वह दृश्य क्या कभी इन मासूम बच्चों की आँखों से मिट सकता था? वे सब अपना-अपना बस्ता उठाकर जाने लगे। वे रोते जा रहे थे और स्कूल से बाहर निकलते जा रहे थे। अंबर भी अपनी क्लास से बाहर निकल आया और केसर को खोजने लगा। इधर केसर की निगाहें भी अंबर को ही ढूँढ़ रही थीं।

जैसे ही अंबर ने केसर को देखा, दौड़कर उससे लिपट गया। केसर ने प्यार से कसकर उसका हाथ पकड़ा और बोली, "अच्छा हुआ आज मैं भी आ गई। चल अब जल्दी से घर चलते हैं।"

"हाँ दीदी।" अंबर ने अपने दोनों हाथों से आँसू पोंछते हुए कहा।

बाहर निकलने से पहले केसर एक बार हेडमास्टर सर के पास गई, जो कि अब भी प्रिंसिपल सर की देह से कोई चार-पाँच फीट की दूरी पर जड़वत खड़े थे। केसर ने मैदान में घुटने के बल बैठकर प्रिंसिपल सर को दोनों हाथ जोड़कर नमन किया और फिर आँसुओं में डूबी आँखों से हेडमास्टर सर की तरफ देखा। सर ने धीरे से अपना हाथ केसर के सिर पर रखा और फिर अगले ही पल वहीं जमीन पर बैठकर फूट-फूटकर रोने लगे, तभी कुछ ही दूरी पर खड़ा बूढ़ा चपरासी पास आया और केसर से बोला, "बिटिया! जल्दी घर जाओ, देर न करो।"

अंबर का हाथ थामे केसर फाटक की ओर बढ़ चली। उसने एक बार मुड़कर कक्षाओं की तरफ देखा। सभी बच्चे बाहर की तरफ रोते हुए भाग रहे थे। सभी के टीचर उन्हें प्यार से समझा-बुझाकर भेज रहे थे। केसर घर की तरफ जानेवाली पगडंडी की ओर बढ़ गई। यहाँ भी अफरा-तफरी मची हुई थी। स्कूल के बच्चे ही नहीं, बल्कि दुकानदार, राह चलते लोग, बाहर से आए पर्यटक, सभी सरपट दौड़े चले जा रहे थे।

तभी सामने से नारे लगाते हुए कुछ नकाबपोश इधर की तरफ ही आते हुए दिखे और अगले ही पल राह चलते लोग तितर-बित्तर हो गए! जिसे जहाँ जगह मिली, वो वहीं दुबक गया। कुछ लोग दुकानों के पीछे जा छिपे तो कुछ रेलिंग के पीछे बैठ गए। कुछ लोग किनारे उगी झाड़ियों की ओट में चले गए तो कुछ लोग वहीं किनारे की तरफ अपने दोनों हाथ ऊपर करके समर्पण की मुद्रा में घुटनों के

बल बैठ गए। यह झुंड नारे लगाता हुआ, आतंक फैलाता हुआ और हवाई फायर करता हुआ ऐसे गुजर गया, जैसे मौत का कोई बड़ा बवंडर यह पूर्व सूचना देने आया हो कि अब यहाँ कोई नहीं बचेगा।

वे चिल्ला रहे थे, "अगर कश्मीर में रहना होगा, अल्लाहु अकबर कहना होगा।"

केसर का दिल इतनी जोर-जोर से धड़क रहा था कि लगा सीने से निकलकर बाहर ही आ जाएगा। उसी का क्यों! बल्कि वहाँ हर शख्स का यही हाल था। अंबर ने कसकर उसका हाथ पकड़ा हुआ था। वह पसीने से तर-ब-तर काँप रहा था।

"ये सब क्या हो रहा है दीदी?"

"क्या पता अंबर!"

"तुझे तो पता होगा न! तू मुझसे बड़ी है।"

"हाँ अंबर! उस दिन माँ-बाबूजी कुछ बात तो कर रहे थे कि आजकल यहाँ दंगे भड़क उठे हैं, आतंकवाद बढ़ गया है।"

"लेकिन दीदी ये क्या चाहते हैं? इनकी हमारे प्रिंसिपल सर के साथ क्या दुश्मनी थी? मैथ्स सर को कहाँ ले गए होंगे ये लोग!" अंबर ने दबी हुई आवाज में रोते हुए पूछा।

"ये कश्मीर को हिंदुस्तान से अलग करना चाहते हैं। ये पकिस्तान पसंद लोग हैं अंबर।"

उसकी बात सुनकर अंबर फफक-फफककर रो पड़ा। पास ही खड़े कुछ लोगों ने उसे चुप कराया और कहा, "बेटा! हिम्मत रखो। रोओ मत और जल्दी से अपने घर जाओ।"

उपद्रवियों के जाते ही वे दोनों भी औरों की तरह हौसला बटोरकर अपने घर की ओर तेज-तेज कदम बढ़ाकर चल दिए। उन्हें रास्ते भर नारेबाजी और हवाई फायरिंग करते हुए नकाबपोश लोग मिलते रहे। उन नकाबपोशों के सामने आते ही सभी लोग आड़ में हो लेते और जैसे ही वे आगे निकल जाते, सभी फिर अपने-अपने घरों की ओर दौड़ पड़ते।

अंबर और केसर घर पहुँचते ही माँ से लिपट गए। एक भयभीत माँ ने

अपने भयाकुल बच्चों को ऐसे आँचल में छुपा लिया, जैसे तेज आँधी आने पर चिड़िया अपने डैने में चूजों को छुपा लेती है। माँ से लिपटकर अंबर के सब्र का बाँध जैसे टूट गया और वह रो पड़ा। उसकी हिचकियाँ बँध गईं। उसे रोता देख माँ भी रोने लगीं, जबकि किशोर उम्र की केसर जो थोड़ी देर पहले रो रही थी, वो अब अपने आँसू पोंछकर माँ और अंबर दोनों को सँभालने में जुट गई। माँ बार-बार भगवान् से अपने परिवार की सलामती की दुआ माँग रही थीं।

पहले वे बच्चों को लेकर चिंतित हो रही थीं, लेकिन अब जब दोनों बच्चे सकुशल घर आ चुके थे तो उन्हें अपने पति की चिंता सताने लगी। वे पेशे से डॉक्टर थे और वहाँ के सभी लोग उनका बहुत सम्मान करते थे। उनके आधे से ज्यादा मरीज तो मुफ्त के ही होते। वे अपना इलाज तो करवाते, लेकिन पैसे कभी भी न देते। सच तो यह है कि उनके पास देने के लिए पैसे होते ही नहीं थे। डॉ. साहब यह बात अच्छी तरह से जानते थे, इसलिए वे खुद ही ऐसे लोगों से पैसे मिलने की उम्मीद किए बिना ही उनका इलाज कर देते, यहाँ तक कि कइयों के लिए तो दवाई का इंतजाम भी उन्हें खुद ही अपने पास से करना पड़ता। शुरू-शुरू में वे यह बात केसर की माँ से छुपाया करते थे। उन्हें शंका रहती थी कि यदि केसर की माँ को जब यह पता चलेगा तो वह बेकार ही दुःखी होंगी।

अमूमन लोगों की यह धारणा होती है कि पत्नियाँ अपने पति की कमाई को लेकर बहुत सचेत रहती हैं। वे उसके विषय में ईमानदारी से जानना चाहती हैं। कदाचित् इसके दो कारण हैं, पहला यह कि पति की कमाई के बारे में जानना वे अपना जन्मसिद्ध अधिकार समझती हैं और दूसरा यह कि उनके भीतर असुरक्षा का भाव रहता है कि उनका पति अपनी कमाई कहीं और न लुटा रहा हो, खैर जो भी हो, शादी के कुछ समय बाद ही अपने पति के इस परोपकार के विषय में केसर की माँ को पता चल गया था, लेकिन उन्होंने इस बात को बड़ी ही सहजता से लिया। उन्हें जानकर अच्छा लगा था कि उनके पति दुखियारों की मदद करते हैं।

ताज्जुब की बात यह थी कि इतना मुफ्त इलाज और इतनी सेवा भाव के बाद भी उन लोगों को कभी भी पैसों की तंगी नहीं होती, जब भी कोई बड़ी जरूरत आन पड़ती तो पैसों का प्रबंध भी आश्चर्यज्नक रूप से हो जाता। कुल

मिलाकर यह कि घाटी के सभी लोग इन दोनों पति-पत्नी को बहुत प्रेम और सम्मान देते थे। आस-पड़ोस के लोग परिवारीजन से कम न थे। हम जिस कश्मीरियत की बात करते हैं, वह इन लोगों के बीच बखूबी देखी जा सकती थी।

तभी दरवाजे पर आहट हुई और डॉ. साहब लड़खड़ाते हुए भीतर दाखिल हुए। वे बेहद डरे और सहमे हुए थे। उन्होंने अपना चश्मा उतारकर साइड वाली टेबल पर रखा और पत्नी से बोले, "एक गिलास पानी पिलाना प्लीज।"

"हाँ लाई।" वे उठने लगीं कि तभी केसर दौड़कर बाबूजी के लिए पानी ले आई। दोनों बच्चे उनके बगल में बैठ गए।

माँ ने बाबूजी के माथे का पसीना पोंछते हुए धीरे से पूछा, "आप ठीक हैं न?"

"हाँ मैं तो ठीक हूँ, लेकिन उन जालिमों ने आज इंतहाँ कर दी।"

"क्यों जी! ऐसा क्या किया उन्होंने?"

"मैं पेशेंट देख रहा था तभी बाहर शोर उठा। मैंने मंगल (कंपाउंडर) से कहा कि देखो तो बाहर ये कौन हैं? वह बाहर निकला ही था कि अगले पल उसकी दर्दनाक चीख सुनाई दी। उन दरिंदों ने धारदार हथियार से उसका सिर चीर दिया था। वह दृश्य देखकर क्लीनिक में अफरा-तफरी मच गई। मैंने सभी मरीजों से हाथ जोड़कर चले जाने की विनती की और जल्दी से मंगल को भीतर खींचकर शटर नीचे गिरा दिया। मंगल दर्द से तड़प रहा था···"

माँ ने बीच में ही पूछा, "अब कैसा है वो और कहाँ है अभी?"

"मैने शटर डाउन करके सबसे पहले उसके घावों की मरहम पट्टी की। भोलेनाथ की कृपा से जान बच गई बेचारे की, फिर हमने उन दरिंदों का वहाँ से जाने का इंतजार किया। वे बाजार के बीचोबीच खड़े होकर चीख रहे थे—'कश्मीर हमारा है, यहाँ से निकलो पंडितो! आज तो सिर्फ कहकर जा रहे हैं, लेकिन अगर तुम लोग कल भी यहाँ नजर आए तो फिर कभी कहीं नजर नहीं आ पाओगे, तुरंत यहाँ से निकल जाओ।'

उनकी दहशत से पूरा बाजार थर्रा उठा था, फिर थोड़ी देर बाद जब ऐसा महसूस हुआ कि वे लोग जा चुके हैं, तब धीरे-धीरे लोगों ने अपने-अपने शटर, दरवाजे और परदे खोले। सभी लोग बुरी तरह से सहमे हुए थे। मैंने दो आदमियों

की मदद से बड़ी मुश्किल से मंगल को गाड़ी में लिटाया और फिर उसके घर छोड़ा। अभी वहीं से आ रहा हूँ।"

"ऐसे हालातों में आप उसे घर छोड़ने गए? कमाल करते हैं आप भी! आपको कुछ हो जाता तो? आपने हमारे बारे में एक बार भी नहीं सोचा?"

"मैं उसे भी तो ऐसी हालत में मरने के लिए नहीं छोड़ सकता था! और वैसे भी वह कितने सालों से मेरे साथ काम कर रहा है। बच्चे की तरह है वह मेरे लिए! इतने मेहनती और ईमानदार इनसान को मैं ऐसे ही मरने के लिए छोड़ देता?"

"ओह! माफ कर दीजिए। एक पल के लिए मैं स्वार्थी हो गई थी। आप राजी खुशी घर वापस आ गए, मेरे लिए यही बहुत है। दया है भोलेनाथ की। वे मंगल को भी जल्दी ठीक कर देंगे।" माँ ने ऊपर देखकर हाथ जोड़ते हुए कहा।

"हाँ! लेकिन घाटी के हालात ठीक नहीं हैं। इन आतंकियों ने अभी थोड़ी ही देर पहले नेताजी को बीच चौराहे में गोलियों से भूनकर रख दिया है।"

"क्या?"

"हाँ! मंगल को उसके घर छोड़ने के बाद मैं सीधे अपने घर की ओर चल दिया। चौराहे पर पहुँचा तो देखा कि भीड़ लगी हुई है। मेरी हिम्मत नहीं हुई कि गाड़ी से उतरकर देखूँ। दूर से ही वह दृश्य अपनी आँखों से देखकर आ रहा हूँ। उनके लहूलुहान, गोलियों से छलनी जिस्म के पास खड़े होकर वे दरिंदे चीख रहे थे—'अगर किसी ने भी इस नेता की मदद की, इसके पास भी आया तो उसका भी यही हश्र होगा।' लोग बेचारे कुछ करना चाहकर भी नहीं कर सकते थे। सब-के-सब बुरी तरह से डरे-सहमे हुए यह अत्याचार देख रहे थे और उनमे मैं भी शामिल था।" ऐसा कहकर वे फूट-फूटकर रो पड़े।

पास ही बैठे दोनों बच्चे सहमे हुए पिता की बात सुन रहे थे। अंबर और केसर भी तो आज ऐसा ही बीभत्स दृश्य अपने स्कूल के मैदान में देखकर आए थे। वे दोनों अपने बाबूजी के और निकट सरक आए और उनसे चिपटकर रोने लगे। अंबर रो-रोकर स्कूल की पूरी घटना माँ और बाबूजी को बताने लगा। डरा हुआ अंबर रोता जा रहा था और बताता जा रहा था। इन बीभत्स घटनाओं को देख सुनकर तो कड़े-से-कड़े दिलवाला इनसान भी काँप उठे, जबकि उस बच्चे के लिए इस उम्र में यह सब किसी भयानक सपने से कम नहीं था। उसे डरकर

काँपते हुए देख माँ ने अपने सीने से चिपटा लिया। पिता भी दोनों बच्चों के सिर पर प्यार से हाथ फेरने लगे और सांत्वना देने लगे।

भयभीत केसर मन-ही-मन अपने प्रेमी मनवीर को भी याद करती जा रही थी। वह तय नहीं कर पा रही थी कि ये सब घटनाएँ अभी मनवीर को बताए या नहीं, क्योंकि उसे डर था कि वह यह सब सुनकर उसकी चिंता करने लगेगा और वैसे भी इन परिस्थितियों में न तो मनवीर यहाँ आ सकता था और न ही आगे क्या होना है, इसका कुछ अता-पता था।

चारों डरे हुए एक-दूसरे से सटकर बैठे थे। कितनी विचित्र परिस्थिति थी, सभी भीतर-ही-भीतर डरे सहमे हुए थे, किसी को नहीं पता था कि अब आगे क्या होनेवाला है, लेकिन फिर भी एक-दूसरे को दिलासा दे रहे थे।

आज घाटी में कहर बरसा था˙˙˙नहीं! आज से तो कहर बरसना शुरू हुआ था।

केसर 29 साल पुराने दिनों को याद करके बिलख-बिलखकर रो पड़ी। यह इतने साल पुरानी घटना है, लेकिन केसर के दिल में आज भी नासूर की तरह है। जब तब उसे याद आ जाती है, हालाँकि वह इसे भूलने की बहुत कोशिश करती है।

उसे याद हो आया कि अधिकतर समय घर की चारदीवारी में रहनेवाली और घर के कामों में ही उलझी रहनेवाली उसकी माँ उस दिन सभी को बड़ी ही मजबूती से सँभाल रही थीं। वे खुद भी डरी हुई थीं, लेकिन अपना डर जरा भी जाहिर नहीं कर रही थीं। कभी बाबूजी को हिम्मत बँधा रही थीं तो कभी मुझे दिलासा दे रही थीं तो कभी छोटे अंबर को 'मेरा बहादुर बच्चा' कहकर पुचकार रही थीं।

केसर याद करने लगी कि वह रात कितनी मुश्किल से कटी थी। चारों जने पूरी रात एक ही कमरे में सोते-जागते से रहे थे। उस रात उसे मनवीर की बहुत याद आ रही थी, लेकिन वह कुछ नहीं कर सकती थी। आगे जो भी होना था वह परिस्थितियों पर ही निर्भर था।

सब ईश्वर को याद कर रहे थे, दुआएँ माँग रहे थे। किसी तरह से वह भयानक रात कटी थी।

सुबह होते ही सभी अपने-अपने घरों से बाहर निकल आए थे, सब एक-दूसरे को हिम्मत बँधा रहे थे। उन्हें उम्मीद थी कि कुछ आतंकी नस्लों का यह आतंकी कारनामा है और प्रशासन जल्द ही इसे काबू में कर लेगा। घाटी में यूँ दहशत मचाने का उनका यह काम इससे आगे नहीं बढ़ पाएगा, लेकिन सबका अंदाजा गलत निकला और अगले दिन भी आतंकियों ने खूब कहर बरपाया। उस दिन भी घाटी में प्रतिष्ठित और अच्छे पदों पर काम कर रहे पंडितों को खींच-खींचकर सरेआम कत्ल किया गया और यह संदेश दिया गया कि 'पंडितों जल्दी-से-जल्दी हमारा कश्मीर खाली करके यहाँ से निकल जाओ नहीं तो तुम सबका भी यही हाल कर दिया जाएगा, कोई नहीं बच पाएगा।'

ऐसे रसूखदार और साधनसंपन्न कश्मीरी पंडितों की नृशंस हत्या से घाटी का हर पंडित परिवार भयातुर हो उठा था। उसे लगने लगा कि जब इन जैसे बड़े लोगों को कोई नहीं बचा सका तो हम जैसे साधारण लोग भला कैसे बच पाएँगे। इसका नतीजा यह हुआ कि अनेक पंडित परिवारों ने उसी दिन घाटी छोड़कर वहाँ से निकल जाने का फैसला कर लिया था।

अगले दिन फिर सुबह-सुबह गली के बाहर लोगों के बातें करने का शोर सुनाई देने लगा था। यह शोर सुनकर सभी अपने-अपने घरों से निकल आए थे। दरअसल आतंकियों ने पंडितों के घरों पर पर्चियाँ चिपका दी थीं, जिनमें साफ शब्दों में लिखा था—'पंडितों या तो हमारे साथ मिल जाओ या फिर कश्मीर छोड़कर निकल जाओ।'

दीवारों पर बड़े-बड़े अक्षरों में लिखा था—रालेव, गालिब या चालिव!

जिसका अर्थ था—हमारे साथ मिल जाओ या मरने को तैयार हो जाओ या भाग जाओ!

यहाँ क्या चलेगा? निजाम-ए-मुस्तफा!

यही सब लिखा देखकर लोग विस्मित थे और एक-दूसरे से बातें कर रहे थे। जिन घरों के बाहर ये पर्चियाँ चिपकी थीं, वे बेहद घबराए हुए थे और बाकी के लोग उन्हें ढाँढ़स बँधा रहे थे, उन्हें हिम्मत दे रहे थे। मुजाहिदीन गली के बाहर उन सभी पंडितों के नाम की लिस्ट चिपका गए, जिनके वहाँ घर थे। वे ऐसा करके यह भी जताना चाह रहे थे कि पंडितों को कोई गलतफहमी न रहे। पंडितों

के भीतर दहशत फैल जाए कि इनके पास तो हमारी पूरी जानकारी है।

और सचमुच वे अपने इस मकसद में सफल भी रहे, क्योंकि घाटी में रह रहे अनेक पंडित परिवार लिस्ट में अपना नाम देखकर घबरा उठे और अपनी जान बचाकर, अपना सब छोड़-छाड़कर वहाँ से जल्दी-से-जल्दी पलायन करने लगे।

आखिरकार डॉ. साहब ने भी वहाँ से जाने का निर्णय कर लिया। वे अंबर का भविष्य बरबाद होते नहीं देख सकते थे। उन्हें यह देखकर बहुत तकलीफ हो रही थी कि उनकी अपनी बेटी अपने ही घर में डरी और सहमी हुई है। उन्होंने अपने परिवार को इतना भयभीत पहले कभी नहीं देखा था। वे अपनी पत्नी और बेटी को इन परिस्थितियों में कैसे सुरक्षित रख सकते थे! उनकी तो जान और इज्जत दोनों को ही खतरा था। इन्हीं सब कारणों से और सबकी सहमति से उन्होंने भी कुछ समय के लिए घाटी छोड़कर कहीं और चले जाने का निर्णय ले लिया।

चारों ओर आतंक ही आतंक छाया हुआ था। बाजार बंद थे। लोग भयभीत होकर अपने-अपने घरों में दुबके हुए थे। पंडित परिवार अपनी-अपनी सुविधानुसार वाहन लेकर वहाँ से पलायन कर रहे थे। जिन इलाकों में पंडितों के परिवार अधिक थे, वे इलाके जल्दी-जल्दी खाली होने लगे। केसर का घर जहाँ था, वहाँ मिली-जुली जनसंख्या थी। वहाँ पंडित परिवार और मुसलिम परिवार दोनों ही थे और वे सभी कई पीढ़ियों से प्रेमपूर्वक भाईचारे के साथ रहते आ रहे थे। वे एक-दूसरे की खुशियों में, त्योहारों में, गम में बराबर शरीक हुआ करते, जब उन्होंने देखा कि डॉ. साहब घाटी छोड़कर जाने का मन बना रहे हैं तो वे सब मिलकर उन्हें रोकने चले आए।

"डॉ. साहब! भाभीजी! आप कहीं मत जाइए। ये लोग कुछ नहीं बिगाड़ सकते आपका।"

"हाँ! डॉ. साहब हम सब आपके साथ हैं। आपके परिवार तक पहुँचने के लिए पहले इन्हें हमसे होकर गुजरना पड़ेगा। आप देख लीजिएगा हम सभी आपके सामने ढाल बनकर खड़े हो जाएँगे। मजाल है कोई आपका बाल भी बाँका कर पाए!"

"लेकिन भाइयो! आप लोग समझिए, ये हमें यहाँ चैन से नहीं रहने देंगे।

इन्हें अपना कश्मीर चाहिए···आजाद कश्मीर! इन्हें लगता है कि हम इनके इस आजाद कश्मीर के मिशन के बीच सबसे बड़ी रुकाव्ट हैं।"

"काहे का आजाद कश्मीर! डॉ. साहब यह कश्मीर किसी एक का नहीं है। कुछ लोग अपने नापाक इरादों को पूरा करने के लिए मासूम बच्चों को बरगलाते हैं और जिहाद के नाम पर उन्हें अपनों के ही विरोध में खड़ा कर देते हैं, लेकिन आप देखिएगा यह सब ज्यादा दिन तक नहीं चलनेवाला। आज की पीढ़ी जागरूक हो गई है। वह ये सब राजनीतिक दाँव-पेंच और हुकूमत के कुछ स्वार्थी लोगों का गंदा खेल अब अच्छी तरह से समझने लगी है।"

"कहाँ समझने लगी है मीर साहब! आप तो सारी सच्चाई अपनी आँखों से देख ही रहे हैं। आज घाटी जिस तरह से सुलग रही है और सीमापार से जिस तादाद में आतंकियों की घुसपैठ जारी है उससे आनेवाले वक्त की खौफनाक तसवीर मैं खुद देख पा रहा हूँ। इसलिए फिलहाल हम सबकी बेहतरी इसी में है कि आप लोग हमें यहाँ से जाने दें। हमारी वजह से आप सबकी जान भी जोखिम में पड़ सकती है।" डॉ. साहब ने सभी के सामने अपने हाथ जोड़ते हुए कहा।

मीर साहब उनके उन्हीं जुड़े हाथों को अपने दोनों हाथों के बीच में लेते हुए बोले, "आप हमारे लिए भगवान हैं। हम आपको अपना घर छोड़कर कहीं नहीं जाने देंगे। हमारे बच्चे साथ खेलकर बड़े हुए हैं, अब क्या हम भाई-बहनों को भी जुदा कर देंगे?"

फिर उन्होंने डॉ. साहब की पत्नी की ओर देखकर कहा, "भाभीजी आप ही समझाए न इन्हें।"

वे बड़ी ही विनम्रता से बोलीं, "भाई साहब! ये ठीक ही तो कह रहे हैं। अभी हमारा यहाँ रहना किसी के लिए भी ठीक नहीं है और वैसे भी आजकल केसर आई हुई है। हमें उसके बारे में भी तो सोचना होगा।"

मीर साहब ने डॉ. साहब को समझाते हुए कहा, "अच्छा यदि आपको अब भी दहशत है तो फिर एक सुझाव है कि आप, भाभी और बच्चे मेरे घर में चलकर रहें। आप यहाँ ताला डाल दें, जिससे उन वहशियों को लगेगा कि आप लोग यहाँ से चले गए हैं और जब थोड़े दिनों में माहौल दुरुस्त हो जाए, तब आप अपने घर वापस चले जाइएगा।"

सभी ने मीर साहब के इस प्रस्ताव का समर्थन किया, बल्कि उनके इस प्रस्ताव को सुनकर कई अन्य परिवारों ने भी डॉ. साहब से जिद करनी शुरू कर दी कि वे उनके साथ चलकर रहें। डॉ. साहब उन सभी के इस निश्छल प्रेम के आगे नतमस्तक हो गए।

उन्होंने हार मानते हुए कहा, "अच्छा ठीक है आप लोग इतने स्नेह से रोक रहे हैं तो हम कहीं नहीं जाते, लेकिन अभी हम अपने घर में ही रहना चाहते हैं, जब लगेगा कि स्थिति ठीक नहीं है, तब आप लोगों से ही आश्रय माँगेंगे।"

"ठीक है जैसी आपकी इच्छा। आप अपने ही घर में रहिए। हम सब लगातार आपके पास आते जाते रहेंगे, बल्कि कुछ रातों के लिए हममे से कोई–न–कोई आपके पास आकर रहेगा, अगर दंगाई आते भी हैं तो पहले उन्हें हमसे निपटना पड़ेगा।"

"चलिए ठीक है, ऐसा कर लेते हैं।" डॉ. साहब ने उन सभी के आगे अपने हथियार डालते हुए कहा।

तभी वहाँ अखबार वाला आ पहुँचा। उसने अपनी सरसरी निगाहें सबकी ओर डालीं और फिर सबसे पहले एक अखबार डॉ. साहब के हाथ में रख दिया। उसने जिस तरह से अपनी काजल पुती तीखी नजरों से डॉ. साहब और उनकी पत्नी की ओर भर नजर देखा, उससे उन दोनों के शरीर में सिहरन दौड़ गई।

अखबार के पहले पन्ने पर ही बड़े अक्षरों में छपा था—सारे पंडित कश्मीर घाटी छोड़ दो!

जब सभी की नजर इस पर पड़ी तो वे एक–दूसरे की तरफ विस्मय से देखने लगे, फिर एकदम से नदीम जो कि खुद एक प्रिंटिंग प्रेस में कार्यरत था, उसने कहा, "अरे! कुछ नहीं होता इस सबसे। छपवा लिया होगा प्रेशर डालकर। आप बेखौफ रहो भाईजान, हम सबके होते हुए वे आपको छू भी नहीं पाएँगे। आप बस बच्चों का ध्यान रखो और उन्हें प्यार से सँभालो। वे डरे नहीं, बाकी हम सब हैं न!"

"डॉ. साहब! भाभीजी! आप लोग और बच्चे आज अंदर ही रहिएगा। आज रात का खाना मैं आपके घर पर ही खाऊँगा और हिफाजत के लिए आपके यहाँ ही सोऊँगा। अच्छा अब हमें इजाजत दीजिए।" मीर साहब ने सबकी ओर से

कहा और फिर सब अपने-अपने घर चले गए।

केसर दरवाजे के पीछे खड़ी सभी की बातें सुन रही थी उसे अब यहाँ बहुत डर लगने लगा था। वह कुछ साल पहले ही दिल्ली में दो संप्रदायों के बीच का दंगा देख चुकी थी। उसके जहन में सिखों पर हुए अत्याचार का एक-एक दृश्य ताजा हो उठा। अब वह एक पल भी घाटी में नहीं रुकना चाहती थी, लेकिन वे जाते भी तो कहाँ? और अभी यहाँ से जाना भी तो एक बहुत बड़ी चुनौती थी। घर, क्लीनिक, अंबर का स्कूल, यह सब छोड़कर कहाँ जाएँगे!

वह सोचने लगी कि भगवान ने तो यह दुनिया सबके लिए बनाई है तो फिर ये लोग होते कौन हैं, हमें अपने ही घर से निकालने वाले? ये हमें अपने ही घर से निकालने पर आमादा हैं!

केसर तो फिर भी समझदार थी, लेकिन दसवीं कक्षा में पढ़नेवाला अंबर आतंक से तो परिचित था, लेकिन फिर भी अनेक अनसुलझे प्रश्न उसके मन में उमड़-घुमड़ रहे थे। वह सोचने लगा कि, 'मैं और केसर दीदी बचपन से मीर चाचा के घर कभी भी चले जाते थे। मैं तो आज भी अकसर वहीं खेलता हूँ, खाता हूँ। मुझे उनकी बातों से कभी नहीं लगा कि कश्मीर सिर्फ मुसलमानों का ही है। रहीमा काकी तो मुझे अपने पास सुला भी लेती हैं कभी-कभी अच्छी-अच्छी कहानियाँ भी सुनाती हैं, लेकिन उनकी किसी कहानी में यह जिक्र नहीं होता कि कश्मीर सिर्फ उन्हीं का है। मेरे बहुत सारे दोस्त मुस्लमान हैं, लेकिन हम सब तो प्यार से खेलते हैं। मम्मी भी बताती हैं कि वे खुद, उनकी माँ, उनकी नानी सब यहीं पैदा हुईं, यहीं पली-बढ़ीं, तब फिर ऐसा क्यों है कि ये कुछ लोग चिल्ला रहे हैं कि 'कश्मीर हमारा है; कश्मीर में सिर्फ मुसलमान रहेंगे; पंडितों को कश्मीर छोड़ना पड़ेगा।' क्या ये अलग तरह के मुसलमान हैं? क्या आतंकवादी बनते ही इनकी कौम, इनकी सोच, इनकी भावनाएँ सब बदल जाती हैं? आखिर क्यों ये लोग बार-बार चिल्ला चिल्लाकर यह कह रहे हैं कि यहाँ सिर्फ हम ही रहेंगे''पंडितों! कश्मीर छोड़ो, कश्मीर हमारा है।'

दोपहर में जब माँ खाना बना रही थीं, तब केसर और अंबर भी रसोई में आ गए। अंबर ने माँ से पूछा, "माँ! ये लोग कौन हैं और हमें यहाँ से क्यों निकालना चाहते हैं? क्या ये घाटी और यह घर हमारा नहीं है?"

"नहीं बेटे! यह घाटी, यह घर, यह देश, सब हमारा है। ये भटके हुए लोग हैं···नादान हैं, मूर्ख हैं।"

"माँ इन्हें भटकाता कौन है?

"बेटा, ये सब अपनी अज्ञानता के कारण भटक जाते हैं। इन्हें धर्म और मजहब का सही ज्ञान नहीं होता। ये लोग धर्म, जातिवाद, सांप्रदायिकता इन सबके भँवर में फँसे रहते हैं। धर्म के असल रूप 'इनसानियत' के बारे में जानते तक नहीं हैं। ईश्वर, अल्लाह, गॉड, भगवान् इनमें से किसी में भी कोई बैर-भाव नहीं है, लेकिन इनको माननेवाले इनसानों के दिलों में बैर ही बैर भरा पड़ा है। हमारे पंडित, मुल्ला-मौलवी वगैरह अपने-अपने अनुयायियों के सामने अपने धर्म की व्याख्या कुछ ऐसे ढंग से करते हैं कि 'हमारा धर्म ही श्रेष्ठ है, बाकी सभी धर्म हमसे कमतर हैं।' उनकी इसी बात से धार्मिक कड़वाहट पैदा होती है और यही कड़वाहट आगे चलकर आपस में दूरियाँ बढ़ाती है। नतीजा यह होता है कि इनके पढ़ाए लोगों के मन में दूसरे धर्म के प्रति आदर का भाव खत्म होता जाता है। यदि किसी बच्चे को बचपन से ही सिखा दिया जाए कि हमारा धर्म सबसे ऊँचा है, बाकी सब हमसे नीचे हैं तो उसके भीतर किस तरह के संस्कार पनपने लगेंगे? क्या वह सभी के साथ प्रेमभाव रख पाएगा? जबकि बेटा! सच तो यह है कि आज के समय में धर्म को कोई भी गहराई से नहीं समझता-बूझता। ऊँच-नीच और अपने-पराए की इसी भावना के कारण न तो आज धर्म बचा है और न ही इनसानियत।"

केसर ने माँ की बात से सहमत होते हुए कहा, "हाँ माँ, आपने एकदम सही कहा। आज कोई भी धर्म के मर्म को ठीक ढंग से नहीं समझना चाहता। हिंदू इसलाम के बारे में नहीं जानते, इसलाम माननेवाले बौद्ध धर्म के विषय में नहीं जानते, बौद्ध ईसाई धर्म को नहीं समझना चाहते और यह सिलसिला चलता ही रहता है, फिर जब इन सब में राजनीतिक रंग घोल दिया जाता है, तब सब तरफ मटमैला ही मटमैला नजर आने लगता है।"

"हाँ बेटे! बात यहाँ आकर खत्म हो जाए तब भी गनीमत है। हद तो यह है कि कुछ पंडित, मुल्ला, मौलवी धर्म की जिस तरह की व्याख्या करते हैं, ये नासमझ लोग उसी को सच मान बैठते हैं। इस बात से तो मैं भी सहमत हूँ कि

अपने धर्म को सम्मान की नजर से देखना चाहिए, यह हमारा हक भी है और कर्तव्य भी, लेकिन किसी दूसरे के धर्म का अपमान करने का अधिकार किसी को नहीं होना चाहिए!"

"माँ, ये धर्म बने कैसे?" अंबर ने पूछा।

"बेटा, धर्म हमारी ही सुविधा के लिए बनाया गया था। हमारे पुरखों ने हमें संगठित और मर्यादित रखने के लिए, सभी को अपने समान समझकर उसके साथ सहिष्णु बने रहने के लिए धर्म की परिकल्पना की होगी और यह अस्तित्व में आया होगा, लेकिन आज का इनसान इन्हीं सबसे उलट करने में लगा हुआ है। हम चाहे किसी भी धर्म को देख लें, चाहे किसी भी धार्मिक ग्रंथ को पढ़ लें, सभी प्रेम और इनसानियत की ही बात करते हैं, लेकिन दिक्कत तो इसी बात की है कि दूसरे धर्म और उनके धार्मिक ग्रंथों को तो छोड़ो, आजकल का मनुष्य तो अपने ही धर्म और अपने ही धार्मिक ग्रंथों की शिक्षाओं को समझ नहीं पाता। व्याख्या करनेवाले मजहबी ठेकेदार जो कह देते हैं, उसे ही आँख मूँदकर सच मान लेता है। हिंदू सोचता है कि स्वर्ग मुझे ही मिलेगा, बाकी सब तो भटके हुए हैं। मुसलिम सोचता है जन्नत हमें ही नसीब होगी, जितने भी गैर-मुसलिम हैं, वे सभी गुमराह हैं। ईसाई मानते हैं कि हमारे अलावा बाकी सब-के-सब भ्रम की जिंदगी जी रहे हैं। सच तो यह है बेटा कि आज सभी लोग धर्म की खूबियाँ देखने की बजाय उसमें बुराइयाँ ही खोजते फिर रहे हैं। यही सोच आपस में लड़वाती है, समाज की बरबादी का बहुत बड़ा कारण बनती है।"

"तो इस बुराई को दूर कैसे किया जा सकता है?"

"हमें बचपन से ही बच्चों को हर धर्म का सम्मान करने की सीख देनी होगी। उन्हें अपने स्वाभिमान के साथ-साथ दूसरों की इज्जत का ध्यान रखना भी सिखाना होगा। उन्हें यह समझाना होगा कि कभी भी अपने धर्म को त्यागना नहीं चाहिए, लेकिन जब बात पूरे समाज की हो तब इनसानियत को ही महत्त्व देना चाहिए। उन्हें अपने धर्म, परंपराओं, संस्कृति, रीति-रिवाजों, साहित्य का सही ज्ञान करवाना होगा और यह भी बताना होगा कि वे अपने धर्म के साथ-साथ अन्य धर्मों के बारे में भी गहराई से जाने। जिस दिन इतनी जागरूकता लोगों में आ जाएगी, उस दिन से सारे बैर और विवाद खुद-ब-खुद मिटने शुरू हो जाएँगे।"

"लेकिन माँ अगर बात सिर्फ धर्म को मानने भर की होती तो यह छोटे-मोटे झगड़ों तक भी सिमटी रह सकती थी, लेकिन इसकी आड़ में आतंकवाद भी पनपता गया!" केसर ने चिंतित होकर कहा।

"केसर बेटा! आतंकवाद सिर्फ धर्म से भटकाव होने की वजह से नहीं पनपा है, बल्कि समूची मानवजाति, पूरी दुनिया और पूरे सिस्टम के प्रति आक्रोश भी इसके पनपने का एक बहुत बड़ा कारण है।"

माँ और बहन की इस बात से अंबर और उत्सुक हो उठा, "आक्रोश! कैसा आक्रोश माँ? अभी आपने ही तो बताया कि सभी मिल-जुलकर रहें, इसी के लिए समाज सारी व्यवस्था बनाता है तो फिर कुछ लोगों के भीतर इसी समाज के खिलाफ इतना आक्रोश कहाँ से आ जाता है?"

"देखो अंबर! इसे ऐसे समझो, जब इनसान को गुस्सा आता है तो वह कितने आक्रोश से भर उठता है, वह जानवरों जैसा व्यवहार करने लगता है। उस समय उसकी अपनी सोचने-समझने की शक्ति खत्म हो जाती है। उसके करीबी उसे जैसा सुझाव देते हैं, वह बिना भला-बुरा सोचे, परिणाम की चिंता किए बिल्कुल वैसा ही करने लगता है। इन आतंकियों के साथ भी ऐसा ही होता है बेटा। पहले इनके अंदर धर्म, जाति और सम्प्रदाय के नाम पर अज्ञानता भर दी जाती है, यानी इनकी बुद्धि पर कब्जा कर लिया जाता है, फिर अपने को ऊँचा और दूसरों को नीचा मानकर उन्हें हेय दृष्टि से देखने की आदत डाल दी जाती है, यानी इनके सामाजिक जीवन पर कब्जा कर लिया जाता है। ये खुद न सोच सकें, आत्मनिर्भर न बन सकें इसके लिए इन्हें नशे का आदी बना दिया जाता है। इसके बाद जब ये पूरी तरह से मानसिक और शारीरिक गुलाम बन जाते हैं, तब इनके भीतर यह बात भरी जाती है कि तुम ही शक्तिशाली और बुद्धिमान हो, बाकी सब तो तुम्हारी बात मानने और गुलामी करने के ही काबिल हैं, फिर अंत में इनके भीतर के आक्रोश को जगाया जाता है और इन्हें बताया जाता है कि औरों को अपना गुलाम बनाने या अपनी बात मनवाने का एकमात्र हथियार 'आतंक' है और अल्लाह ने यह नेक काम करने के लिए तुम्हें चुना है। इन्हें इनसान से राक्षस बना दिया जाता है और ये इतने मूर्ख होते हैं कि राक्षस बनते चले जाते हैं।"

"आतंक मतलब—डर···भय?"

"हाँ बेटा। आतंक एक हथियार है, किसी को भी झुकाने का, डर पैदा करके अपनी बात मनवाने का। ये लोग भी तो यही करते हैं। ये लोग अपनी बात मनवाने के लिए आतंक का सहारा लेते हैं। इनका मकसद आम लोगों के भीतर डर पैदा करना होता है, उन्हें अपने आगे झुकाना होता है।"

अंबर ने माँ को बीच में ही टोकते हुए पूछा, "लेकिन ये किसे झुकाना चाहते हैं? किससे अपनी बात मनवाना चाहते हैं?"

तब तक डॉ. साहब भी अपने कमरे से बाहर निकल आए और वे भी सभी के साथ बातचीत में शामिल हो गए।

उन्होंने अंबर की ओर देखते हुए कहा, "बेट! ये लोग अपने आगे पूरे समाज को, पूरे सिस्टम को झुकाना चाहते हैं। ये दुनिया के सभी देशों की सरकारों से अपनी बातें मनवाना चाहते हैं। आतंकवादियों के भीतर समाज, देश, सिस्टम सभी के प्रति भयंकर असंतोष भरा होता है। ये हमेशा विरोध की स्थिति में रहते हैं। सिस्टम के खिलाफ विद्रोह करते हैं···इनके भीतर सरकारों के विरुद्ध असंतोष होता है, लेकिन इनके विद्रोह और असंतोष का शिकार बनती है मासूम जनता। वे मासूम लोग जो शांतिपूर्वक अपना जीवन-यापन करना चाहते हैं, जिन्हें शासन, सत्ता, सरकार, सिस्टम किसी से कोई लेना-देना नहीं होता है, जो दिन भर मेहनत करके घर पहुँचने पर अपने बच्चों और अपने परिवार के साथ दो पल सुकून के बिताना चाहते हैं, ये लोग उन्हें ही सरेआम गोलियों से भून देते हैं। उन्हें अपने आतंक का शिकार बनाते हैं। ये जनता के भीतर डर पैदा करके सरकार को झुकाने का प्रयास करते हैं।"

"ये लोग सरकार को झुकाने के लिए हम जैसे आम लोगों को अपना शिकार क्यों बनाते हैं? आखिर हमें सताकर इन्हें क्या मिलता है?" केसर ने गुस्से से झुँझलाते हुए पूछा।

"यही तो समझने वाली बात है बेटा। हर सरकार अपने नागरिकों को सुरक्षा और अच्छे जीवनयापन की गारंटी देती है और इसके बदले में उनके वोट लेकर सत्ता में आती है। सरकार यह जानती है कि अदि उसने जन्ता के साथ अपने वादे पूरे नहीं किए, उन्हें सुरक्षित जीवन नहीं दिया तो उसे अगली बार सत्तासुख

नहीं मिलेगा। जिस तरह से जनता सुविधाएँ पाने के लिए वोट देकर एक सरकार चुनती है, वैसे ही ये आतंकी भी अपनी बातें मनवाने के लिए जनता द्वारा चुनी हुई सरकार को झुकाते हैं। जनता अपना हक पाने के लिए सिस्टम के समक्ष सकारात्मक और निर्माणकारी तरीका अपनाती है, जबकि आतंकी अपनी बात मनवाने के लिए सिस्टम के सामने नकारात्मक और विध्वंसकारी ढंग से पेश आते हैं। अपनी जनता की सुरक्षा का उत्तरदायित्व हमेशा से सरकार या सिस्टम पर ही होता है, इसलिए आतंकी इसी निर्दोष जनता के ऊपर जुल्म और अत्याचार ढाते हैं, ताकि सिस्टम में खलबली पैदा हो, वे अपनी जनता और अपनी सत्ता की रक्षा हेतु भयभीत हो उठें और उनकी इसी कमजोरी का फायदा उठाकर अपनी नाजायज माँगें मनवाई जा सकें।"

"बाबूजी! कोई उदहारण देकर थोड़ा और आसान ढंग से समझाइए न।" अंबर ने कहा।

केसर बोली, "अंबर! मैं समझाती हूँ तुम्हें। मान लो कि तुम्हें मेरी कोई चीज पसंद आ जाती है, लेकिन हम सभी जानते हैं कि तुम अभी उस चीज को सँभालने के लिए बहुत छोटे हो और उस चीज से खुद को नुकसान भी पहुँचा सकते हो, इसीलिए माँ और बाबूजी अभी वह चीज तुम्हें लाकर नहीं देते हैं, जबकि मुझे, यानी तुम्हारी अपनी ही बड़ी बहन को दे देते हैं। ऐसे में दो बातें होंगी—एक, अगर तुम समझदारी से काम लोगे तो यह सोचोगे कि अभी मैं छोटा हूँ, इसलिए नहीं दी, लेकिन बड़े होने पर दीदी की तरह मुझे भी जरूर मिलेगी, लेकिन दूसरी तरफ अगर तुम समझदार नहीं हुए और गुस्से से भर उठे तो अपने उसी गुस्सैल स्वभाव की वजह से हर वक्त मुझे ही कोई न कोई चोट या नुकसान पहुँचाने की कोशिश करते रहोगे, अपना गुस्सा मुझ पर उतारोगे और घर में सभी को तब तक परेशान करते रहोगे, जब तक वे मजबूर होकर वह चीज तुम्हें भी लाकर नहीं दे देते हैं। चूँकि तुम यह भी जानते हो कि मुझे तकलीफ में देखकर घरवालों को और कष्ट होगा। ऐसे में वे अपनी बेटी को कष्ट से बचाने के लिए बेटे के आगे झुक जाएँगे और उसकी यह बात भी मान लेंगे, उसे भी वह चीज दे देंगे।

अंबर! ये आतंकी भी ऐसे ही होते हैं। ये हमारे ही समाज से निकले वे

विद्रोही लोग हैं, जो अपने आकाओं द्वारा भड़काए जाते हैं और ट्रेंड किए जाते हैं। ये अपने ही जैसे लोगों पर अत्याचार करते हैं, सरकार को झुकाने के लिए और अपनी माँगें मनवाने के लिए किसी रसूखदार इनसान का अपहरण कर लेते हैं, मासूम जनता पर गोलियाँ चलाते हैं, जगह-जगह बम से उन्हें उड़ाते हैं। इनकी मंशा सिर्फ इतनी ही रहती है कि इनके साम्राज्य का विस्तार हो। ये चाहते हैं कि जमीन के हर टुकड़े पर इनकी ही हुकूमत काबिज हो। इनसान, इनसानियत और जमीर से इनका कोई वास्ता नहीं होता।"

"दीदी, इनके आका कौन लोग होते हैं?"

"इनके आका इनसे भी ज्यादा मँजे हुए होते हैं। उनके लिए जिहाद से बढ़कर और कुछ भी नहीं होता। उनके दिल में किसी के प्रति कोई संवेदना, भावना या इमोशन नहीं होते। उनके आकाओं ने कभी उन्हें ट्रेंड किया था और अब वे नए आनेवाले आतंकियों को ट्रेंड करते हैं और ये सिलसिला चलता रहता है।"

माँ ने केसर को बीच में ही टोकते हुए कहा, "...और कमाल की बात यह है केसर कि वे लोग खुद को जिहादी, यानी क्रांतिकारी कहकर खुद पर गर्व महसूस करते हैं। उन्हें अपने जिहाद के अलावा कुछ भी नहीं सूझता। जिहाद के लिए जान दे देने और जान ले लेने को अपना बड़ा सौभाग्य समझते हैं। ये किसी कानून, किसी न्याय-व्यवस्था को नहीं मानते। धिक्कार है इन पर!"

अंबर ने पूछा, "लेकिन ऐसा क्या कारण होता है कि ये लोग आतंकवादी बन जाते हैं? किसी-न-किसी ने तो इन्हें भी जन्म दिया ही होता होगा न! क्या ये अपने परिवार के बारे में नहीं सोचते?"

"इन्हें भी समाज से ही छीना जाता है मेरे बच्चे! जिहाद के नाम पर नासमझ और छोटी उम्र के बच्चों को गलत शिक्षा दी जाती है। युवाओं की गरीबी और बेरोजगारी का फायदा उठाया जाता है। कुल मिलाकर आतंकी ऐसे भटके लोगों को खोजते हैं और खुद में मिला लेते हैं, फिर उन्हें भी आतंक की ट्रेनिंग देते हैं और दरिंदा बना देते हैं। वे ऐसे बच्चों और युवाओं को, जो किसी भी वजह से अपने समाज, अपने परिवार, अपनी सरकार और अपने सिस्टम से खफा हैं, उन्हें आतंकी बनाकर इसी समाज के खिलाफ तैयार करते हैं। वे इनके आक्रोश

का इस्तेमाल इन्हीं के समाज, सरकार और सिस्टम के विध्वंस के लिए करते हैं और इसके बदले में अल्लाह की रुसवाई का डर पैदा करते हैं, मजहब की रक्षा की दुहाई देते हैं, मरने के बाद मिलने वाले सुखों का हवाला देते हैं। इन सबके चलते ही हमारे अपने ही समाज के कुछ लोग इनसानियत भूलकर हिंसा के रास्ते पर चल पड़ते है। बहला-फुसलाकर पैसों के नाम पर इन नौजवान लड़के-लड़कियों को मानव बम तक बना दिया जाता है। जिन मासूम बच्चों के नाजुक हाथों में पेंसिल और रंग होने चाहिए, उनके छोटे-छोटे से हाथों में ए.के.-47 पकड़ा दी जाती है और उनके जीवन के सभी रंग छीन लिए जाते हैं। यह बहुत ही क्रूरता भरा काम है अंबर। इस आतंकवाद ने लगभग पूरे विश्व को अपनी चपेट में ले रखा है बेटे। ये हिंसा के अलावा और कुछ जानते ही नहीं।"

"माँ! क्या इन्हें कभी यह एहसास नहीं होता कि ये कितनी नफरत से भरी हुई जिंदगी जीते हैं? क्या कोई इनका अपना नहीं होता? कोई भी इन्हें पसंद नहीं करता?"

"बेटा, बताया न कि इनके जीवन में इमोशन नाम की कोई चीज ही नहीं होती है। इनका मकसद सिर्फ और सिर्फ आतंक फैलाना और सत्ता को अपने आगे झुकाना होता है। इन्हें खुद भी इससे ज्यादा सोचने का अधिकार नहीं होता बेटा। ये सिर्फ अपने आकाओं का हुक्म बजाते हैं। ये आतंक के जिस रास्ते को बड़े गर्व के साथ चुनते हैं, दरअसल वह तो दलदल से भरा हुआ रास्ता है। ये एक बार इस रास्ते पर कदम बढ़ा तो देते हैं, चल भी पड़ते हैं, लेकिन फिर लगातार धँसते ही जाते हैं, कभी चाहकर भी वापस नहीं आ पाते। हम समझते हैं कि ये अपने आतंक से मानवता को अपना शिकार बना रहे हैं, लेकिन सच तो यह है कि ये खुद अपने आकाओं के आतंक का शिकार बन जाते हैं, उनके हाथों की कठपुतलियाँ बनकर रह जाते हैं।"

"…तो सरकार इन्हें सुधारने के लिए कुछ करती क्यों नहीं?"

"बेटा, तुम्हारे इस प्रश्न का उत्तर देना बहुत कठिन है। सरकार करती भी है और नहीं भी करती…"

"मतलब!"

"मतलब ये कि अनेक बार सरकार इनके साथ समझौते करती है, अनेक

बार इन्हें आत्म-समर्पण के लिए मजबूर करती है और अनेक बार तो इतनी भारी चूक कर बैठती है कि इनके हौसले और बुलंद हो जाते हैं। इस समय भी तो यही हालात हैं बेटे। बहुत सारे राष्ट्र अपने निजी स्वार्थों के लिए इन आतंकी संगठनों को अनदेखा कर देते हैं या खुद ही अपने फायदे के लिए इन्हें बढ़ावा तक देते हैं, लेकिन जब बाद में इनकी शक्ति और हौसले इतने बढ़ जाते हैं कि ये उन्हीं देशों पर अटैक कर देते हैं, उन्हीं देशों पर गोलियाँ, बम आदि चलाते हैं और सरकारी संपत्ति का नुकसान तो करते ही हैं साथ-ही-साथ निर्दोष आम जनता को भी मौत के घाट उतार देते हैं। इन्होंने भारत, अमेरिका, पाकिस्तान किसी को भी नहीं बख्शा। तुम्हें याद होगा कि कुछ साल पहले करांची के एक स्कूल में कुछ आतंकवादी घुस आए थे और उन्होंने अंधाधुंध गोलियाँ चलाई थीं, जिससे कई बच्चे और टीचर मारे गए थे। सभी जानते हैं कि आतंकवाद को पनपने देने में पाकिस्तान का सबसे बड़ा हाथ है, वह खुद अपनी जमीन और सब सुविधाएँ उन्हें मुहैया कराता है, लेकिन खुद पाकिस्तान इसके दुष्प्रभाव से अछूता नहीं रहा बेटा, इन्होंने उसी पकिस्तान को नहीं छोड़ा, जो इनका आका है. वहाँ भी भयंकर नरसंहार मचाया।" बाबूजी ने समझाया।

"इसे रोका कैसे जा सकता है? क्या कोई तरीका नहीं कि इन्हें सुधारा जाए… इन्हें सही राह दिखाई जाए…कुछ ऐसा किया जाए कि आतंकवादी पैदा ही न हों!"

"हा…हा…हा…" माँ ने व्यंग्य असहायता से हँसते हुए कहा, "अंबर! असंभव तो कुछ भी नहीं है, बस जरूरत है तो सच्चे मन से कदन उठाने की और ऊपरी हवाई बातें न करके जमीनी स्तर पर काम करने की। हमारे सिस्टम में ही इतने झोल होते हैं कि उसका फायदा ये मिलिटेंस उठाते हैं। हमारे सिस्टम में भी कुछ लोग इनके हमदर्द होते हैं। बेटा एक बहुत पुराना मुहावरा है, लेकिन है एकदम सटीक कि 'घर का भेदी लंका ढहावे' और मेरी दादी भी एक कहावत कहती थीं—'चोर से कहो चोरी कर और साहूकार से कहो जागते रहना।'

बेटा आज दुनिया के हर देश में जिस आतंकवाद ने अपने पैर पसारे हैं, उसकी जड़ अलग-अलग है। भारत में होनेवाले आतंकी हमलों की जड़ पकिस्तान में है। हमारे अपने ही देश के बड़े कुछ रसूखदार लोग, शासन-प्रशासन में बैठे कुछ लोग, कुछ बुद्धिजीवी और प्रतिष्ठित लोग भी इसके लिए काफी

हद तक जिम्मेदार हैं। इन लोगों के बीच से दो तरह के स्वर उभरते हैं, एक वर्ग कहता है कि हमें पकिस्तान के साथ दोस्ती का हाथ बढ़ाना चाहिए, मिल–जुलकर बैठकर समस्या पर विचार करके समाधान निकालना चाहिए तो दूसरा वर्ग कहता है कि पकिस्तान हमारा दुश्मन पड़ोसी है, वह हमारे देश में आतंक मचाता है, इसलिए हमें उसे सबक सिखाना चाहिए। बेटा! देखा जाए तो ये दोनों ही वर्ग तर्कपूर्ण समाधान नहीं दे रहे। दोनों ही समाधान अपने–अपने स्तर पर अधूरे और अव्यवहारिक हैं। भारत को अपनी नीतियों के प्रति कट्टर बनना पड़ेगा। हमारी संस्कृति में ही सहिष्णुता है। हम दुश्मन को भी क्षमा कर देते हैं, हालाँकि दुश्मन यदि खुद सामने से आकर हमें आहत करे तो हम मुकाबला करने से भी पीछे नहीं हटते हैं, लेकिन हम माफ भी बहुत जल्दी कर देते हैं और बड़ी ही जल्दी फिर से सहिष्णु हो जाते हैं। हमारी इसी आदत का फायदा ये दुष्ट लोग उठाते हैं।

"तो क्या ये सब कभी खत्म नहीं हो सकता ?"

"हो सकता है न, यदि इनकी सारी उलटी–सीधी माँगे सरकार मानती जाए, लेकिन सरकार माने भी तो कैसे, क्योंकि इनकी माँगें जायज भी तो हों! साथ–ही–साथ उन माँगों का कोई अंत भी तो हो, जैसे कि केसर ने अभी तुम्हें समझाया था। इनकी माँगें विध्वंसक होती हैं, समाज और इनसानियत के खिलाफ होती हैं।"

"बेटा यदि आतंकवाद पर जड़ से काबू पाना है तो हमें इस पर शुरुआत से ही काम करना पड़ेगा। हमें अपने देश के भटके हुए युवाओं पर अधिक ध्यान देना पड़ेगा। उनके साथ मनोवैज्ञानिक ढंग से पेश आना होगा। उन्हें शिक्षा के, नौकरी के समान अवसर देने होंगे, उनके साथ किसी भी तरह का भेदभाव बंद करना होगा।

"हमेशा 'न देना' ही बुरा नहीं होता है; कभी–कभी तो 'अधिक देना' भी घातक बन जाता है। इसलिए इन्हें सुविधाएँ तो दी जाएँ, लेकिन मेहनत करने के लिए भी प्रेरित किया जाए। यदि इन्हें शिक्षा और बाकी के अवसर सही समय पर सही ढंग से दिए जाएँ तो ये हथियार उठाएँगे ही नहीं। मूर्ख व्यक्ति की शक्ति का दुरुपयोग करना आसान होता है, जबकि शिक्षित व्यक्ति को आसानी से मूर्ख नहीं बनाया जा सकता। मनोवैज्ञानिक तरीके से इन्हें सँभालना और इन्हें शिक्षा, नौकरी और व्यवसाय प्रदान करना ही एकमात्र समाधान है। ये युवा जितना असंतुष्ट

रहेंगे, इनको बरगलाना उतना ही आसान होगा। इसीलिए स्थानीय प्रशासन की जिम्मेदारी भी बढ़ जाती है।"

तभी दूर से आती नारों की आवाजें सुनाई पड़ने लगीं—

"पंडितो! कश्मीर हमारा है।"

"अगर कश्मीर में रहना होगा, अल्लाहु अकबर कहना होगा।"

वे लोग अंधाधुंध हवाई फायर करते जा रहे थे।

अंबर इन नारों को सुनकर सहम उठा। वह खुद डरा हुआ था, लेकिन इस वक्त यह भी समझ रहा था कि ये आतंकवादी भी कितनी असुरक्षा की भावना से घिरे हुए हैं। फौज के साथ छुपकर लड़ते हैं, अपने आका का विरोध कर नहीं पाते हैं, अपनी कौम की खिलाफत इन्हें भारी पड़ती है और तो और आम जनता के सामने भी नकाबपोश होकर ही आते हैं। ये जो आज पूरी दुनिया को आतंकित कर रहे हैं, मौत के घाट उतार रहे हैं, दरअसल ये खुद ही मरे हुए लोग हैं। इनके दिल, दिमाग, सोच, विचार, भावनाएँ, संवेदनाएँ सब मर चुकी हैं। लानत है ऐसी जिंदगी पर जो न अपने लिए है और न ही अपने समाज के लिए।"

आज का दिन दहशत से भरा हुआ था। शाम होने को आई थी और अनगिनत पंडित परिवार आज सुबह से यहाँ से पलायन कर रहे थे। जिसे जैसे बन पड़ रहा था, जा रहा था। कोई अपने घर की चाभियाँ पड़ोसी को देकर जा रहा था तो कोई बहुत की तरतीब से घर बंद करके जा रहा था।

कुछ परिवार ऐसे भी थे, जिनके बुजुर्ग किसी भी हाल में अपने पुरखों का घर छोड़कर जाने को तैयार नहीं हुए। ऐसे में उनके बच्चे भरे हुए दिल से उन्हें विदा करके निकल गए और कुछ बुजुर्ग ऐसे भी थे, जो कि खुद नहीं गए, लेकिन उन्होंने अपने जवान बच्चों को उनके भविष्य की दुहाई देकर जबरदस्ती यहाँ से भगा दिया। जानेवालों और रुकनेवालों, दोनों के ही भीतर यह उम्मीद थी कि यह दहशत बस कुछ ही दिनों की है। जल्द ही प्रशासन इन मिलिटेंस के प्रति सख्त होगा। सभी फिर से अपने घरों में, अपनी इस सुंदर घाटी में लौटेंगे और इसे आबाद करेंगे।

आज मनवीर का फोन आया। इत्तेफाक से फोन केसर ने ही उठाया। वह केसर को लेकर बहुत परेशान था, लेकिन दोनों ठीक से बात भी नहीं कर पाए,

क्योंकि फोन बार-बार डिस्कनेक्ट हो रहा था और आखिर में तो बंद ही हो गया। वह बार-बार कश्मीर आने की जिद कर रहा था, जबकि केसर उसे समझाने की कोशिश कर रही थी कि वह चिंता न करे, सब ठीक हो जाएगा और वह जल्दी ही उसके पास पहुँच जाएगी। वह उसके साथ इस तरह से बात कर रही थी, जैसे अपनी किसी सहेली से बात कर रही हो। वह अब तक मनवीर के बारे में माँ और बाबूजी को नहीं बता पाई थी।

...लेकिन शायद माँ भाँप गईं, पर बोलीं कुछ नहीं। माँएँ ऐसी ही होती हैं, धड़कनें भी परख लेती हैं।

केसर और अंबर बार-बार खिड़की से बाहर देखते, फिर उदास होकर बैठ जाते। वे इन आवाजों से भयभीत भी थे और पलायन कर रहे परिवारों को देखकर द्रवित भी।

शाम होने पर घाटी का नजारा देखने लायक हो जाता था। सबके घरों की बत्तियाँ जल उठतीं तो घाटी जगमगा उठती, लेकिन आज कुछ घर अँधेरे में थे, सूने थे, क्योंकि उनमें रहनेवाले लोग आतंकियों की दहशत से मजबूर होकर घाटी छोड़कर चले गए थे।

केसर की माँ संध्या आरती करने जा रही थीं। उन्होंने बच्चों को आरती में शामिल होने के लिए आवाज लगाई, तभी मसजिद से भी शाम की नमाज सुनाई देने लगी थी।

कुछ देर बाद अचानक बत्ती चली गई और सन्नाटा छा गया। यह कोई मामूली सन्नाटा नहीं था, खौफनाक सन्नाटा था।

"केसर बेटे! ये बत्ती क्यों चली गई?"

केसर ने खिड़की से बाहर देखते हुए कहा, "माँ! पूरी घाटी की गई है। दूर-दूर तक एकदम अँधेरा है।"

"अरे! सब जगह एक साथ कैसे चली गई! अच्छा मुझे दराज में से मोमबत्ती लाकर दे।"

"लाइए, मुझे दीजिए माचिस, मैं जला देती हूँ।" इधर केसर ने माँ के हाथ से लेकर माचिस जलाई ही थी कि उधर पासवाली मसजिद के लाउडस्पीकर से नारों की आग बरसने लगी।

असि छु बनावुन पाकिस्तान,

बटव रोस्तुय बटन्यव सान!

हम पाकिस्तान बनाएँगे,

बिना भट्टों के, भट्टनियाँ ले जाएँगे !

डॉ. साहब नफरत से बोले, "कितने असंवेदनशील हैं ये! क्या बोल रहे हैं और वो भी खुदा की इबादतगाह में खड़े होकर···शरम आनी चाहिए इन्हें। ये आजाद हिंदुस्तान की आजाद जमीन को पकिस्तान बनाएँगे।"

"सुनिए! मुझे बहुत डर लग रहा है। ये जाहिल लोग हैं। आप देख ही रहे हैं कि इतने महीनों से इन्होंने घाटी में कितना आतंक मचाकर रखा है।"

"यही तो इनकी पॉलिसी है; इतनी दहशत फैला दो कि पंडित खुद-ब-खुद घाटी छोड़कर चले जाएँ और जो न जाएँ या औरों को न जाने दें, उन्हें सरेआम मारो, उनके घर जलाओ, ताकि वे किसी को भी हौसला न दे सकें।"

मसजिदों के लाउडस्पीकर से तो नारे लग ही रहे थे, लेकिन अब उपद्रवी गलियों में भी निकल आए थे। गलियों से उनके चीखने की आवाजें आने लगीं। ये आवाजें इतनी खौफनाक थीं कि किसी का भी जिगर चीर डालें—

हम क्या चाहते?

आजादी!

आजादी का मतलब क्या?

ला इलाहा इल्लल्लाह!

पाकिस्तान से रिश्ता क्या?

ला इलाहा इल्लल्लाह!

दहशत भी ऐसे फैलाई जा रही थी, मानो कोई उत्सव मनाया जा रहा हो, कोई जश्न चल रहा हो। तेज-तेज आवाजों में चीखते हुए ये युवा और इनके साथ बदूकें लहराते मिलिटेंस···आजाद कश्मीर की माँग करनेवाले मिलिटेंस। ये लोग गला फाड़-फाड़कर, हाथ उठा-उठाकर, हँस-हँसकर नारे लगा रहे थे। कभी अपनी नंगी तलवारें किसी पंडित के घर के गेट पर दे मारते तो कभी लोहे की छड़ों और सरियों से बिजली के खंभे पीटने लगते। गली में इधर-से-उधर घूम-घूमकर, अपने दोनों हाथ हवा में हिला-हिलाकर नारे लगाते चले जा रहे

थे। वे लोग जो अब तक घाटी छोड़कर नहीं गए, वे बेचारे घरों में बंद ईश्वर को याद करके रो रहे थे। दहशत का यह आलम था।

केसर के हाथ से मोमबत्ती छूट गई। वह बुरी तरह से काँप रही थी। दो पल के लिए वहाँ एकदम अँधेरा हो गया। अंबर पापा से चिपट गया। उसका पूरा जिस्म पसीने-पसीने हो रहा था, जबकि सर्दी के दिन थे। इतने में केसर की माँ ने जल्दी से माचिस जलाई और उस जलती तीली को थोड़ा ऊपर उठाकर नीचे गिरी मोमबत्ती खोजने लगीं। उस मद्धम रोशनी में अंबर की आँखें बहुत डरावनी लग रही थीं। वह बच्चा किस बात की सजा भुगत रहा था? पंडित परिवार में पैदा होने की? कश्मीर की सुंदर वादियों में रहने की? उसे अपना घर मानने की? उसका क्या गुनाह था?

...वैसे किसी का भी क्या गुनाह था? क्या उनके माता-पिता का कोई गुनाह था? या उनके दादा-परदादाओं का गुनाह था, जो कश्मीर में पैदा हुए, आजीवन वहीं रहे और फिर वहीं मरे भी। इसके बाद भी आज ये दहशतगर्द उन्हीं को चीख-चीखकर चेतावनी दे रहे थे।

'पंडितो! कश्मीर छोड़ दो, ये कश्मीर हमारा है।'

'हम नया कश्मीर बसाएँगे, पंडितों के बिना, लेकिन पंडितों की औरतों के साथ।'

माना जाता है कि कश्मीर का नाम ही कश्यप ऋषि के नाम पर पड़ा। यह तो ऋषिओं की धरती रही है। इसे भगवान् शिव का निवास स्थान माना जाता है। यह तप की भूमि है। यहाँ बौद्ध धर्म ने अपने पाँव पसारे थे। जहाँ ऋषि, संत, सूफी, पैगंबर, बौद्ध भिक्षु सब रहे, उसी धरती पर ये दहशतगर्द चीख-चीखकर कह रहे थे—

हम भट्टों को मारेंगे
भट्टनियाँ ले जाएँगे
पाकिस्तान बनाएँगे।

पंडितों की बंद दुकानें पीट-पीटकर चिल्ला रहे थे। उनके घरों के फाटक बजा-बजाकर खौफ पैदा कर रहे थे। अँधेरी रात में इन गुंडों की चीखें पंडितों के भीतर ही नहीं, बल्कि मुसलमानों के भीतर भी दहशत पैदा करने लगीं।

तभी ऐसा लगा कि जैसे आसमान ने भी अंगारे उगलने शुरू कर दिए हों। पंडितों के घरों में कहर के शोले बरसने लगे। दरिंदे उनके घरों में पेट्रोल बम फेंकने लगे। वे लोग मिट्टी का तेल और पेट्रोल डालकर उनके घरों को आग के हवाले कर रहे थे। इधर घर धूँ-धूँ कर जलना शुरू होता और उधर घर के भीतर जिंदा लोग अपनी-अपनी जान बचाने के लिए चीखते···भागते···और ये दरिंदे सीटियाँ बजा-बजाकर हँसते और उत्साहित होकर अपनी नारेबाजी और तेज कर देते। लोग अपने-अपने घरों में सहमे हुए थे। बत्ती आ जाने के बाद भी दरवाजे बंद करके, अँधेरा करके बैठे थे।

अब भी मसजिदों के लाउडस्पीकर जहर उगल रहे थे—

ऐ काफिरो!
ऐ जाबिरो!
कश्मीर हमारा छोड़ दो!
अगर कश्मीर में रहना होगा,
अल्लाहो अकबर कहना होगा···
असि छु बनावुन पाकिस्तान
बटव रोस्तुय बटन्यव सान!

आज भी कश्मीरी पंडितों की रुह काँप उठती है, जब वे उस समय को याद करते हैं, लेकिन कितने ही पंडित परिवारों ने वह भ्यावह रात अपनी आँखों से देखी थी। उस रात का एक-एक पल जिया था। उसका एक-एक जख्म उनके सीने में आज भी टीसता है। कोई बच्चा पढ़ रहा था तो कोई भाई-बहन खेल रहे थे। किसी की माँ खाना बना रही थी तो किसी के पिता थकान मिटाने के लिए टी.वी. देख रहे थे। घर के बुजुर्ग आपस में बातें कर रहे थे तो कोई माँ अपने नन्हे मुन्ने को लोरी सुनाकर सुला रही थी।

···और अगले ही पल हर तरफ भयावह चीखें···नारे···अंधाधुंध फायरिंग!

केसर की एक-एक नस तड़क उठी। इन नारों को सुन-सुनकर उसका दिल बैठा जा रहा था। इधर डॉ. साहब और उनकी पत्नी के भीतर भी अब खौफ बढ़ने लगा। अंबर बेचारा सहमा हुआ कभी माँ से चिपट जाता, कभी बाबूजी से तो कभी बहन से। वह इस खौफनाक मंजर को समझ ही नहीं पा रहा था।

तभी दरवाजे पर दस्तक हुई। सबकी साँसें जैसे थम गईं। डॉ. साहब एक साथ विस्मय और भय से दरवाजे की तरफ देखने लगे। उन्होंने पत्नी की ओर देखा, जो कि इस वक्त बिल्कुल जड़वत दरवाजे को ही देखे जा रही थीं। दोबारा दस्तक हुई। चारों अब भी साँस रोककर दरवाजे को ही ताक रहे थे। खौफ का यह आलम था कि न ही कोई खोलने की हिम्मत जुटा पा रहा था और न ही दूसरे को खोल देने का आदेश दे पा रहा था। ऐसा लग रहा था कि जैसे इन पलों में वे चारों खुद को हर तरह की अनहोनी के लिए तैयार कर रहे हों, क्योंकि अब तो जो होना था, सो होना था। जिस क्षण भी ये आतंकी घर के भीतर घुस आएँ, वही क्षण आखिरी होगा—ऐसा मानकर वे मन-ही-मन ईश्वर को याद करने लगे।

"हे! खीर भवानी रक्षा कर।" हाथ जोड़कर प्रार्थना करते हुए माँ ने कहा, "अब क्या होगा!"

तभी दरवाजे पर हलकी-सी फुसफुसाहट के साथ फिर दस्तक हुई।

कँपकँपाती हुई आवाज में उन्होंने पति के कंधे को भय से दबाते हुए कहा, "सुनो! लगता है मीर भाईसाहब हैं।"

"ठीक कह रही हो। ये उन्हीं की आवाज लग रही है, लेकिन क्या इस वक्त खोलना ठीक होगा?" डॉ. साहब ने शंकित होकर पूछा।

"खोल दीजिए। क्या पता उनके आ जाने से हमारी जान बची रहे, अगर कोई हमें नुकसान पहुँचाने आता भी है तो क्या पता उनके समझाने से, मना करने से मान जाए। हमारे पास और कोई रास्ता भी तो नहीं है इस वक्त।"

डॉ. साहब को उनकी बात ठीक लगी। वे दरवाजे की तरफ बढ़े। बच्चे थर-थर काँप रहे थे और एक-दूसरे का हाथ पकड़े हुए सुबक रहे थे। डॉ. साहब ने एक पल के लिए बाहर की बत्ती जलाई और फिर बुझा दी। उस एक पल में उन्होंने दरवाजे की झिरी में से देखा। मीर साहब ही थे, अतः उन्हें तसल्ली हो गई, फिर उन्होंने धीरे से दरवाजा खोला, मीर साहब को अंदर लिया और फिर फुर्ती से दरवाजा बंद कर दिया।

"भाभीजान! आप डरना मत। बच्चो! मैं आ गया हूँ अब। तुम लोग बिल्कुल मत घबराना।" वे अंबर के सिर पर हाथ फेरते हुए बोले।

कोई और दिन होता तो शायद बच्चे अब तक उनसे लिपट गए होते और

उनके आने पर खुशी जाहिर करते, लेकिन आज के हालात में तो उन बेचारों को अपनी परछाईं तक से डर लग रहा था।

बच्चों ने कोई प्रतिक्रिया नहीं दी, लेकिन केसर की माँ ने शिष्टाचारवश एक फीकी-सी मुसकान के साथ उनका अभिवादन किया। वे पड़ोसी थे और पारिवारिक मित्र भी, इस बात से तसल्ली हो रही थी, लेकिन उनका मजहब अलग था, इस बात से मन में हलका सा भय भी पैदा हो रहा था। यह विडंबना ही थी कि उस समय हर किसी पर संदेह हो रहा था। मजहबी बैर इतने विद्रूप रूप में जो सामने आकर खड़ा हो गया था।

"मीर साहब! ये क्या हो रहा है, हमारी इस खूबसूरत घाटी में!" डॉ. साहब ने दु:खी होकर कहा।

"क्या कहूँ डॉ. साहब! न जाने किसकी नजर लग गई इसे। इनसान की हवस का कोई अंत नहीं है।" मीर साहब की आवाज में बेहद दर्द और निराशा थी, उन्हें अपनी ही कौम के लोगों का यह आतंक भीतर तक साल रहा था। इनके बच्चे साथ-साथ पले-बढ़े। दोनों घरों में भाई-भाई जैसा संबंध था और आज इसी भाईचारे को कुछ लोगों की हवस लील जाना चाहती थी।

तभी नारों की तेज होती आवाजों से ऐसा लगा कि नारे लगाते हुए ये लोग इसी तरफ चले आ रहे हैं। उनकी आवाज लगातार तेज और तेज होने लगी—

हमें क्या चाहिए?
आजादी!
हम लेके रहेंगे
आजादी!
यहाँ क्या चलेगा?
निजामे मुस्तफा!
अगर कश्मीर में रहना होगा,
अल्लाहो अकबर कहना होगा"
जाग उठो अहले कश्मीर
हाथों में लेकर शमशीर
बदलो जम्मू की तकदीर

उधर मसजिद के लाउडस्पीकर तो चीख ही रहे थे—

जागो जागो सुबह हुई
खून-ए-शहीदां रंग लाया
फतह का परचम लहराया
जागो जागो सुबह हुई
रूस ने बाजी हारी है
हिन्द पे लरजा तारी है
अब कश्मीर की बारी है
जागो-जागो सुबह हुई···

खौफनाक आवाजें और पास आ रही थीं—

असि छु बनावुन पाकिस्तान
बटव रोस्तुय बटन्यव सान!

डॉ. साहब दौड़कर मीर साहब के पास आकर खड़े हो गए। बच्चे अपनी माँ से लिपटकर जोर-जोर से रोने लगे। रोती हुई माँ बच्चों को चूम-चूमकर हिम्मत बँधा रही थी। डॉ. साहब ने लड़खड़ाते हुए मीर साहब की बाँह थाम ली। मीर साहब का बदन भी इस वक्त कँपकँपा रहा था। वे सोचने लगे कि 'पंडितों कश्मीर छोड़ दो, पंडितों कश्मीर छोड़ दो'—यह तो मैं इतने समय से सुनता आ रहा था, लेकिन मुझे लगा कि थोड़ा बहुत हँगामा होगा, फिर प्रशासन कड़ाई दिखाएगा और सब नियंत्रण में आ जाएगा···लेकिन इस समय जो हालात बन गए हैं, इसका मुझे जरा भी अंदाजा नहीं था।' इस वक्त वे पछता रहे थे। मन-ही-मन बुदबुदाए—'काश! हमने इन्हें सपरिवार यहाँ से चले जाने दिया होता···'

डॉ. साहब तो इस वक्त कुछ भी सोचने-समझने की स्थिति में नहीं थे। उनकी बुद्धि तो जैसे सुप्त हो गई थी।

मीर साहब ने दौड़कर अलमारी से कुछ कपड़े नीचे गिराए, फिर केसर को पुकारते हुए बोले, "केसर, यहाँ आ बेटे। इस ढेरी के पीछे छुप जा।"

केसर चुपचाप जाकर कपड़ों के ढेर के पीछे बैठ गई।

"नहीं! नहीं! यहाँ से तो तू दिख रही है···बाहर आ।"

फिर वे बौराए-बौराए से पूरे घर में केसर को छुपाने की जगह ढूँढ़ने

लगे। वे केसर को कलाई से खींचकर इधर-से-उधर दौड़ रहे थे। एक दो जगह उन्होंने उसे छुपाकर भी देखा, लेकिन संतुष्ट नहीं हो पाए। एक खयाल यह भी आया कि वे इन सभी को अपने घर ले जाकर छुपा दें, लेकिन फिर सोचा कि इस वक्त तो बाहर निकलने का मतलब होगा; मौत को खुद ही सामने से निमंत्रण देना।

उनकी तेज पकड़ से केसर की कलाई दुखने लगी थी, लेकिन इस वक्त उसे मीर चाचा की आत्मीयता और परवाह के अतिरिक्त कुछ और महसूस ही नहीं हो रहा था। वे उसे जहाँ भी छुपने को कहते, वह छुप जाती। निकलने को कहते तो, निकल आती। उसे तो बस दो ही चीजें सुनाई पड़ रहीं थीं। एक—नारे और दूसरा— मीर चाचा की आवाज। एक में दहशत और दूसरे में बेशुमार प्यार, उसकी परवाह।

तभी मीर साहब की नजर दो बड़े-बड़े लकडी के संदूकों पर पड़ी। वे अपनी पूरी ताकत लगाकर दोनों संदूकों को आपस में जोड़ने लगे। सहसा डॉ. साहब भी उनकी तरफ लपके और वे भी संदूकों को सरकाने में उनकी मदद करने लगे।

केसर की माँ रोती जा रही थीं और अपने दोनों हाथ जोड़कर प्रार्थना करती जा रही थीं, "हे नंदिकेश्वर! हे भैरव! रक्षा करो।"

"गुड़िया! जाओ इसके पीछे छुपकर बैठ जाओ जाकर और चाहे जो हो जाए, बिल्कुल भी बाहर मत निकलना। न ही अपने मुँह से कोई आवाज निकालना बेटे। बस चुपचाप बैठी रहना।" मीर साहब ने केसर के सिर पर हाथ फेरकर प्यार से समझाया।

फिर उन्होंने केसर की माँ से पूछा, "भाभी, उस कनस्तर में क्या है?"

"कुछ नहीं भाई साहब, थोड़ा-सा अनाज है।"

मीर साहब दौड़कर कनस्तर के पास गए। दो पल के लिए कुछ सोचने लगे फिर बोले, "भाभी आप इसके अंदर बैठिए।"

वे सब समझ गईं और चुपचाप अपने आँसू पोंछते हुए उस कनस्तर की ओर बढ़ने लगीं। अंबर इस वक्त उनका पल्लू थामे खड़ा था। उन्होंने झुककर उसका माथा चूमा और कनस्तर की ओर चल दीं। अंबर अपनी माँ का पल्लू

पकड़कर खींचता ही रह गया और पल्लू उसके हाथ से सरकते हुए पूरी तरह से छूट गया।

औरत को अपनी जान से कहीं ज्यादा परवाह अपनी इज्जत की होती है। वह अपनी इज्जत के लिए सौ बार जान कुर्बान कर सकती है। इज्जत ही तो औरत का असली गहना है और इस समय जो दमघोंटू नारे लग रहे थे वो यही तो कह रहे थे कि 'पंडितो! अपनी औरतें हमारे लिए छोड़ जाओ।'

आह! कितना कष्टदायी समय था। कभी किसी ने सपने में भी नहीं सोचा होगा कि देश का स्वर्ग कहे जानेवाले कश्मीर को ऐसा समय भी देखना पड़ेगा। घर की बहू-बेटियों को अपनी इज्जत बचाने के लिए अपने ही घर में यूँ छिपना पड़ेगा।

तभी उनकी नजर पास ही आले में रखे ब्लेड पर पड़ी और उन्होंने वह ब्लेड उठाकर अपनी चुन्नी की कोर से बाँध लिया, मानो मन-ही-मन निश्चय कर रही हो कि जब बचने का कोई भी उपाय नहीं रहेगा, तब यही ब्लेड उनका आखिरी हथियार होगा। वे एक जिंदा लाश की तरह उस कनस्तर में जाकर बैठ गईं।

तब तक डॉ. साहब ने अंबर को समझा-बुझाकर सीढ़ियों के नीचे बनी अलमारी के भीतर छुपा दिया था। सबसे छोटा होने के बावजूद उसे ज्यादा नहीं समझाना पड़ा, क्योंकि आज के हालातों ने ही उसे बहुत कुछ सिखा दिया था।

अब तक नारों की चीत्कार काफी करीब से आने लगी थी। मीर साहब ने डॉ. साहब से बिस्तर से पीछे छिप जाने के लिए कहा, लेकिन वे मीर साहब को यूँ अकेला छोड़कर छुपने के लिए कतई तैयार नहीं हुए, फिर जब मीर साहब ने काफी समझाया, दोस्ती का वास्ता दिया, कसमें खिलाईं, तब कहीं वे बिस्तर के पीछे जाकर छुपने के लिए राजी हुए।

सभी को छुपाने के बाद अब मीर साहब सोफे पर निढाल होकर बैठ गए। नारों की आवाजें सभी का दम घोंट रही थीं। मीर साहब को हमेशा से ही अपने धर्म पर नाज रहा। वे पक्के नमाजी थे, लेकिन आज मसजिद से आती ये तेजाबी आवाजें उनके दिल-दिमाग-जिस्म को गला रही थीं—

जाग उठो अहले कश्मीर
हाथों में लेकर शमशीर
बदलो जम्मू की तकदीर
जागो जागो सुबह हुई
खून–ए–शहीदां रंग लाया
फतह का परचम लहराया
जागो जागो सुबह हुई।

वे सोच रहे थे, 'कौन सी सुबह? और कौन से शहीद? भला ये कौन से शहीद पैदा हो गए हैं, जिनका खून रंग ला रहा है! ये किस फतह की बात कर रहे हैं! मुझे तो आज भी वह फतह याद है, जब अनगिनत शहीदों ने मुल्क के लिए अपनी जान कुरबान कर दी थी। हजारों आजादी के मतवालों ने अपने सिर कटा डाले थे, तब ब्रिटिश हुकूमत को मजबूर होकर मुल्क को आजाद करना ही पड़ा और यहाँ से जाना पड़ा। मुल्क तो सन् '47 से कब का आजाद हो चुका है, अब ये किस शहादत की बात करते हैं? किस आजादी की माँग करते हैं?'

कुछ ही देर में नारों की आवाज घर के आसपास से आने लगी—

भारतीय कुत्तों वापस जाओ!
इंडियन डॉग्स गो बैक!
यहाँ क्या चलेगा?
निजामे मुस्तफा!
हम क्या चाहते?
आजादी!
आजादी का मतलब क्या?
ला इलाहा इल्लल्लाह!
अगर कश्मीर में रहना होगा,
अल्लाहु अकबर कहना होगा।
ऐ जालिमों, ऐ काफिरों, यह कश्मीर हमारा है।
अगर कश्मीर में रहना होगा,
अल्लाहु अकबर कहना होगा।

सब अपने-अपने घरों में दुबके हुए थे, लेकिन ये डरावनी आवाजें पूरी घाटी में भूत की तरह डोलती फिर रही थीं। धूँ-धूँ करके जलते हुए घर, घायल होने के बाद मर्दों की दर्द भरी चीखें, अपनी आबरू बचाने के लिए जद्दोजहद करती लड़कियों और औरतों की भयावह चीत्कार, मासूम बच्चों की बिलखती पुकार बता रही थी कि इस समय किसे शिकार बनाया जा रहा है।

डॉ. साहब की कोठी के एक ओर पंडित परिवार की कोठी थी और दूसरी ओर मीर साहब की। हत्यारे इस वक्त बगलवाले पंडित परिवार में मौत का खेल खेल रहे थे। किसी को बरामदे में दौड़ा-दौड़ाकर तो किसी को छत पर भगा-भगाकर मार रहे थे, चीख रहे थे, "काट डालो पिल्ले को। बीच से फाड़ दो।"

"इसकी नई-नवेली बहू कहाँ छिपी बैठी है ? उसे खींच लाओ बाहर।"

और फिर लड़की की मर्मांतक चीख, राक्षसों के हँसने की आवाजें…इस चीखती-चिल्लाती रात में दिलों के भीतर गहराता हुआ अंतहीन सन्नाटा…

केसर मन-ही-मन मनाने लगी कि, 'हे महागणेश! काश भूकंप आ जाए या धरती फट जाए, चाहे बाढ़ ही आ जाए, कुछ भी ऐसा हो जाए कि मैं मर जाऊँ…बस! किसी भी तरह इन दरिंदों से बच जाऊँ।' वह अपनी जान से कहीं ज्यादा अपनी इज्जत के लिए ईश्वर को मनाने लगी।

दूसरी तरफ एक माँ कनस्तर में बैठी तड़प रही थी। वह जिंदा थी ही कहाँ! बेजान सी अपनी मौत का इंतजार कर रही थी, इस वक्त उसकी एक ही तमन्ना थी कि अपने दोनों बच्चों को अपने दामन में दुबका ले, ताकि दुनिया के किसी भी हैवान की नजर उसके जिगर के टुकड़ों पर न पड़ सके, लेकिन यह असंभव था! वह हाथ जोड़कर प्रार्थना करने लगी, "हे महादेव! हे शिव शम्भो! दया करो त्रिपुरारि, अब रक्षा करो हमारी।"

मासूम अंबर अपना दम साधे छुपा बैठा था। वह बार-बार अलमारी की झिरियों में से देख लेता, फिर जोर से अपनी दोनों आँखें मींच लेता।

डॉ. साहब बिस्तर के पीछे छिपे हुए ही सहमकर कभी उस कनस्तर की तरफ देखते, जिसमें उनकी जीवन-संगिनी थीं तो कभी उन संदूकों को देखने लगते, जिनके पीछे उनकी लाडली थी। कभी वे सीढ़ियों के नीचे बनी उस अलमारी की ओर निहारते, जहाँ उनकी आँखों का तारा छुपा हुआ था तो कभी

सोफे पर गुमसुम और बेजान से पड़े अपने जिगरी दोस्त को ताकने लगते।

सहसा लगा कि बाहर गेट के पास कोई जलती हुई चीज फेंकी गई है और बाहर का मेन गेट और उसके पास रखा झूला धधककर जल उठा। रोशनी इतनी तेज उठी कि काँच की आदमकद अपारदर्शी खिड़की भी चमक उठी। इस खिड़की से न तो बाहर का कुछ दिखता था और न ही बाहर से भीतर का। चीखती-चिल्लाती भीड़ ने बाहर उगे पेड़-पौधे उखाडने शुरू कर दिए।

इधर डॉ. साहब को लगा कि उनकी खाँसी भी उखड़ने वाली है। आज वे भी ईश्वर को याद करने लगे, पूरी शिद्दत से।

"ऐ पंडित बाहर निकल!"

"ऐ डॉक्टर बाहर निकल!"

"खुद ही निकल आ नहीं तो हमें अपनी तरह से निकालना भी आता है।"

आगे के तीन-चार लड़के लगातार दरवाजा पीट रहे थे। पीछे कुछ लड़के नारेबाजी कर रहे थे—

ऐ जालिम, ऐ काफिर, यह कश्मीर हमारा है।
अगर कश्मीर में रहना होगा,
अल्लाहु अकबर कहना होगा।
असि छु बनावुन पकिस्तान
बटव रोस्तुय बटन्यव सान!
ऐ जालिम, ऐ डॉक्टर, यह कश्मीर हमारा है।

बाहर आतंकी जोर-जोर से दरवाजा पीट रहे थे गला फाड़-फाड़कर चीख रहे थे और अंदर ये पाँचों जने अपनी साँसें रोककर, कसकर आँखें बंद करके ऊपरवाले को पुकारने लगे।

दरवाजा पीटे जाने की आवाज तेज और तेज होती जा रही थी।

टिंग टॉंग··

टिंग टॉंग··

तभी डोर बेल की निरंतर आनेवाली आवाज और दरवाजा खटखटाने के शोर से केसर का ध्यान टूटा और वह अपने उस भयावह अतीत से निकलकर वर्तमान में लौट आई। इस वक्त उसकी साँसें धौंकनी की तरह चल रही थीं, दिल

जोर-जोर से धड़क रहा था और पूरे शरीर में कंपन मचा हुआ था। आँखों में आँसुओं की झड़ी लगी हुई थी। गला बुरी तरह से सूख गया था।

फिर दरवाजे पर जोर-जोर से दस्तक हुई और घंटी भी बजकर पूरे घर में गूँजने लगी। केसर हड़बड़ाकर उठी और दोनों हाथों से अपने आँसू पोंछती हुई दरवाजे की तरफ भागी।

सामने मनवीर खड़ा था।

वह झल्लाकर बोला, "कितनी देर लगा दी खोलने में! कब से दरवाजा पीट रहा हूँ! कहाँ थीं यार?"

कहते-कहते उसकी नजर केसर के पीले पड़े चेहरे पर गई और वह एकदम शांत हो गया।

"क्या हुआ जान! तुम्हारी तबियत तो ठीक है न? तुम इतनी रोई और घबराई हुई क्यों हो! चलो इधर बैठो।" उसने केसर को प्यार से सोफे पर बैठाया, उसके माथे को छूकर देखा, फिर मेज पर रखे पानी को गिलास में डालकर उसे देते हुए बोला, "ये लो, पानी पीयो।"

केसर एक साँस में पूरा गिलास खाली कर गई। पंखा चल रहा था, लेकिन फिर भी उसके माथे पर पसीना झलक उठा।

मनवीर ने उसके बगल में बैठकर उसके बालों को सहलाते हुए मृदु आवाज में पूछा, "घर की याद आ रही है?"

केसर कुछ नहीं बोली। उसके सीने से लगकर फूट-फूटकर रो पड़ी। मनवीर ने उसे अपनी बाँहों में भर लिया। इसके बाद उसने केसर से कुछ भी नहीं पूछा। केसर उसके सीने से लगी जी खोलकर रोती रही। उसने उसे अपनी बाँहों में और कस लिया, उसे रो लेने दिया। वह चाहता था कि केसर पहले जी-भरकर रो ले, अपना सारा दर्द धो डाले, फिर वह उससे बात करेगा। उसे पता था कि इस समय केसर को उसके शब्दों के सहारे की नहीं, बल्कि उसके प्यार के सहारे की जरूरत है।

फिर जब केसर थोड़ी शांत हुई तो उसने उसकी ठोड़ी को ऊपर उठाते हुए प्यार से पूछा, "मुझे नहीं बताओगी?"

"तुम्हें नहीं बताऊँगी तो भला और किसे बताऊँगी?"

फिर कुछ रुककर वह आगे बोली, "पापाजी और मम्मीजी के जाने के बाद आज घर बहुत सूना-सूना लग रहा है। ऊपर से बच्चे भी घर पर नहीं हैं तो घर और भी काटने को हो रहा है।"

फिर उसने चौंकते हुए पूछा, "लेकिन आज तुम दोपहर में अचानक कैसे! तुम्हारी तबीयत ठीक है न?" ऐसा कहते हुए उसने मनवीर के माथे को छूकर देखा।

मनवीर ने उसकी उसी कलाई को पकड़कर चूमते हुए कहा, "मेरी तबीयत एकदम ठीक है। आज पता नहीं क्यों सुबह से किसी भी काम में मन नहीं लग रहा था। ऊपर से बार-बार तुम्हारी याद आ रही थी, इसलिए घर चला आया।"

फिर उसने शरारत से भरकर पूछा, "क्यों! ठीक नहीं किया मैंने?"

केसर मुसकराते हुए बोली, "तुमने एकदम ठीक किया।"

"...और देखो न! अगर मैं नहीं आता तो न जाने तुम कब तक यूँ ही रोती रहती।"

यह सुनकर केसर फिर उदास हो गई। उसने बात का विषय बदलने के लिए मनवीर से पूछा, "चाय पियोगे?"

"हाँ चाय भी पियूँगा और तुम्हें भी, लेकिन पहले तुम मुझे यह बताओ कि तुम हमेशा माँ-बाबूजी-कश्मीर सबको याद करती रहती हो, फिर वहाँ चलती क्यों नहीं एक बार?"

"मनवीर मुझे उन वादियों से अब बहुत डर लगता है। मैं माँ और बाबूजी को बहुत याद करती हूँ, लेकिन बाकी सब याद करके मेरा जी घबराने लगता है।"

"केसर! ऐसा होना स्वाभाविक है, क्योंकि तुम लोग जिन हालातों में वहाँ से निकले थे, वे थे ही इतने भयावह, जबकि कहना तो यह चाहिए कि तुम लोग वहाँ से जिंदा बचकर आ गए, यही ऊपरवाले की मेहरबानी है। केसर याद करो वह रात जब तुमने मेरी और पापाजी की जान बचाई थी। वह रात हमारे ऊपर कितनी भारी थी, बिल्कुल ऐसे ही जब तुम वहाँ से भागे थे, वह रात तुम्हारे ऊपर भारी थी। तुम लोग उस भयानक रात की अँधेरी काली सुरंग से निकलकर आ गए थे यही..."

मनवीर की बात को बीच में ही काटते हुए केसर ने कहा, "...सिर्फ अँधेरी

सुरंग ही नहीं मनवीर, बल्कि ऐसी गहरी, काली, लंबी सुरंग, जो कहाँ जाकर खुलेगी हमें इसका भी पता नहीं था। हमें यह तक नहीं पता था कि इस सुरंग से बाहर निकलने का कोई रास्ता है भी या नहीं! क्या पता हम उसी सुरंग में मार दिए जाएँ। वहीं जिंदा गाड़ दिए जाएँ या फिर ताउम्र उन्हीं अँधेरों में भटकते रहें। मनवीर हमें अपने भविष्य का कुछ भी अता-पता नहीं था।"

केसर मनवीर के सीने पर सिर रखकर आज फिर अपना दिल खोल रही थी। मनवीर प्यार से उसके बालों को सहलाता रहा और उसकी बातें सुनता रहा।

"केसर भला हो उन मीर साहब का जो उस दिन देवता बनकर तुम लोगों के जीवन में आए।"

"सही कह रहे हो तुम। हम उन्हें जितनी भी दुआएँ दें, वो कम हैं, बल्कि आज हम जिंदा हैं तो बस उनकी और भोले बाबा की बदौलत।"

दो घड़ी साँस लेने बाद उसने फिर बोलना शुरू किया, "मनवीर उस रात अगर मीर चाचा नहीं होते तो न जाने मेरा क्या होता? हम सबका क्या होता? बाहर आतंकी जोर-जोर से हमारा दरवाजा पीट रहे थे। गला फाड़-फाड़कर चीख रहे थे और अंदर हम पाँचों जने अपनी साँसें रोककर, कसकर आँख बंद करके ऊपरवाले को पुकार रहे थे।

दरवाजा पीटे जाने की आवाजें तेज और तेज होती गईं। मीर चाचा सोफे पर ऐसे बैठे थे, जैसे 'अब जो भी होगा देखा जाएगा', वे जैसे बैठे थे, वैसे ही बैठे रहे, जरा भी नहीं हिले और न ही दरवाजा खोलने के लिए आगे बढ़े। मेरा दिल बुरी तरह से धड़क रहा था। मुझे लग रहा था कि ये दरवाजा आखिर कितनी चोटें सहेगा! कभी-न-कभी तो टूट ही जाएगा···और तब फिर हमारा क्या होगा? और वही हुआ तेज 'धड़ाम' की आवाज के साथ वह दरवाजा टूटकर धराशायी हो गया; मानो दुःख मना रहा हो कि मैं जितना सामर्थ्य लगा सकता था लगाकर आप सभी की सुरक्षा में डटा रहा, अब मैं बहुत शर्मिंदा हूँ। मुझे माफ कर दो।

सात-आठ गुंडों की धड़धड़ाती भीड़ घर के भीतर घुस आई। किसी के चेहरे पर नकाब था तो किसी के नहीं। मैं दो संदूकों के बीच की झिरी से इतना ही देख पा रही थी।

तभी उनमें से एक ने मीर चाचा को कंधे से झकझोरते हुए कहा, "क्यों बे

बुड्ढे! कहाँ है तेरा डॉक्टर दोस्त और उनकी वह हसीना और दोनों पिल्ले?"

चाचा ने बड़ी ही लापरवाही से कहा, "देखते नहीं, कोई नहीं है यहाँ। वे लोग सब छोड़-छाड़कर चले गए हैं।"

"ओहो! तो अब समझा! बड़ा तगड़ा हाथ मारा तुमने तो चचा। बिना हाथ-पैर चलाए ये पूरी-की-पूरी कोठी ही हड़प ली!" दूसरे ने पहले वाले को आँख मारते हुए कहा।

"अल्लाह के लिए शरम करो। जरा भी ईमान नहीं बचा है क्या! तुम लोगों को तो जहन्नुम में भी जगह नहीं मिलेगी। खैरात का कितना लूटोगे? हमारा मजहब भी हक की कमाई ही लेने की सीख देता है, खैर छोड़ो तुम लोगों को क्या वास्ता अल्लाह से, मजहब से या फिर हक और ईमान से···"

"ऐ बुड्ढे! अब तू हमें सिखाएगा हक और ईमान की बातें! अगर तू हमारे साथी का वालिद न होता तो अभी यहीं छह फिट नीचे गाड़ देते तुझे।"

उसके इतना बोलते ही उनका एक साथी जरा कसमसाया, जिसने कि नकाब के पीछे अपना चेहरा छुपा रखा था।

'हमारे साथी का वालिद'—ये शब्द मीर चाचा के कान के रास्ते होकर सीने में जा गड़े। शायद उन्होंने कुछ भाँप लिया और उस लड़के के चेहरे का नकाब हटाने के लिए अपना हाथ आगे बढ़ाया।

अगले ही पल नकाबपोश ने मीर चाचा की कलाई सख्ती से पकड़ ली और घूरकर चीखा, "नहीं।"

हम सबने वह चीख न सिर्फ सुनी, बल्कि पहचानी भी

"असलम तू!" मीर चाचा ने झटककर अपना हाथ छुड़ाया और फुर्ती से उसके चेहरे से नकाब हटा दिया।

वे तड़पकर बोले, "जब अल्लाह का ही खौफ नहीं रहा तो फिर ये नकाब किसके लिए? लानत है तुझ पर असलम, लानत है।"

फिर खुद पर काबू करते हुए बोले, "चल मेरे साथ पुलिस के पास। सरेंडर कर दे असलम। जरूर इन लोगों ने तुझे बरगलाया होगा। यह दलदल है मेरे बच्चे। इनके चक्कर में मत पड़। कहाँ आ गया तू इनकी बातों में! ···और हमें भनक तक नहीं लगी। चल! तू चल मेरे साथ। हम पुलिस को सब सच-सच

बता देंगे। थोड़ी-बहुत सजा होगी, लेकिन तू इस दलदल से तो निकल आएगा मेरे बच्चे।" ऐसा कहते हुए वे असलम का हाथ खींचने लगे, लेकिन वो तो पहाड़ की तरह अडिग अटल खड़ा हुआ था।

उसने झटकते हुए अपना हाथ उनके हाथ से छुड़ा लिया।

तभी एक आतंकी दहाड़ा, "अरे! क्या चल रहा है ये! क्या हम ये सब फैमिली ड्रामा देखने निकले हैं?"

ऐसा कहते हुए उसने मीर चाचा को तेजी से पीछे धकिया दिया।

चाचा और आक्रोश से भर उठे। उन्होंने असलम के चेहरे पर जोरदार तमाचा जड़ते हुए पूछा, "यही परवरिश दी है मैंने तुझे? तेरे सामने ये गुंडा तेरे बूढ़े बाप पर हाथ उठा रहा है और तू खड़ा देख रहा है! बेहया कहीं का!"

असलम खौफनाक आँखों से अपने ही बाप को घूरता रहा। मैंने उसका ऐसा खूँखार चेहरा कभी नहीं देखा था।

तभी तीन-चार लड़के मीर चाचा पर एकसाथ पिल पड़े, "हमें हमारा काम करने दे बुड्ढे। क्यों खुद ही अपनी जान का दुश्मन बन रहा है। सुन ले कान खोल के, अब ये तेरा बेटा नहीं है; अब ये हमारा साथी है, एक मुजाहिदी है, आजादी का सिपाही।"

"आजादी का सिपाही! आक् थू···" और उन्होंने अपने बेटे के चेहरे पर थूक दिया।

अपने बाप से मिले इस अपमान से तिलमिलाया असलम आगे बढ़ा और उन्हें अपने हाथों में दबोच लिया। अगले ही पल उसने उन्हें दूर फेंक दिया। मैं बुरी तरह से काँप उठी मनवीर। मैं यकीन नहीं कर पा रही थी कि ये वही असलम है, जिसे मैं बचपन से 'भाईजान-भाईजान' कहते नहीं थकती थी! जिसकी कलाई में मैंने राखियाँ बाँधीं, जो मुझे प्यार से बैठकर पढ़ाया करता, जिसके साथ मैं निश्चिंत होकर बाजार चली जाती, जो हमारे घर दिन-रात कभी भी आ सकता था, ये वही असलम है! एक मुजाहिदी!

मीर चाचा का सिर मेज की नोक से जा टकराया था और वहाँ से खून बहने लगा था। वे दर्द से कराह उठे। आज उन्हें दो-दो चोटों ने घायल कर दिया था, एक तन की और दूसरी मन की।

उन आतंकियों के एक साथी ने मेरे अंबर के बस्ते की सारी पुस्तकें फैलाकर जला दीं, ताकि वह बच्चा गुस्से से भर उठे और जहाँ भी छुपा हो, वहाँ से बाहर निकल आए और फिर अपने बच्चे के मोह में माँ-बाप तो निकल ही आते। मैं उसकी जलती पुस्तकें देखकर फूट-फूटकर रो पड़ी। अंबर भी जरूर रोया होगा। न जाने उस समय वह खुद पर कैसे काबू रख पाया होगा!

तभी उनमें से एक चीखा, "ये डॉक्टर तो सच में अपने परिवार के साथ भाग गया स्साला। इसकी तिजोरी ही लूट लेते हैं। रुपए-पैसे-गहने बहुत होंगे इसके पास। लूट लो सब।"

मीर चाचा फुर्ती से उठे और अपने दोनों हाथ खोलकर उनके आगे खड़े हो गए, "मैं किसी भी चीज को हाथ नहीं लगाने दूँगा। लौट जाओ तुम लोग। कहा न, वे लोग वापस लौटकर आएँगे।"

"अब तो लग रहा है कि पहले तुझे ही अपने रास्ते से हटाना पड़ेगा बुड्ढे, तभी हम अपना काम कर पाएँगे।"

और वे लोग चाचा को कभी सरिए से तो कभी बंदूक की बट से तो कभी डंडे से मारने लगे। मेरे मन में आया कि मैं दौड़कर चाचा के बदन से लिपट जाऊँ और उन्हें इन दरिंदों से बचा लूँ। लानत थी उनके बेटे पर जो न सिर्फ उन्हें मार खाते हुए देख रहा था, बल्कि उन्हीं लोगों का साथी था, जो आज उसके पिता को इतनी बेरहमी से पीट रहे थे।

ऐसा लग रहा था कि वे चाचा को मार ही डालेंगे और अब चाचा भी बेजान से होने लगे थे कि तभी बिस्तर के पीछे छिपे बाबूजी चीखते हुए बाहर निकल आए और उन्होंने चाचा को उनके चँगुल से खींच लिया। अधमरे चाचा एक ओर लुढ़क गए।

मनवीर! एक सच्चे दोस्त से अपने दोस्त की यह दशा नहीं देखी गई, जो कि उसकी और उसके परिवार की जान बचाने के लिए अपनी जान दाँव पर लगा रहा था। बाबूजी खुद को नहीं रोक पाए और आखिर अपने दोस्त की खातिर बाहर निकल ही आए।

इसी मारपीट के दौरान पीछे खड़े लड़कों ने फिर से नारे लगाने शुरू कर दिए। बेहद दहशत भरा माहौल था। मैं उस समय अंदाजा भी नहीं लगा पा रही

थी मनवीर कि मेरा छोटा भाई यह सब कैसे देख पा रहा होगा! क्या बीत रही होगी उसके दिल और दिमाग पर!

अब वे लोग अपने असली शिकार, यानी मेरे बाबूजी पर टूट पड़े, उन्हें मारने लगे। वे लोग उनका नाम लेकर चीख रहे थे, उन्हें गंदी-गंदी गालियाँ दे रहे थे। बाबूजी लहूलुहान होकर लड़खड़ाने लगे। वे गिर रहे थे, लेकिन फिर खड़े हो जाते थे। न जाने उनमें इतनी शक्ति माँ खीर भवानी ने कहाँ से भर दी थी! उनकी यह हालत देखकर मेरी चीख निकलते-निकलते रह गई।

लेकिन तभी मैंने देखा कि वो मासूम खुद को नहीं रोक पाया और चीखते हुए, दहाड़ते हुए बाहर निकल ही आया। अंबर खुद को और नहीं रोक पाया था, वह बाबूजी से लिपटते हुए चीखा, "मत मारो मेरे बाबूजी को। लूट लो जो लूटना है। ले लो सारा सामान। सारे रुपए-पैसे उस अलमारी से निकाल लो, लेकिन मेरे बाबूजी को हाथ मत लगाना अब…"

"अरे! ये तो एक-एक करके सब निकलने लगे! यानी कि सब यहीं छुपे बैठे हैं।" एक जालिम ने अंबर की गरदन दबोचते हुए और खींसे निपोरते हुए कहा, "अच्छा! लूट लें, जो लूटना है? तो एक काम कर पिल्ले! बता तेरी माँ और बहन कहाँ छुपी हुई हैं? लूट लेते हैं उन्हें भी।"

उसके ऐसा बोलते ही बाबूजी जोर से चीखे और मीर काका भी दहाड़ते हुए उठकर खड़े हो गए।

अगले ही पल उस जालिम ने मेरे भाई अंबर को गेंद की तरह उछालते हुए अपने साथी की ओर फेंका और बोला, "दोनों टाँगें पकड़ के बीच से चीर दे पिल्ले को। अपने आप ही बाहर निकल आएँगी इसकी माँ बहन जहाँ भी छिपी बैठी होंगी।"

उसने जैसे ही अंबर को एक टाँग पर उठाया कि माँ हाथ में हँसिया लिये दहाड़ती हुई बाहर निकल आईं और टूट पड़ीं उस दरिंदे पर। उन्होंने उसकी कलाई पर हँसिये से इतने वार किए कि उसकी कलाई से खून की धाराएँ फूट पड़ीं और आखिरकार अंबर उसके हाथ से छूटकर भागा, लेकिन माँ इसके बाद भी नहीं रुकीं। वे रणचंडी की तरह हँसिया चलाती ही जा रही थीं। वे गोल-गोल चकरी की तरह फिरती रहीं और हँसिया के वार करती रहीं। इस वक्त वे साक्षात्

माँ दुर्गा लग रही थीं, लेकिन धीरे-धीरे इन नर पिशाचों ने एक घेरा-सा बनाया और माँ को दबोच लिया। उन्हें जमीन पर पटक दिया। माँ अब भी दहाड़ रही थीं। खुद को उनकी पकड़ से बचाने के लिए कभी काट रही थीं तो कभी लातों से मार रही थीं, तभी बाबूजी चीखते हुए माँ के ऊपर लेट गए, "छोड़ दो इसे, छोड़ दो।"

मीर चाचा ने एक बड़ी सी मेज उठाई और उन दरिंदों के ऊपर फेंक दी। वे तितर-बितर हो गए और मेज जमीन पर गिरकर टुकड़े-टुकड़े हो गई। उसके काँच सब तरफ बिखर गए। वहीं पास में जमीन पर पड़ीं माँ और उन्हें अपने जिस्म से ढके हुए बाबूजी··· दोनों ही बाल-बाल बचे थे। अगले ही पल माँ-बाबूजी दोनों उठ खड़े हुए। मेरी डर के मारे घिग्घी बँधी हुई थी।

उनका एक साथी दहाड़ा, "मैं इन मियाँ-बीवी को ठोक करता हूँ, तब तक तुम लोग उस लड़की को ढूँढ़ो। यहीं छिपी होगी वह।"

देखते-ही-देखते वे लोग सब तरफ बिखर गए और मुझे खोजने लगे। दो-तीन छत पर भी चले गए। मैं खुद को कुंडली के आकार में समेटकर, अपना मुँह घुटने में डालकर बैठ गई और मन-ही-मन सभी देवी-देवताओं को याद करने लगी, तभी मुझे अपने नजदीक किसी के पैरों की सरसराहट सुनाई दी और जैसे मेरी साँसें ही रुक गईं। अगले ही पल उस दुष्ट ने मेरे बाल पकड़े और मुझे बड़ी ही बेहरमी से बाहर की तरफ खींचने लगा।

वह बड़ी ही नीचता से बोला, "यार! इसे निकालना था सबसे पहले। ये है काम की चीज। इन तीनों का क्या है, इनसे तो बाद में भी निपट लेते।" ऐसा कहते हुए उसने मेरे तन से दुपट्टा खींचकर दूर फेंक दिया।

मैं भागने लगी। उसने मुझे फिर पकड़ा और मुझे असलम की तरफ धकिया दिया। असलम मेरा कुरता खींचने लगा। माँ और बाबूजी चीखते रहे। उन्होंने सपने में भी नहीं सोचा होगा कि एक दिन उन्हें अपनी ही बेटी को ऐसी हालत में, अपनी इज्जत बचाने के लिए जूझते हुए देखना पड़ेगा। चार-चार दरिंदों ने मेरे माँ-बाबूजी को जकड़ रखा था। वे छटपटा रहे थे। अपनी लाड़ली को बचाना चाह रहे थे, लेकिन विवश थे। उधर अंबर दहशत के मारे बेहोश हो चुका था··· या कौन जाने, शायद इन दरिंदों ने उसका गला दबा दिया हो! उस समय उसे

निश्चेष्ट देखकर कुछ भी पता नहीं चल रहा था कि उसकी साँसें चल भी रही हैं या नहीं···

मैंने हाथ जोड़ते हुए गिड़गिड़ाकर कहा, "भाईजान! मैं आपकी छोटी बहन हूँ। कितने ही साल मैंने आपकी इस कलाई में राखी बाँधी है और आपने मुझे हर जन्मदिन पर तोहफे दिए हैं। आज आप ऐसा करेंगे मेरे साथ!"

लेकिन उस पर मेरी इस गुहार का कोई असर नहीं हुआ। उसने हँसते हुए मुझे जमीन पर पटक दिया और वह मेरे ऊपर झुका ही था कि मीर चाचा की जोरदार चीख गूँजी, "या अल्लाह मेरा गुनाह मुआफ कर···"

अगले ही पल असलम का सिर बुरी तरह से चिर गया और वहाँ से खून का फव्वारा फूट पड़ा।

मीर चाचा ने मेरी आबरू बचाने के लिए अपने ही बेटे के सिर पर गणेशजी की अष्टधातु की बड़ी-सी मूर्ति दे मारी थी।"

बोलते-बोलते केसर के होंठ कँपकँपाने लगे। वह कुछ देर के लिए चुप हो गई। मनवीर ने उसके माथे को प्यार से चूम लिया, फिर बड़ी ठंडी आवाज में बोला, "एक बाप के लिए कितना मुश्किल रहा होगा अपने ही जाए बेटे को यूँ मारना। मैं समझ सकता हूँ केसर। मजबूरी में अपनों को ही मारना या अपने सामने उन्हें मरते देखना कैसा होता है?"

मनवीर की आँखों से भी आँसू बह चले। उसका एक आँसू केसर के गाल पर जा गिरा। केसर ने चौंककर उसकी तरफ देखा। वह उसके सीने से अलग होकर सामने आकर बैठ गई और प्यार से उसके आँसू पोंछने लगी।

अब दोनों ही एक-दूसरे के आँसू पोंछ रहे थे।

"तुमने भी तो कोई कम कष्ट नहीं सहे हैं मनवीर। मैं तो तुम्हारे ऊपर हुए हर जुल्म की साक्षी रही हूँ। तुम्हारे हर दर्द को देखा है मैंने।" फिर उसने अपने दोनों कान पकड़ते हुए कहा, "सॉरी! मैंने तुम्हें रुला दिया।"

"नहीं यार! कैसी बातें करती हो। हम क्या खाली सुख के ही साथी हैं? क्या हम एक-दूसरे का दु:ख नहीं बाँट सकते?"

"नहीं! नहीं! बल्कि हम तो एक-दूसरे का दु:ख ज्यादा अच्छी तरह से बाँट सकते हैं, क्योंकि हमने खुद कष्टों को भोगा है मनवीर।"

"हाँ केसर, लेकिन एक फर्क तो है, जब मुझपर संकट आया, तब मुझे बचाने के लिए तुम मेरे साथ थीं, लेकिन तुम्हारी इस यातना के समय मैं तुम्हारे पास नहीं था।"

"ऐसा नहीं कहते मनवीर। तुम्हारा प्यार तो हर पल में साथ था। तुम तब भी मेरे साथ थे और अब भी मेरे साथ हो! मेरी हर खुशी और गम को बिना कहे ही समझ लेते हो, मुझे और क्या चाहिए मनवीर?

मुझे जिंदा रहना था, तुम्हारे पास सही सलामत लौटना था, इसीलिए तो मैं बच गई, वरना उस दंगे में कितने ही परिवार उजड़े, न जाने कितने बच्चे यतीम हुए, बिलख-बिलखकर अपने माता-पिता का मरना देखते रहे, कितने माँ-बापों ने अपनी आँखों के सामने अपने बच्चों को मरते-कटते और चीरे जाते हुए देखा। उन्हीं के सामने, सरेआम उनके घर की लड़कियों-औरतों की इज्जत लूटी गई, लेकिन हम सब बच गए।"

"पता नहीं केसर इनसान कब तक धर्म-मजहब, जमीन-जायदाद, धन-दौलत, काला-गोरा, देश-सीमा और अपना-पराया को लेकर लड़ता रहेगा? आखिरकार इनसान सबकुछ यहीं छोड़-छाड़कर खाली हाथ ही जाता है, लेकिन फिर भी जीते-जी अपनी हवस नहीं छोड़ पाता!"

"ऐसा ही है इनसान, अपनी तरह का अनोखा प्राणी। कुछ ऐसे भी मिल जाते हैं, जो फरिश्ते से कम नहीं होते तो कुछ ऐसे भी घूम रहे हैं जिनकी करतूतें देखकर हैवान भी लजा जाए।"

"सही कह रही हो तुम! अब देखो न, 1984 में हम लोगों को जो लोग मारना चाहते थे, वे उसी जाति से थे, जिससे तुम हो वे मार रहे थे, लेकिन तुम बचा रही थीं। ऐसे ही 1990 में तुम लोगों को बचाने के लिए जो आगे आया, वो बंदा उसी कौम का था, जिस कौम के लोग तुम्हें मारना चाहते थे। वे सब मिलकर मार रहे थे, जबकि वो अकेला बचा रहा था।"

"हाँ मनवीर! और वो भी एक ही परिवार के दो लोग! एक दरिंदा बना हुआ था तो दूसरा फरिश्ता…"

जिस परिवार में खेल-कूदकर मैं और अंबर बड़े हुए, जिसे हम अपना ही घर समझते रहे, वहीं से एक दरिंदा निकला तो दूसरा फरिश्ता। जिसे हमेशा

अपना बड़ा भाई माना, राखियाँ बाँधीं, आरती उतारी, वही मेरी इज्जत उतारने पर आमादा था, जबकि उसी के पिता, जिन्हें मैं अपने पिता के समान ही मानती थी, अपने परिवार का बड़ा समझती थी, उन्होंने वाकई में बड़े होने का फर्ज निभाया और समय आने पर पिता की तरह मुझे बचाया भी। उन्होंने सच्चे मुसलमान होने का धर्म निभाया और वही किया जो सही मायनों में इनसाफ था। किसी भी पिता के लिए अपनी औलाद को मार डालना आसान नहीं होता, फिर चाहे वो कितनी ही बिगड़ी औलाद क्यों न हो! मीर चाचा ने तो अंत तक हमारा साथ निभाया, जब तक हमें वहाँ से सकुशल निकाल नहीं दिया, हमारा साथ नहीं छोड़ा।"

"वे जहाँ भी हों, ईश्वर उन्हें स्वस्थ और प्रसन्न रखे, यही मेरी प्रार्थना है।"

"हाँ मनवीर, मेरी भी। उन्होंने अपनी जान पर खेलकर हमें वहाँ से निकाला था, जब मीर चाचा ने असलम को मार डाला तब दंगाई बहुत बुरी तरह से भड़क उठे और उन पर अंधाधुंध प्रहार करने लगे। उस समय माँ और बाबूजी भी समझ गए थे कि इस हैवानों के साथ इनसानियत से पेश आने का कोई फायदा नहीं है, इसलिए अब उन्होंने भी उन्हें बुरी तरह से मारना शुरू कर दिया। अकेले माँ ने ही अपने हंसिये से तीन को वहीं ढेर कर दिया था। वे हमारे घर से जाने लगे, लेकिन जाते-जाते माँ और मीर चाचा को बुरी तरह से घायल कर गए। जाते-जाते वे हमें चेतावनी भी दे गए कि जल्द ही वापिस लौटेंगे और किसी को भी जिंदा नहीं छोड़ेंगे।

हमारे पास ज्यादा वक्त नहीं था, हमें यह भी पता था कि ये लोग कुछ ही देर में वापिस आ जाएँगे। चूँकि उस समय हम उनपर हावी हो गए थे, इसलिए वे आसपास के दूसरे घरों को निशाना बनाने चले गए, लेकिन अगली बार तो ये घातक हथियारों के साथ दुगुनी संख्या में लौटेंगे, इसका हमें पूरा अंदाजा था।

बाबूजी ने देखा कि मीर चाचा और माँ को बहुत चोटें आई हैं, उनके जिस्म से जगह-जगह से खून बह रहा है। उन्होंने मुझसे अपनी मेडिकल किट लाने के लिए कहा। मैं दौड़कर ले आई। मीर चाचा बार-बार बाबूजी को समझा रहे थे कि तुम लोग यहाँ से निकलो जल्दी। मैं ठीक हो जाऊँगा। अगर ये लोग वापस आ गए तो बहुत मुश्किल हो जाएगी, लेकिन मेरे डॉक्टर पिता अपने जिगरी दोस्त को इतनी बुरी हालत में कैसे छोड़ सकते थे! बाबूजी ने उनकी एक नहीं सुनी और

उनके जख्मों को साफ करके उस पर मरहम लगाने रहे, जब मीर चाचा ने भी देखा कि बाबूजी मानेंगे नहीं तो वे भी जल्दी-जल्दी मरहम-पट्टी करवाने लगे।

मेरा ध्यान अंबर पर गया। मैंने उसकी नाक के पास हाथ ले जाकर देखा, उसकी साँस चल रही थी। मैंने उसके चेहरे पर पानी छिड़का, वह होश में आ गया। वह मुझसे लिपटकर रोने लगा, फिर मैं बाबूजी की देखा-देखी माँ का बहता हुआ खून पोंछने लगी। तभी उन हैवानों की आवाजें फिर सुनाई देने लगीं। हम लोग सब ज्यों-का-त्यों छोड़-छाड़कर जल्दी-जल्दी घर से बाहर निकल आए और पौधों की आड़ में छुपते हुए मीर चाचा के घर की ओर बढ़ चले। अंबर अपनी साइकिल देखकर रोने लगा। वह आँखों ही आँखों में मुझसे यह कहना चाह रहा था कि 'दीदी इसे ले चलो प्लीज।' लेकिन हालात उसके सामने थे, वह खुद ही देख रहा था कि अभी तो यही नहीं पता है कि हम यहाँ से निकलेंगे कैसे! ऐसे में साइकिल या किसी और चीज को ले जाने की बात सोचना असंभव है।

मीर चाचा ने अपनी कार निकाल ली, जबकि इस समय उनके पूरे शरीर में चोटें थीं, वे ठीक से चल भी नहीं पा रहे थे, लेकिन इस वक्त हमें किसी भी तरह से मेन रोड बस अड्डे तक तो पहुँचना ही था। पैदल जाने में खतरा था। पैदल हम किसी भी आतंकी का शिकार बन सकते थे। कार में बैठने के बाद मीर चाचा ने पीछे मुड़कर देखा, फिर माँ और मुझसे से कहा, "भाभी! केसर! तुम दोनों लोग अपने गहने उतारकर कहीं बाँध लो और सर पर अच्छी तरह से दुपट्टा लपेट लो, जैसे रहीमा लपेटती है।"

हमने उनकी बात का मतलब समझकर अपने सर पर हिजाब की तरह दुपट्टा लपेट लिया, फिर उन्होंने बिना कुछ बोले बाबूजी और अंबर की तरफ जालीदार टोपी बढ़ा दी। बाबूजी के हाथ एक बार को काँपे, लेकिन फिर उन्होंने वह टोपी लेकर पहन ली। माँ ने अंबर को भी पहना दी। इस वक्त हमारे पास अपनी जान बचाने का और कोई उपाय भी तो नहीं था।

हम अपनी गली से मुड़े ही थे कि पीछे से एक तेज गर्जना के साथ रोशनी कौंध उठी। हमने एक साथ मुड़कर देखा। हमारी कोठी बुरी तरह से जल रही थी। मीर चाचा कार चला रहे थे और बाबूजी उनकी बगलवाली सीट पर बैठे हुए थे।

चाचा ने बाबूजी को हिम्मत देने के लिए उनकी हथेली धीरे से दबा दी। हम भीतर तक काँप गए, अगर हम एक मिनट और देर कर देते तो शायद···

हम गली से निकलकर सड़क की तरफ बढ़े ही थे कि नकाबपोश गुंडों के एक गिरोह ने हमारी कार को घेर लिया। मीर चाचा को इस वक्त कार रोक देने में ही समझदारी लगी। उन्होंने कार रोक दी। गुंडे कभी कार की बोनट पर तो कभी ऊपर की तरफ छड़ी से मारने लगे, फिर उन्होंने चारों तरफ से खिड़की पर हथेली से मारना शुरू कर दिया और चीखने लगे—

"खोल दरवाजा···खोल···कौन है अंदर? पंडित है?"

मीर चाचा ने कार का शीशा नीचे सरका दिया। माँ ने अंबर को अपने पैरों के नीचे दबाकर छुपा लिया और मुझे अपनी गोद में लिटा लिया।

"कौन हो? और कहाँ जा रहे हो?"

"साहब मुआफ करें हम तो ड्राइवर हैं। ये हमारे मालिक और मालकिन हैं। बच्ची की तबीयत जरा नासाज है, इसलिए दवाखाने की ओर जा रहे हैं।" मीर चाचा ने हाथ जोड़कर कहा। उन लोगों ने शीशे से सर डालकर अंदर झाँककर देखा और फिर न जाने क्या सोचकर बोले, "ठीक है! ठीक है! चल निकल यहाँ से।"

उनका बोलना भर था कि चाचा ने कार स्टार्ट की और दौड़ा दी सड़क पर। हमारी साँसें जो अब तक रुकी हुई थीं, धौंकनी की तरह चल पड़ीं। हमें अब जाकर मीर चाचा की वह दुपट्टे और टोपीवाली तरकीब समझ में आई। अभी-अभी हम उसी तरकीब की वजह से अपनी जान बचाकर निकले थे।

लेकिन खतरा अभी टला नहीं था। रास्ते भर में यह राक्षस झुंड-के-झुंड बनाकर पंडितों को अपना शिकार बना रहे थे।

हमने चौराहे पर देखा कि कुछ बसें, कुछ ट्रक, कुछ मेटाडोर लाइन से एक के पीछे एक खड़े हैं और वह हम जैसे लाचार लोगों को श्रीनगर लेकर जा रहे हैं। वहाँ पुलिस भी सुरक्षा के लिए तैनात थी। मैं सोच में पड़ गई कि यहाँ तो पुलिस है, लेकिन जहाँ घरों में घुस-घुसकर निर्ममता से मारा जा रहा है, वहाँ एक भी पुलिस क्यों नहीं है!

मीर चाचा और बाबूजी कार से उतरे और बस की तरफ भागे। एक-एक

कर वे हर बस के पास गए, फिर ट्रकों के पास भी गए।

बाबूजी ने आकर हम तीनों से कहा, "जल्दी से आ जाओ, ट्रक से चलते हैं। वैसे भी हमारे पास कोई सामान तो है नहीं, थोड़ी सी जगह में बैठ जाएँगे। बसों में जगह ही नहीं बची है और अभी यहाँ रुकना खतरे से खाली भी तो नहीं।"

हममें से किसी ने बाबूजी से कुछ नहीं कहा। हम उनके पीछे-पीछे ट्रक की ओर चल दिए। ऊपर चढ़ने से पहले माँ मीर चाचा के सामने हाथ जोड़कर खड़ी हो गईं। उन्होंने भी बदले में अपने हाथ जोड़ लिए, फिर चाचा हम दोनों बच्चों की तरफ बढ़े और हमारे सिर पर अपना हाथ रख दिया। हम दोनों उनसे लिपट गए। आखिर में बाबूजी और चाचा एक-दूसरे के गले लगकर फूट-फूटकर रो पड़े। बाबूजी ने अपनी और अंबर की टोपी उतारी, फिर माथे से लगाकर मीर चाचा की ओर बढ़ा दी।

कुछ ही देर बाद उस डरावनी काली रात में हम ट्रक से और मीर चाचा अपनी कार से विपरीत दिशाओं की ओर चल दिए थे।"

कुछ देर रुककर केसर फिर बोली, "इसके बाद मैं मीर चाचा से फिर कभी नहीं मिली···लेकिन मैं उन्हें कभी भूली भी नहीं।"

"तुम्हारा कभी मन नहीं हुआ उनसे मिलने का?"

"मुझे उन वादियों से, उन गलियों से, उस चौराहे से, वहाँ की हर चीज से बहुत डर लगता है मनवीर। यहाँ तक कि मुझे अपने उस घर से भी डर लगता है।"

"केसर तुम्हें अपने डर से खुद ही बाहर निकलना पड़ेगा। मैं तुम्हें सहारा दे सकता हूँ, तुम्हारे साथ डटा रह सकता हूँ, लेकिन इससे बाहर तो तुम्हीं को निकलना पड़ेगा।"

"पता नहीं यह मुझसे होगा भी कि नहीं!"

"तुम्हें करना पड़ेगा केसर। केसर तुम डर से भाग रही हो, इसीलिए वह और विकराल रूप लेता जा रहा है और तुम्हें डरा रहा है। जान! तुम एक बार इसकी आँखों में आँखें डालकर देखो, यह खुद-ब-खुद डरकर भाग जाएगा। तुम जितना इससे भागोगी ये उतना ही तुम्हें डराएगा। इसकी प्रकृति ऐसी ही होती है। अपने डर से मुकाबला करो केसर। इसे आँखें भरकर घूरकर देखो तो सही···

एक बार मेरे कहने पर। तुम तो कितनी बहादुर हो, मैंने खुद देखा है।"

केसर सोच में पड़ गई, लेकिन अभी वह अपने अंदर हिम्मत नहीं जुटा पा रही थी।

"चलो कश्मीर चलते हैं इस बार। तुम्हारे इस डर को हम दोनों मिलकर हराकर आएँगे।" मनवीर ने केसर के दोनों हाथ अपने हाथों में लेते हुए कहा।

केसर ने भी हामी में अपना सिर हिला दिया।

□

गुल, चिनार और वादियाँ

बच्चों की दीपावली की छुट्टियाँ भी खत्म हो चुकी थीं, फिर वही दिनचर्या, स्कूल-कॉलेज जाना और पढ़ाई में व्यस्त रहना, हालाँकि पढ़ाई-लिखाई और अन्य व्यस्तताओं के बावजूद बच्चे सभी पर्व बड़े ही हर्ष और उल्लास से मनाते थे। उनकी माँ कश्मीरी थी और पिता सिख इसलिए वे सभी त्योहार मिल-जुलकर मनाते और उनकी कोशिश रहती कि हर त्योहार पूरी परंपरा के साथ ही मनाया जाए। बच्चों की दादी और दादा भी हर खास मौके पर, जैसे कि किसी का भी जन्मदिन हो, कोई त्योहार हो, उनकी या मनवीर और केसर की शादी की सालगिरह हो या और कोई अवसर हो; दिल्ली चले आते, मगर गरमी की छुट्टियों में वे हर साल बच्चों को अमृतसर बुला लेते थे।

कुशल ग्यारहवीं कर रहा था और बुलबुल का यह फाइनल ईयर था। दोनों बच्चे पढ़ने में बहुत तेज थे, इसलिए केसर और मनवीर उनकी पढ़ाई को लेकर कभी चिंतित नहीं होते।

आज भी बुलबुल और कुशल दोनों ही काफी समय से पढ़ रहे थे। बुलबुल बड़ी थी, लेकिन कुशल तो अभी बच्चा ही था। उसने एक अँगड़ाई ली, फिर दीदी की तरफ मुड़कर देखा और धीरे से मुसकराकर बोला, "दीदी, बैडमिंटन खेलें?"

"धत्त पगले! एग्जाम शुरू होनेवाले हैं और तुझे खेलने की सूझ रही है! तू भी पढ़ ले।"

बुलबुल के मना कर देने से कुशल का मुँह लटक गया, "इत्ती देर से पढ़ ही तो रहा हूँ। अब इनसान कभी तो एंटरटेनमेंट भी करेगा न? बल्कि मैं

तो कहता हूँ कि आप भी थोड़ी-थोड़ी देर में एंटरटेनमेंट करती रहा करो। पता है! आपको पी-एच.डी. करनी है तो थोड़ा माइंड को भी मजे करते रहने दिया करो।"

बुलबुल हाथ में एक पुस्तक लिये पढ़ रही थी। उसने उसके पन्नों के बीच में अपनी एक उँगली फँसाकर उसे बंद किया और अपने दूसरे हाथ की कलाई पर अपनी ठोड़ी को टिकाते हुए बोली, "अच्छा जी! तो क्या ज्ञान दे रहे थे आप? जरा फिर से कहिए। मजे करते रहना चाहिए?"

"अरे नहीं! मजे करते रहना चाहिए नहीं...मजे 'भी' करते रहना चाहिए। 'भी' दीदी 'भी'।"

"अच्छा जी! और न करें तो?"

"तो क्या? तो दिमाग फट जाएगा...बस!"

"अच्छा! तूने देखा है किसी के दिमाग को फटते हुए?"

"अभी तक तो नहीं देखा, लेकिन हाँ! एक-दो साल में जरूर देख लूँगा।"

कुशल की इस शरारत से बुलबुल चिढ़ गई और उसने जल्दी से पुस्तक के बीच से अपनी उँगली निकाल ली, वहाँ एक पेन रखकर उसे बंद किया और कुशल को मारने के लिए दौड़ पड़ी, "अच्छा तो तेरा मतलब है कि मैं एक-दो साल बाद पागल हो जाऊँगी! मेरा दिमाग फट जाएगा!"

कुशल भी हँसते हुए भागने लगा और बोला, "अरे यार! आप पी-एच.डी. करोगी और खेलोगी-कूदोगी नहीं तो फिर यही होगा न!"

दोनों भागते-भागते कमरे से बाहर निकल आए और अब अपनी माँ के आसपास दौड़ने लगे।

"ठहर! आज मैं तुझे नहीं छोड़ूँगी।"

कुशल ने अपने दोनों हाथ जोड़कर बुलबुल को चिढ़ाते हुए कहा, "प्लीज, कभी मत छोड़ना मुझे।"

उनके इस पकड़म-पकड़ाई के खेल में केसर बीच में फँस गई। दोनों ने उसे एकदम गोल घुमा दिया। केसर डाँटते हुए बोली, "उफ्फ! क्या हो रहा है ये? मुझे छोड़ो, उधर जाकर करो जो करना है।"

"मम्मी देखो, यह कुशल का बच्चा मुझे पागल कह रहा था।"

"अरे मम्मी! दीदी भी न! बात का बतंगड़ बना देती है। मैंने तो सिर्फ संभावना व्यक्त की थी।"

"संभावना व्यक्त की थी! वाह ज्योतिषीजी!"

"अरे यार! मेरी प्यारी डॉ. बुलबुल दीदी अब तो ठीक है?"

केसर ने पूछा, "हुआ क्या? कुछ मुझे भी तो पता चले।"

तभी दरवाजे की घंटी बजी, "लो! तुम्हारे पापा भी आ गए।"

मनवीर के दोनों हाथों में बड़े-बड़े पैकेट थे। दोनों बच्चे देखकर दौड़े और उन्होंने अपने पापा के हाथ से वे पैकेट ले लिये।

"अरे! क्या-क्या खरीद लाए तुम?" केसर ने मनवीर को पानी देते हुए पूछा।

"बस कुछ खास नहीं···देखो खोलकर। तुम लोगों के लिए ही है··· सरप्राइज।" मनवीर ने मुसकराते हुए कहा।

दोनों बच्चों ने अपने-अपने हाथ के पैकेट सामने मेज पर रख दिए और उनमें से एक-एक करके चीजें निकालने लगे।

"अरे वाह! कितना सुंदर कुरता! ले ज्योतिषी तेरे लिए ही होगा।" बुलबुल ने उसे कुशल की ओर उछाल दिया। उसके मुँह से 'ले ज्योतिषी' सुनकर मनवीर को अचरज हुआ। उसने प्रश्नवाचक दृष्टि से केसर की तरफ देखा और केसर ने लंबी साँस खींचते हुए अपने कंधे उचकाकर अनभिज्ञता जाहिर की।

बुलबुल फिर चहकी, "आहा! कितना सुंदर सलवार सूट है। मम्मी के लिए है?"

"अपना भी तो देखो बेटे।" मनवीर ने मुस्कराकर कहा। तब तक पीछे कुशल ने एक और पैकेट में से गाजरी रंग की सुंदर सी ड्रेस निकाल दी और नाचते हुए बोलने लगा, "डॉ. साहिबा की ड्रेस! डॉ. साहिबा की ड्रेस।"

मनवीर ने फिर हैरानी से केसर की तरफ देखा।

केसर बोली, "अरे! लड़ रहे हैं बड़ी देर से पता नहीं किस बात पर! वो तो अच्छा हुआ तुम आ गए, वरना मुझे परेशान कर रहे थे, लेकिन ये तो बताओ! तुम अपने लिए क्या लाए?"

"मेरे पास कितने सारे कपड़े भरे पड़े हैं। मुझे अपने लिए कुछ भी समझ में नहीं आया।"

"बस तुम्हारी यही आदत मुझे अच्छी नहीं लगती। हमेशा यही करते हो। हमारे लिए इतना कुछ ले आते हो और अपने लिए कुछ भी नहीं!" फिर एक मिनट रुककर केसर दोबारा बोली, "चलो हम फिर से बाजार चलते हैं। मुझे भी गुरुपर्व के लिए थोड़ा सामान खरीदना है। हम आपके लिए भी कुछ खरीद लेंगे।"

"मम्मी-पापा! मैं भी चलूँ आप दोनों के साथ?"

"तेरी पढ़ाई? क्योंकि अगले हफ्ते गुरुपर्व है तो फिर तू ज्यादा नहीं पढ़ पाएगा। हमें गुरुद्वारे जाकर सेवा भी तो करनी होगी।"

"वो भी कर लूँगा मम्मी। मैंने बहुत अच्छी तैयारी कर ली है।"

"अच्छा, तो फिर चल। आजा बुलबुल, तू भी चल हमारे साथ।"

"मम्मी, मैं पढ़ना चाहती हूँ। प्लीज, आप लोग हो आइए न।"

"ठीक है।" केसर ने कहा।

तभी कुशल ने उसे फिर चिढ़ा दिया, "देख लो डॉ. साहिबा! मैंने क्या कहा था? अगर थोड़े मजे नहीं करोगी तो दिमाग फ...ट..."

उसकी इस बात पर बुलबुल फिर उसे मारने दौड़ी, लेकिन तब तक वह हँसता हुआ और दीवार फाँदता हुआ कार में जाकर बैठ गया।

"अरे! तू छोड़ न उसे। अच्छा बेटे ध्यान रखना, हम जल्दी लौटते हैं।" केसर ने बुलबुल से भीतर से कुंडी लगवाई और फिर वह भी कार में जाकर बैठ गई।

उन्होंने मनवीर के साथ-साथ मम्मीजी और पापाजी के लिए भी कपड़े खरीदे। लौटते वक्त केसर ने मनवीर को बताया कि कल मम्मी-पापा भी आ रहे हैं।

"कल दादी-दादा आ रहे हैं?" कुशल ने उत्साहित होकर पूछा।

"हाँ।"

हर सिख परिवार की तरह मनवीर और केसर भी गुरुपर्व बहुत धूमधाम से मनाते थे। इसी दिन सिख धर्म के संस्थापक गुरु नानकदेवजी का जन्म हुआ था। गुरुपूर्णिमा के दिन वे सभी गुरुद्वारे जाते, पाठ-सेवा आदि करते और रात में दीये जलाकर प्रकाश उत्सव मनाते।

वे जितनी धूमधाम से दीपावली मनाते उतनी ही धूमधाम से गुरुपर्व भी।

गुरुद्वारों की सजावट का काम काफी पहले से ही शुरू हो जाता। केसर, मनवीर और उनके दोनों बच्चे भी खूब शौक से बढ़-चढ़कर तैयारियाँ करवाते, वैसे तो गुरुपर्व पर मम्मी-पापा अमृतसर ही रहना पसंद करते थे, बल्कि अकसर ये चारों भी वहीं पहुँच जाते थे, लेकिन इस बार बुलबुल के फाइनल एग्जाम होने की वजह से खुद दादी-दादा ने ही कहा कि वे गुरुपर्व अमृतसर में नहीं, बल्कि दिल्ली में ही मनाएँग, बच्चों के पास।

आज सुबह से ही सब घर की साफ-सफाई और सजावट के काम में जुट गए। कुछ देर में सभी को गुरुद्वारे जाकर सेवा करनी थी। अभी शाम होने में वक्त बाकी था। केसर ने दोनों बच्चों को तैयार होने के लिए कहा और खुद भी अपने कमरे में तैयार होने चली गई।

केसर कुछ कहने के लिए मनवीर की तरफ पल्टी ही थी कि उसका मोबाइल बज उठा। उधर से पापाजी का फोन था। वे दिल्ली एंटर कर चुके थे। उनसे बात करते-करते केसर ने मनवीर की तरफ घूरकर देखा। मनवीर झटपट बिस्तर से उठा और तैयार होने लगा।

बुलबुल और कुशल भी तैयार होकर आ गए।

"अरे वाह! तुम लोग तैयार भी हो गए! चलो आ जाओ, तब तक मैं कार में सामान रख लेता हूँ।" कहते हुए मनवीर बाहर निकल गया।

बुलबुल गुरुद्वारे ले जाने के लिए खरीदा गया सामान पापा के साथ कार में रखवाने लगी।

"सब सामान रख लिया न? कुछ रह तो नहीं गया?"

"नहीं पापा! सब हो गया।"

तब तक मनवीर के मम्मी-पापा भी आ पहुँचे।

"मम्मीजी! हमने आप दोनों का लंच टाइम पर बहुत इंतजार किया।"

"हाँ पुत्तर, रास्ते में बड़ा ट्रेफिक मिला इस बार, वरना समय पर पहुँच जाते।"

"आप लोग खाना खा लीजिए, गरम-गरम फुल्के सेंक देती हूँ, फिर गुरुद्वारे चलते हैं।"

"न पुत्तर, खाना खा लिया था रास्ते में। वो तेरे पापाजी का फेवरेट ढाबा है न, वहाँ।"

"अच्छा! वो तेरा फेवरेट नहीं है? मुझसे ज्यादा तो तू ही ऑर्डर करती है वहाँ। भैया ये ले आ, भैया वो ले आ।" पापाजी ने उन्हें चिढ़ाते हुए कहा।

मम्मीजी अपने दोनों हाथ जोड़ते हुए बोलीं, "हे वाहेगुरु! त्वानू तो बस लड़न दा बहाना चाहिदा···त्वाडे नाल गल्ल करन दा कोई फायदा न। छड्डो बेकार दीयां गल्लां। जा पुत्तर, चाय बना ला फिर गुरुद्वारे चलते हैं।"

"हाँ पुत्तर! ढाबे जैसी बनाईं।" पापाजी ने फिर छेड़ा। सभी खिलखिलाकर हँस दिए।

मनवीर ने माँ के गले में हाथ डालकर लाड़ करते हुए कहा, "अरे, मेरी प्यारी बेब्बे, आपको पता तो है कि पापाजी आपको छेड़ने के लिए बोलते हैं यह सब।"

और कुछ देर बाद सभी गुरुद्वारे की ओर चल दिए। आज गुरुद्वारे में खूब चहल-पहल थी। बच्चे अपने दादी-दादा के साथ खूब जोश में गुरुद्वारे के फर्श की धुलाई कराने लगे। वहाँ अनेक बच्चे और बड़े श्रद्धा से काम करने में जुटे हुए थे। बच्चियाँ झुंड बना-बनाकर सजावट का सामान तैयार कर रही थीं। केसर भी रसोई में जाकर सेवा करने लगी। मनवीर सेवादारों को सामान उठा-उठाकर देने लगा। सभी थके हुए रात को घर लौटे। सेवा का असीम संतोष उनके चेहरों और बातों से झलक रहा था।

रात को कुशल दादाजी के पास आकर लेट गया और बोला, "दादाजी, एक अच्छी सी कहानी सुनाइए।"

"अच्छा, आज मैं तुझे गुरु नानकदेवजी की एक कहानी सुनाता हूँ।"

"हाँ! दादाजी।" उसने चहकते हुए कहा।

"तुझे यह तो पता ही है कि गुरुपर्व या प्रकाशपर्व गुरु नानकदेवजी के जन्म की खुशी में मनाया जाता है। सिखों के प्रथम गुरु नानकदेवजी का जन्म 1469 को तलवंडी में हुआ था, जो कि पाकिस्तान के पंजाब प्रांत में है।"

"पकिस्तान में भी पंजाब नाम का स्टेट है?"

"हाँ बेटा! बँटवारे की वजह से ऐसा हुआ। वहीं पर एक जगह है, ननकाना

साहिब। इस जगह का नाम ही गुरु नानकदेवजी के नाम पर पड़ा। प्रसिद्ध गुरुद्वारा ननकाना साहिब वहीं पर है। इस गुरुद्वारे को देखने के लिए दुनिया भर से लोग पहुँचते हैं।"

"दादू, अभी पाकिस्तान ने इंडिया के साथ मिलकर एक कॉरीडोर बनाया है। वो इसी गुरुद्वारे में जाने के लिए है?"

"बेटा, वो कॉरीडोर करतारपुर साहिब के लिए है। गुरु नानकदेवजी ने अपनी यात्रा के बाद इसी करतारपुर में विश्राम किया था।"

"दादू, कहानी सुनाइए।"

"हाँ, सुन, गुरु नानकदेवजी बचपन से ही ध्यान-साधना और परोपकार में लगे रहते थे। वे दुनियादारी से बहुत दूर रहते। यह देखकर कभी-कभी उनके पिताजी को उनकी बड़ी फिक्र होती।

एक बार की बात है। जब गुरु नानकदेवजी किशोर उम्र के थे तो उनके पिता ने उन्हें अपने पास बुलाया और कहा, "बेटा, अब तुम बाहर के कुछ काम करना भी सीखो।"

उन्होंने अपने बेटे नानक को दस रुपए दिए और कहा, "जाओ, इन रुपयों से कोई सच्चा और अच्छा सौदा करके आओ।"

पता है कुशल, उस समय दस रुपए की भी बहुत वैल्यू होती थी तो अब किशोर उम्र के नानकजी वे रुपए लेकर चल दिए। रास्ते में उन्होंने कुछ साधुओं को देखा, जो कि काफी भूखे थे। उन्हें उन साधुओं पर बड़ी दया आई। नानकदेवजी ने उन्हें भरपेट खाना खिलाया, फिर खुशी-खुशी अपने घर लौट आए।

उनके पिताजी ने उन्हें अपने पास बुलाया और पूछा, "सौदा कर आए?"

नानकजी बोले, "हाँ, एकदम सच्चा और खरा सौदा किया आज।"

उन्होंने पूछा, "दिखाओ, क्या सौदा किया?"

तो नानकजी ने जो उत्तर दिया उससे उनके पिता को फिर एक बार यह यकीन हो गया कि उनका बेटा कोई साधारण और सांसारिक बंदा नहीं है, बल्कि दिव्यात्मा है। उन्होंने अपने पिता से कहा, "उन साधुओं को, जो कि भूखे थे, भोजन कराने से बढ़कर खरा और सच्चा सौदा क्या होता पिताजी? इसलिए मैंने यह सौदा किया आज।"

अब तक दादी भी बिस्तर पर आकर लेट गईं। उन्होंने कुशल के सिर पर हाथ फेरते हुए कहा, “कुश बेटे! गुरु नानकजी के उपदेश हम सभी को इनसानियत और सेवा की सीख देते हैं। ये गुरुद्वारों में जो तुम लंगर-सेवा देखते हो न, इसकी शुरुआत भी गुरुजी ने ही की थी। वे कहते थे कि ईश्वर एक है। वह सभी जगह है। वही हम सबका पिता है, इसलिए सभी को अपना भाई-बंधु मानकर प्रेमपूर्वक रहना चाहिए। गुरु नानकदेवजी पूरे संसार को एक घर मानते थे और संसार में रहने वाले लोगों को परिवार का हिस्सा।”

फिर दादी ने उसे पुचकारते हुए कहा, “अब सो जा बेटा। कल नगर कीर्तन के लिए चलेगा न?”

“अरे हाँ!”

अगले दिन मनवीर के परिवार के सभी लोग अपने सिख समुदाय के साथ मिलकर ‘वाहे गुरु, वाहे गुरु,’ का जाप करते हुए सुबह-सुबह प्रभात-फेरी में शामिल हुए, फिर दिन में भी पापाजी, मम्मीजी और कुशल नगर-कीर्तन में पहुँचे। बाद में वे सभी लोग गुरुद्वारे गए और वहाँ उन्होंने शबद-कीर्तन सुने, रुमाला चढ़ाया और शाम के समय लोगों के लिए चल रही लंगर-सेवा में भाग लिया, फिर बाद में सभी ने मिलकर लंगर चखा और घर लौटे।

यूँ तो सिख भाई-बहन अपने सेवाभाव के लिए विश्व प्रसिद्ध हैं, लेकिन गुरुपर्व उनके लिए एक विशेष दिन होता है। इस दिन वे लोग अपनी श्रद्धानुसार खूब बढ़-चढ़कर हर प्रकार की सेवा करते हैं और गुरु नानकदेवजी के उपदेशों, यानी गुरुवाणी का पाठ करते हैं। मनवीर और केसर नियम से पूरे साल गुरुद्वारे में खूब सेवा करते थे और यही उन्होंने अपने दोनों बच्चों को भी सिखाया था।

दिन में सभी ने गुरुद्वारे में सेवा और सत्संग किया। शाम शुरू होते ही वहाँ की रोशनी और सजावट का आनंद लिया, फिर रात को घर आकर दीये जलाए। केसर इस दिन शाम ढलने के बाद घर की देहरी पर कुछ विशिष्ट दीये देवों के नाम पर भी जलाती थी। वह बच्चों से भी दीये जलवाती, क्योंकि इस दिन देव-दीपावली भी मनाई जाती है।

अगले दिन नाश्ते के समय मम्मीजी बोलीं, “मनवीर पुत्तर! मेरा करतारपुर जाने का बड़ा मन है।”

"चल सकते हैं बेब्बे! बताओ तुस्सी कब चलना है?"

मगर पापाजी उदास होकर बोले, "मन तो मेरा भी बहुत है पुत्तर, लेकिन उस नापाक मुल्क में कदम रखने को जी नहीं करता।"

मम्मीजी भावुक हो उठीं, "जी! तुस्सी ये सोचकर ना जाओ कि किस मुल्क में जा रहे हो, तुस्सी अपने गुरुजी के बारे में सोचकर जाओ। हमारे नानकदेवजी ने उसी करतारपुर साहब में आराम फरमाया था।"

केसर ने अपने ससुर को समझाते हुए कहा, "पापाजी! मम्मी एकदम ठीक कह रही हैं। हम गुरुद्वारे को अपने दिल में रखेंगे। उस मुल्क के बारे में क्यों सोचना हमें!"

"चल, तो फिर अगली बार आएँगे, तब चलते हैं वहाँ।" पापाजी ने सहमत होकर कहा।

"बच्चों के एग्जाम खत्म हो जाए, तब चलें।" दादी की इस बात से कुशल का चेहरा खिल उठा।

दादाजी ने बुलबुल से पूछा, "बुलबुल बेटे, तूने मास्टर्स के बाद आगे क्या करने का सोचा है?"

"दादू! थोड़ी कन्फ्यूज हूँ कि मास्टर्स के बाद नौकरी कर लूँ या पी-एच.डी. ज्यॉइन करूँ! वैसे तो मेरा पी-एच.डी. करने का मन है, लेकिन मास्टर्स के बाद नौकरी करते-करते भी डॉक्टरेट की जा सकती है।"

"अच्छा विचार है तेरा, लेकिन मैं तो यही सुझाव दूँगा कि अगर तुझे डॉक्टरेट ही करनी है तो नौकरी के चक्कर में मत पड़। पहले मन लगाकर डॉक्टरेट कर इसके बाद ही नौकरी के बारे में सोचना।"

"मुझे भी तेरे दादाजी का यह सुझाव अच्छा लग रहा है। इसके बाद तो तेरे पास अनेक अच्छी-अच्छी नौकरियों के मौके होंगे।" दादी ने समर्थन करते हुए कहा।

बुलबुल कुछ सोचते हुए बोली, "हम्म! सही कह रहे हैं आप दोनों।"

फिर दादाजी ने कुशल को छेड़ते हुए पूछा, "आपका क्या सुझाव है छोटू मास्टर? आप भी कुछ कहिए।"

कुशल ने अपना मुँह लटकाते हुए कहा, "अरे! मुझे तो अपनी ही बड़ी

टेंशन हुई पड़ी है! मेरा आई.आई.टी. में सलेक्शन नहीं हुआ तो मैं क्या करूँगा? मेरी नौकरी का क्या होगा?"

बुलबुल ने हँसते हुए कुशल के सिर पर एक हलकी सी चपत लगाई, फिर बोली, "हे भगवान्! तुझे अभी से नौकरी की पड़ी है! पहले अच्छी तरह से पढ़ तो ले। मन लगाकर पढ़ेगा तो क्यों नहीं होगा सलेक्शन? बोल?"

सभी हँस दिए।

"तुम दोनों अच्छे नंबरों से पास होना, फिर जो ईनाम में माँगोगे वो मिलेगा।"

"सच्ची दादू! जो भी माँगेंगे?" कुशल ने तसल्ली करने के लिए पूछा।

"हाँ-हाँ, जो भी···लेकिन तू इतना जोर देकर क्यों पूछ रहा है? ऐसा भी क्या माँगेगा भई!" दादी ने घूरते हुए पूछा।

"अरे, न न···मैं तो बस ऐसे ही कन्फर्म कर रहा था।"

मनवीर ने भी कहा, "और मेरी तरफ से भी डन। जो भी माँगोगे वो मिलेगा।"

दादा-दादी दो दिन बाद अमृतसर लौट गए। घर फिर एक बार सूना हो गया। सब अपने दैनिक कामों में व्यस्त हो गए।

साल बीतते ही दोनों बच्चों की फाइनल परीक्षाएँ भी नजदीक आ गईं। वे खूब मेहनत से पढ़ने में जुट गए थे। केसर और मनवीर उनका हर तरह से खयाल रखते।

दोनों बच्चों की सभी परीक्षाएँ बहुत अच्छी हुईं और कुछ दिनों के लिए उनकी छुट्टियाँ हो गईं। बुलबुल को अब अपने भविष्य के बारे में निर्णय लेना था। वह आगे पी-एच.डी. करना चाहेगी या नौकरी? उसकी शादी का निर्णय भी केसर और मनवीर ने उस पर ही छोड़ रखा था। वे कतई पसंद नहीं करते थे कि कोई भी परिचित या रिश्तेदार उनकी बेटी के सामने उसकी शादी का टॉपिक छेड़े। वे उसे तब तक पढ़ाना चाहते थे, जब तक वो पढ़ना चाहे। इस साल कुशल भी ट्वेल्थ में आ जाएगा और फिर इसके बाद आई.आई.टी. की परीक्षा भी देगा। ये दो साल उसके लिए बहुत महत्त्वपूर्ण थे।

अगले दिन सुबह चाय पीते हुए केसर ने मनवीर से कहा, "कल रात माँ से बात हुई थी। वे कुछ बीमार लग रही थीं।"

"अरे! तुमने पूछा नहीं कि क्या हुआ है?"

"पूछा था, लेकिन वे टाल गईं। शायद बताना नहीं चाहती थीं। सोच रही होंगी कि मैं चिंता करूँगी।"

"हाँ, यही हुआ होगा।" फिर कुछ रुककर मनवीर ने पूछा, "बाबूजी से बात हुई?"

"नहीं, वे घर पर नहीं थे उस समय···पूछा था मैंने माँ से।"

"अच्छा! आज मैं दिन में उनसे बात करूँगा, वैसे भी मुझे काफी समय हो गया है दोनों से बात किए।"

"ठीक है।"

बुलबुल का रिजल्ट आ गया। उसे सभी में A- ग्रेड मिले थे। आज सभी बहुत खुश थे और उसे शाबाशी दे रहे थे। उसने दादी-दादा और नानी-नाना से फोन पर बहुत देर तक बात की। सभी ने उसे ढेर सारा आशीर्वाद दिया। कुशल ने मम्मी के साथ मिलकर दीदी के लिए सरप्राइज पार्टी का प्लान बना रखा था। वह दीदी की मनपसंद चॉकलेट भी खरीद लाया। केसर ने आज बुलबुल की पसंद के कई तरह के पकवान बनाए और केक भी।

मनवीर ने बुलबुल को लाड़ करते हुए कहा, "तुझे क्या ईनाम चाहिए बता?"

"अरे पापा! मुझे कुछ नहीं चाहिए। सब कुछ तो है मेरे पास।"

"नहीं, फिर भी···जो तू चाहे वो माँग। देख हम दोनों तेरे लिए अपने मन से भी कुछ ला सकते थे, लेकिन तेरी मम्मी ने ही सुझाव दिया कि इस बार तू जो कहेगी, वही हम तुझे देंगे। आखिर तेरी भी तो कोई इच्छा होगी। इस बार तू अपनी पसंद बता।"

"कुछ है ही नहीं पापा! बहुत सोच रही हूँ तब भी कुछ याद नहीं आ रहा। मेरी जरूरत की हर चीज तो आप लोग पहले ही लाकर दे देते हैं, मैं क्या माँगूँ अब?"

केसर ने प्यार से पूछा, "फिर भी बुलबुल, कुछ भी, जो तुझे चाहिए हो। बच्चों को तो कितनी चीजें पसंद होती हैं।"

"···तो चलिए, कश्मीर चलते हैं। मुझे नाना-नानी के पास जाने का मन है। कश्मीर देखने का मन है।"

सब एक-दूसरे का मुँह देखने लगे। केसर सकपका उठी।

मनवीर ने बेटी को समझाते हुए कहा, “हाँ बुलबुल, हम जल्दी ही कश्मीर भी चलेंगे। मम्मी को खुद को तैयार करने का थोड़ा वक्त दे दो बेटे।”

“ठीक है पापा, मेरा यह गिफ्ट ड्यू रहा आप दोनों पर। जब आप लोग चाहें···”

रात में सोने से पहले मनवीर ने केसर को फिर समझाया कि हमें कश्मीर चलना चाहिए। बच्चों को उनके बड़ों के पास ले जाना माँ-बाप का फर्ज होता है और वैसे भी तुम्हें अपना डर खत्म करने के लिए भी वहाँ चलना ही चाहिए। माँ भी आखिर कितनी बार फरियाद लगाएँगी, कितनी बार बुलाएँगीं? अब तो वे खुद भी बीमार रहने लगी हैं।”

मनवीर तो बातें करते-करते सो गया, लेकिन केसर की आँखों से नींद गायब हो चुकी थी। उसे वाकई माँ और बाबूजी की बहुत चिंता होने लगी। अकेले कैसे रहते होंगे दोनों। सारा काम खुद ही करना, न बेटा न बेटी, कोई साथ नहीं···किसी का आसरा नहीं। सोचते-सोचते उसकी भी आँख लग गई।

इस पूरे हफ्ते उसकी माँ से सिर्फ एक ही बार बात हो पाई। आज भी जब फोन लगाया तो उन्होंने बहुत कम बात की। बाबूजी ने ही बात की, लेकिन वे भी बार-बार नेटवर्क कटने की वजह से ठीक से बात नहीं कर पाए।

फिर कुछ दिन बीते और एक शाम बुलबुल ने केसर के हाथ में एक चिट्ठी देते हुए कहा, “नानी की चिट्ठी आई है।”

दोनों की नजरें मिलीं फिर बुलबुल ने मम्मी की तरफ से नजरें हटा लीं। वह चिट्ठी की तरफ देखने लगी।

बुलबुल कमरे से बाहर जाते-जाते रुक गई। वह पलटकर अपनी माँ के पास आई और दो पल के लिए ऐसे ही खड़ी रही, फिर पास बैठकर धीरे से उनका हाथ अपने हाथों में लेते हुए बोली, “मम्मी! सोचो यदि मैं पढ़ने बाहर चली जाऊँ और आपके बार-बार बुलाने पर भी न आऊँ, तब आपको कैसा फील होगा··· ?”

इतना कहकर वह उठी और सीधे कमरे से बाहर निकल गई। केसर उसे जाते हुए देखती रह गई। बुलबुल कमरे से चली जरूर गई, लेकिन अपनी आवाज वहीं छोड़ गई। उसकी आवाज लगातार कमरे में गूँज रही थी—

'मम्मी! सोचो यदि मैं पढ़ने बाहर चली जाऊँ और आपके बार-बार बुलाने पर भी न आऊँ, तब आपको कैसा फील होगा···?'

केसर कुछ देर तक हतप्रभ-सी बैठी रही, फिर उसने वह चिट्ठी खोली। यह चिट्ठी तो बाबूजी ने लिखी थी। उन्होंने इतने सालों में पहली बार कोई चिट्ठी भेजी थी। लिखा था—तेरी माँ बहुत कमजोरी महसूस करने लगी हैं और अब उन्हें काफी ज्यादा बुखार भी रहने लगा है। सब इलाज करके देख चुका हूँ, लेकिन कोई फर्क ही नहीं पड़ रहा। इतने सालों बाद पहली बार इतनी चिंता और डर महसूस कर हूँ, इसीलिए तुझे यह चिट्ठी लिखी, हालाँकि तेरी माँ कतई नहीं चाहती थीं, मैं तुझे यह चिट्ठी लिखूँ।

ताज्जुब की बात थी कि उन्होंने चिट्ठी में एक बार भी कश्मीर आने के लिए नहीं लिखा था। जरूर माँ ने रोक दिया होगा, केसर ने सोचा।

वह बेचैन हो उठी, आज उसके भीतर की माँ और बेटी दोनों ही व्यथित थीं। आज उसे पहली बार ऐसा महसूस हुआ कि वह उड़कर कश्मीर पहुँच जाए और माँ से लिपट जाए। माँ को याद तो वह हमेशा ही करती थी, लेकिन तब वह अपनी कल्पना में हमेशा उन्हें अपने पास बुलाने के बारे में ही सोचती। वह खुद कश्मीर जा रही है, इसकी कल्पना तक नहीं करती थी और वैसे भी अब तक उसके माँ-बाबूजी ही तो यहाँ आते रहे थे हमेशा। उसने एक बार जो कश्मीर छोड़ा था उसके बाद वह कभी वहाँ पलटकर नहीं गई थी। शुरू-शुरू में तो उसके माँ-बाबूजी ने भी उसे आने के लिए बाध्य नहीं किया। वे जानते थे, समझते थे कि बेटी के मन में बहुत कड़वी यादें बसी होंगी। थोड़ा वक्त गुजर जाएगा तो खुद ही आएगी। कौन बेटी अपने मायके आए बिना रह सकती है! यही सोचकर वे ही हमेशा दिल्ली उसके पास आते रहे, लेकिन केसर के बच्चे भी हो गए। पहले बुलबुल हुई फिर कुशल भी हो गया लेकिन वो कभी भी अपने अतीत की कड़वी यादों को भुला नहीं पाई।

···और आखिर में माँ ने उसे कश्मीर आने के लिए कहना शुरू कर ही दिया। अब तो उसकी बेटी ने भी यही माँग रख दी थी।

केसर को माँ और बाबूजी की याद आने लगी। वह कुछ निश्चय करते हुए उठी और बुलबुल के कमरे की ओर चल दी।

"बुलबुल अपने कपड़े लगाना शुरू कर देना। हम कश्मीर चल रहे हैं।"

"क्या!" बुलबुल हैरान होकर उछल पड़ी। उसने केसर के दोनों हाथों को अपने हाथों में लेते हुए पूछा, "सचमुच, मम्मी!"

"हाँ, सचमुच।"

"ओ! लव यू मम्मी···" कहते हुए वह केसर से लिपट गई और उसके गालों को चूम लिया।

केसर ने हँसते हुए कहा, "लव यू टू बेटे, मुझे यह एहसास कराने के लिए कि मैं एक माँ और बेटी दोनों हूँ। मैं माँ होने का फर्ज तो खूब निभा रही थी, लेकिन बेटी होने का फर्ज भूल बैठी थी।"

"अरे, नहीं मम्मी! आप तो दुनिया की बेस्ट बेटी हो। इट्स ओ.के. ···होता है कभी-कभी। आप भी इनसान हो कोई भगवान् तो नहीं! मैं तो आपसे सिर्फ यही कहना चाहती थी कि नानी के प्रति भी तो आपकी कुछ ड्यूटी बनती है। आप एक बेहतरीन मॉम हैं; लेकिन आपकी अपनी माँ आपके लिए तड़प रही हैं।"

"थैंक यू बुलबुल यह एहसास कराने के लिए। मैं अपने भीतर के डर पर काबू पाने की कोशिश करूँगी और कश्मीर चलूँगी बेटे। तुम सब हो तो मेरे पास, मेरा इतना बड़ा सहारा, अब मैं जरूर चलूँगी।"

तब तक कुशल भी वहाँ आ गया। सारी बात सुनकर वह भी खुश हो उठा। इसके बाद केसर ने मनवीर को फोन लगाया, "हम कश्मीर चल रहे हैं। अभी बच्चों की भी छुट्टियाँ हैं। तुम भी कुछ समय के लिए फैक्टरी का काम किसी जिम्मेदार आदमी को सौंप दो···और हाँ! हमें टिकिट का भी इंतजाम समय से पहले करना होगा।"

केसर बोलती जा रही थी, मनवीर सिर्फ सुनता रहा। वह स्तब्ध भी था और खुश भी। वह कब से केसर के मुँह से यह बात सुनना चाह रहा था। वह मुसकराकर हूँ-हाँ करता रहा, सुनता रहा, बोला कुछ भी नहीं।

श्रीनगर तक वे फ्लाइट से पहुँचे, फिर आगे बड़गाम जाने के लिए उन्होंने बड़ी कार किराए पर ले ली। केसर का घर बड़गाम में था। कुशल और बुलबुल की प्रसन्नता का ठिकाना नहीं था। वे लोग कश्मीर की सुंदरता देख-देखकर हैरान हो रहे थे, लेकिन केसर जैसे-जैसे पहाड़ों के करीब पहुँचती जा रही थी,

उसके भीतर का डर भी पहाड़ सा होने लगा था। मनवीर उसका चेहरा बखूबी पढ़ रहा था। वह लगातार उसका हाथ थामे हिम्मत बँधाता रहा। कुशल ड्राइवर के बगलवाली सीट पर बैठा था। बुलबुल उसके पीछे अकेली और सबसे पीछेवाली सीट पर मनवीर और केसर बैठे थे।

उसने निकलने से पहले घर में ही दोनों बच्चों को समझा दिया था कि मम्मी से लगातार बातें करते रहना। हम उन्हें पुरानी बातें सोचने और उदास होने का कोई मौका नहीं देंगे। बुलबुल भी समझती थी कि यह इनसानी स्वभाव है, यदि उसके दिमाग को व्यस्त रखो तो वह कुछ उलटे–सीधे खयाल पैदा नहीं कर पाता, लेकिन यदि उसे खाली छोड़ दिया जाए तो वह सोच की किसी भी हद को पार कर सकता है।

बच्चे रास्ते भर उत्साहित होकर केसर से कुछ–न–कुछ बातें करते जा रहे थे।

"ए कुश! वो देख कितना सुंदर सीन है!"

"कहाँ दीदी? अरे हाँ! ये तो पूरा बर्फ का ही पहाड़ है! और वो देखो कितने सुंदर–सुंदर फूल हैं।"

"हाँ बेटा, इन्हें ट्यूलिप के फूल कहते हैं।" मनवीर ने बताया।

"मम्मी, कितना सुंदर है आपका कश्मीर! आप बचपन में इतनी प्यारी जगह में रहती थीं!"

"हाँ बेटा, इसीलिए कश्मीर को धरती का स्वर्ग भी कहा जाता है। यह बहुत सुंदर है बेटा।"

"देखो! वो जो नदी देख रहे हो न, उसे लिद्दर नदी कहते हैं।" केसर ने इशारे से दिखाते हुए कहा।

"और वो क्या है मम्मी?" बुलबुल ने उत्साहित होकर पूछा।

"बेटे, वह शेषनाग झील है। तुमने अमरनाथ यात्रा के बारे में सुना है न?"

"हाँ।"

"वे लोग यहीं से जाते हैं बेटा। ये पहलगाम ही उनकी यात्रा का पहला पड़ाव होता है।"

दूर–दूर तक चारों ओर बर्फ की सफेद चादर बिछी हुई थी। चीड़ और

देवदार के पेड़ों से गिरते बर्फ के टुकड़े सपनों की दुनिया का सा आभास करा रहे थे। जहाँ भी देखो बस बर्फ ही बर्फ। हर तरफ प्रकृति का अद्भुत नजारा। बर्फ पर अनेक लोग खेल रहे थे। कुछ लोग बर्फ से इनसानी मूर्ति बना रहे थे तो कुछ लोग एक-दूसरे के ऊपर बर्फ के गोले बना बनाकर फेंक रहे थे। पहाड़ों को देखकर ऐसा लग रहा था, जैसे किसी ने उसे चाँदी के वर्क से सजा दिया हो।

"देखो दीदी! वहाँ पर लोग ट्रैकिंग कर रहे हैं!···और वो क्या है मम्मी?"

"बेटा, वो सूफी संत बाबा ऋषि की दरगाह है।"

बुलबुल ने खुश होते हुए कहा, "मम्मी! मैंने तो बस सुना और पढ़ा ही था अब तक, लेकिन वाकई कश्मीर इतनी सुंदर जगह है, यह कभी नहीं सोचा था।"

"सच केसर बच्चे एकदक ठीक कह रहे हैं। मैं खुद इसकी सुंदरता का कायल हूँ। इसकी सुंदरता को शब्दों से बयाँ ही नहीं किया जा सकता!" मनवीर भी घाटी पहली बार देख रहा था।

"मनवीर! कश्मीर दुनिया की सुंदरतम् जगहों में से है। यह हमारे देश को जबरदस्त टूरिज्म दे सकती है, लेकिन आतंकवाद ने यहाँ के हालात खराब कर रखे हैं। पहले यहाँ बॉलीवुड से शूटिंग के लिए बड़े-बड़े यूनिट्स आया करते थे, लेकिन आतंकवादियों की गोलियाँ, उनकी दहशत उन्हें जल्दी-से-जल्दी यहाँ से जाने को मजबूर कर देती।"

"लेकिन मैं देख रहा हूँ केसर कि इन दिनों यहाँ की सुरक्षा-व्यवस्था बहुत अच्छी हो गई है, जब से केंद्र सरकार ने यहाँ से अनुच्छेद 370 हटाया है, तब से यहाँ को लेकर लोगों के मन में आशा की ज्योति जागी है।"

"हाँ पापा, आप सही कह रहे हैं। यहाँ के लोगों को सुरक्षा देना, फिर उन्हें विकास की कड़ी से जोड़ना बहुत जरूरी है। यहाँ के बच्चों को अच्छी शिक्षा और युवाओं को नौकरी या रोजगार के मौके देकर यहाँ का बहुत विकास किया जा सकता है, हालाँकि सरकार की तरफ से बहुत कुछ हो रहा है, लेकिन फिर भी अभी काफी कुछ किया जाना बाकी है। उम्मीद है हमारे देश का यह सिरमौर, यह सुंदर प्रदेश जल्दी ही खुशहाल हो। यहाँ की वादियों में बंदूकें नहीं, बल्कि खिलखिलाहटे गूँजें।"

"आमीन! बेटे ऐसा ही हो। काश! कश्मीर से जितने भी पंडित विस्थापित

हुए थे, वे फिर लौट आएँ, फिर उनके घर आबाद हों।"

कहते-कहते केसर सोचने लगी कि आज जिस कश्मीर में हर तरफ इतनी चौकस सुरक्षा व्यवस्था दिखाई दे रही है, काश उस समय भी होती, जब इसी कश्मीर से वह, उसके माँ-बाबूजी और न जाने कितने ही पंडितों के परिवार अपने-अपने घरों से उजड़कर श्रीनगर के कैंप में शरण लेने पहुँचे थे। कैंप के वे दिन कितने भयावह थे।

"क्या सोचने लगीं?" मनवीर ने खोई हुई केसर से पूछा ।

"कुछ नहीं मनवीर···बस वैसे ही···श्रीनगर के वो दिन याद आने लगे, जब हम अपना सब पीछे छोड़कर कैंप में आकर रहने पर मजबूर हो गए थे। सरकार ने हम जैसे लोगों को, जो कश्मीर में अपना घर, काम-धंधे, पढ़ाई-लिखाई सब छोड़-छाड़कर यहाँ आए थे, उन्हें राहत शिविरों में बसा तो दिया था, लेकिन बदतर हालातों में। यूँ तो प्रशासन की तरफ से हमारे लिए हर तरह की सुविधाएँ मुहैया कराई जाती थीं, लेकिन फिर भी कितनी हम तक पहुँचती थीं, यह तो वे ही लोग बता सकते हैं, जिन्होंने उस समय यहाँ अपनी जिंदगी गुजारी थी।"

मनवीर ने केसर को पुरानी बातें सोचने से रोकना चाहा, लेकिन बुलबुल ने इशारे से पापा को मना कर दिया। उसे लग रहा था कि मम्मी को बोलने देना चाहिए। यदि वे अपने मन की बातें बोलकर निकाल देंगी तो उनका मन हलका हो जाएगा।

बुलबुल ने पूछा, "मम्मी! ऐसे में वे बच्चे पूरे दिन क्या करते थे?"

"वे बच्चे पूरे-पूरे दिन बेकार खाली घूमते रहते थे। कैंप में हमारी कश्मीर घाटी के ही एक मास्टरजी भी रह रहे थे, जो कि कश्मीर में हमारे स्कूल में भी पढ़ाया करते। उन्होंने इन बच्चों को समझा-बुझाकर इकट्ठा किया और इन्हें पढ़ाना शुरू कर दिया। धीरे-धीरे और भी कई लोग उनके सहयोग के लिए आगे आए। मैं भी उन बच्चों को पढ़ाने लगी थी।"

"अरे वाह! यह तो बहुत अच्छी शुरुआत की आप लोगों ने।"

"हाँ बेटे! तेरे नानाजी भी कैंप के लोगों का इलाज करने लगे। बाबूजी के पास कैंप में दवाइयाँ तो होती नहीं थीं, लेकिन ज्ञान और हुनर तो इनसान का हमेशा ही साथी रहा है। वे लोगों की बीमारी देखकर उन्हें दवा लिख देते, जिसे

वे लोग बाहर केमिट्स से खरीद लेते। इस तरह से वे अपनी तरफ से सबकी सेवा कर रहे थे।

तुम्हारी नानी भी भोजन आदि का काम निबटाकर छोटे-छोटे बच्चों को नैतिक कहानियाँ सुनातीं, अच्छी सीख देतीं। वे लड़कियों और औरतों को साफ-सफाई का ज्ञान भी दिया करती थीं।

लेकिन बेटे! वहाँ हम जिन परिस्थितियों में रह रहे थे, क्या सफाई और क्या नैतिकता! सब तरफ गंदगी और बदबू ही फैली रहती। मैंने और माँ ने उस बदबू से बचने के लिए अपने टेंट के बाहर कुछ फूलों वाले पौधे उगाए। इन फूलों को छूकर जब-जब हवा चलती तो बदबू और खुशबू का एक मिला-जुला झोंका उठता और हमारी नाक तक पहुँचता।

इस कूड़े की बदबू से बचने का रास्ता तो हमने निकाल लिया, लेकिन उस कूड़े से कैसे बचते, जो इनसान के दिमाग में भरा होता है। जो उसकी सोच को, उसके विचारों को सड़ाता रहता है और लगातार बदबू पैदा करता है।

कुछ समय ही बीता था कि न जाने कहाँ से कुछ मनचले लड़के आकर वहाँ खड़े होने लगे। वे हम लड़कियों की मजबूरी को ताकते। हर रोज हमारा मानसिक शोषण करते। धीरे-धीरे कैंप के कुछ लड़के भी उनकी संगत में आ गए और बिगड़ने लगे।"

बुलबुल ने पीछे मुड़कर मम्मी को प्यार से देखा। मनवीर केसर का हाथ पकड़े उसे संबल दे रहा था।

केसर ने आगे कहा, "मेरे छोटे भाई अंबर की पढ़ाई बिल्कुल ही बंद हो गई थी। माँ और बाबूजी जल्दी-से-जल्दी हम दोनों को उस माहौल से निकालना चाहते थे, लेकिन जब तक हाथ में पैसे न हों तो क्या हो सकता था? हम जिन परिस्थितियों में रातोरात अपने घरों से भागे थे, उनमें तो कुछ साथ लाना संभव ही नहीं था, अपनी जान बचाकर भाग आए यही बहुत था। हाँ! माँ जरूर अपने महादेव की एक मूर्ति बैग में डालकर ले आई थीं। इसके अलावा मुझे नहीं याद कि हम एक सुई भी साथ ला सके हों! बस वे जेवर ही हमारे साथ आ पाए थे, जो उस वक्त माँ और मेरे बदन पर थे।

फिर बाबूजी ने निश्चय किया कि हम सभी को इस माहौल से जल्दी-से-

जल्दी निकलना ही है, बच्चों के भविष्य की खातिर इस जगह को जल्दी-से-जल्दी छोड़ना ही है। उन्होंने जगह-जगह अपने लिए नौकरी की तलाश शुरू कर दी।

इधर अंबर की संगत लगातार बिगड़ती जा रही थी। एक दिन माँ ने उसे पीछे खंडहर के पास कुछ आवारा लड़कों के साथ बीड़ी पीते हुए देख लिया। उस वक्त तो वे उससे कुछ नहीं बोलीं, लेकिन बाबूजी को आकर सारी बात बताई और जल्दी-से-जल्दी यहाँ से निकलने के लिए याचना करने लगीं। बाबूजी ने माँ को सांत्वना दी और उसी के बाद से उन्होंने नौकरी की तलाश में दिन-दिन भर घूमना शुरू कर दिया।

उनकी मेहनत और माँ की प्रार्थना रंग लाई बाबूजी को एक प्राइवेट हस्पताल में नौकरी मिल गई, फिर हमने किराए पर एक छोटा-सा घर ले लिया। घर क्या था, बस दो कमरे थे, कोठरी जैसे छोटे-छोटे, जबकि हम कश्मीर में अपनी इतनी बड़ी कोठी छोड़ आए थे। यह सब बहुत जल्दी ही हो गया था, जिसके लिए हम हमेशा भोलेनाथ के शुक्रगुजार रहे, वरना कितने ही लोग कैंपों में बदतर जिंदगी जीने को विवश थे, खैर''हमने यहाँ से एक नई जिंदगी शुरू की।"

बुलबुल ने उत्सुकता से पूछा, "उन दिनों आप पापा से बातचीत कर पाती थीं?"

"हाँ, मैं पी.सी.ओ. से फोन करती थी इन्हें, लेकिन बड़ी मुश्किल से बात हो पाती थी हमारी। कभी-कभी तो फोन लग ही नहीं पाता था और कभी लग जाता तो बात करते-करते लाइन ही कट जाती।"

मनवीर बोला, "बुलबुल बेटे! दिल्ली के दंगे की उस रात में जिस तरह से तुम्हारी मम्मी ने हमारी जान बचाई थी, उससे मेरे पापाजी और बेब्बे तो पहले ही इन्हें बेहद प्यार करने लगे थे। मैंने कनाडा जाने से पहले उन्हें बताया था कि केसर इन दिनों कश्मीर में है। वे कश्मीर के समाचार सुन-सुनकर इनकी चिंता किया करते।

बीच में काफी दिनों तक हम दोनों की आपस में कोई बातचीत नहीं हो पाई। मैं कनाडा में परेशान हो रहा था और वापस इंडिया लौटने की टिकिट बुक करा चुका था।

पापाजी यहाँ लगातार समाचार देखते-सुनते रहते। उन्हें उम्मीद थी कि ये

लोग दिल्ली आएँगे, क्योंकि दिल्ली केसर का देखा-जाना शहर है। इसलिए वे कई दिन तक दिल्ली के शरणार्थी कैंप में इन लोगों को जा-जाकर खोजते रहे। पापाजी ने वहाँ इनका नाम, पता और पूरा परिचय भी लिखवा दिया था, ताकि कोई भी इस नाम का कैंप में आए तो तुरंत सूचना मिल सके।"

"मनवीर! हम लोग तो उस समय ऐसी स्थिति में थे कि बस किसी भी तरह से घाटी से निकलें। उस समय अपनी जान बचाना ही हमारी प्राथमिकता थी। हमारे पास यह चुनाव करने का समय ही कहाँ था कि हम दिल्ली जाएँ या श्रीनगर···जहाँ के लिए ट्रक में जगह मिल गई, बस जान बचाकर भाग निकले।"

"समझ सकता हूँ डार्लिंग।" उसने केसर के गाल पर प्यार से हाथ फिराया।

"लेकिन उन चुनिंदा दिनों में मेरा मायका तहस-नहस हो गया मनवीर। एक रोज ऐसी मनहूस शाम आई, जिसने हमसे हमारे अंबर को छीन लिया।"

केसर उदास होकर आपबीती बता रही थी। मनवीर उसे अपने साथ लिपटाए हुए था। बच्चे भी चाहते थे कि उनकी मम्मी अपने मन का सारा गुबार निकाल दें। वे उनकी बातें ध्यान से सुन रहे थे, हालाँकि ये सब बातें वे पहले भी कई बार सुन चुके थे, कभी मम्मी-पापा के मुँह से तो कभी अपने दादी-दादा और नानी-नाना के मुँह से, लेकिन ये जीवन की ऐसी घटनाएँ होती हैं कि जब भी जुबाँ पर आती हैं, लोग फिर से इनमें डूब जाते हैं और अपने अतीत में खो जाते हैं। इस समय भी ऐसा ही हो रहा था। मनवीर और केसर दोनों अपने बीते दिनों की यादों में खोए हुए थे, क्योंकि न तो मनवीर के कष्ट कम थे और न ही केसर ने कुछ कम सहा था। दर्द से दर्द साझा हो रहे थे।

मनवीर ने पूछा, "अंबर बहुत बिगड़ गया था न?"

"हाँ मनवीर, उस दिन हमारे घर में पहली बार पुलिस आई थी। उन लोगों ने माँ से बाबूजी के बारे में पूछा और फिर यह कहकर चले गए कि जब वे आ जाएँ तो उन्हें पुलिस चौकी भेज दीजिएगा। हमने आपके बेटे को बंद कर रखा है। आज उसे कुछ जुआरियों और स्मैकियों के साथ पकड़ा है।

यह सुनते ही मेरे और माँ के पैरों से जमीन ही खिसक गई थी। हमने कभी सपने में भी नहीं सोचा था कि किसी दिन यह भी सुनने को मिल सकता है! लेकिन सच यही था मनवीर कि हमारा अंबर अब हाथ से निकल चुका था। घर

में हमें कभी अंदाजा नहीं लगा कि वह इतना ज्यादा बिगड़ चुका है! उस शाम बाबूजी उसे छुड़ा तो लाए, लेकिन उसके बाद से उन्होंने उससे बिल्कुल ही बात करना छोड़ दिया। माँ कई बार उन्हें समझातीं कि बात करना मत बंद कीजिए। अपना ही बेटा है, हम मिलकर समझाएँगे तो शायद समझ जाएगा, सही रास्ते पर आ जाएगा, लेकिन बाबूजी फिर कभी उससे दिल से बात नहीं कर पाए।

माँ अंबर को बहुत तरह से समझातीं। मैं भी कई बार उससे बात करती। उसके मन के भीतर की बातों को समझने की कोशिश करती। बातें करते-करते कई बार वह खुल जाता तो कई बार नहीं।

एक शाम वही पुलिसवाले फिर हमारे घर आए और माँ से बोले, "आप लोगों को एक लाश की शिनाख्त करनी है। पुलिया के नीचे कुछ लौंडों के बीच जुए के पैसों को लेकर झगड़ा हो गया और उन्होंने एक-दूसरे पर ही हमला कर दिया। इस हाथापाई में उन्होंने एक-दूसरे पर हथियार भी चलाए, जिससे तीन लड़के मर गए हैं और चार फरार हैं। हमें संदेह है कि उनमें से एक आपका लड़का है।"

माँ तो यह सब सुनकर उसी वक्त बेहोश हो गईं। मैं बाबूजी को लेने हस्पताल दौड़ पड़ी। वे रास्ते भर पूछते रहे कि अचानक मुझे लेने क्यों आ गई? लेकिन मैंने उन्हें कुछ नहीं बताया, बल्कि उन्हें सीधे घर ले आई। दरवाजे पर बैठी पुलिस ने ही फिर उन्हें पूरी बात बताई। सब सुनने के बाद बाबूजी को गहरा सदमा पहुँचा। मैंने भी साथ चलने की बहुत जिद की, लेकिन उन्होंने कहा कि मैं माँ को सँभालूँ...और वे पुलिस के साथ चले गए।

करीब दो घंटे के बाद वे थके-हारे से लौटे। घर के बाहर ही उन्होंने अपने हाथ-पैर-मुँह धोए, कुल्ला किया और फिर भीतर आकर बिस्तर पर ढेर हो गए। उनके जाने के बाद मैं लगातार माँ को सहारा देती रही थी। मैंने उनके चेहरे पर पानी के छींटे मारे, हाथ-पैर रगड़े। किसी भी तरह से उन्हें होश में लाने की कोशिश करती रही, इसलिए बाबूजी के लौटने तक वे होश में आ चुकी थीं। वे लगातार रोती जा रही थीं।

बाबूजी को देखते ही वे उनके पास, सिरहाने जाकर बैठ गईं और अंबर के बारे में पूछने लगीं।

पहले तो कुछ देर तक वे चुप बने रहे और छत को ताकते रहे, लेकिन जब

माँ ने उन्हें झिंझोड़कर पूछा तो वे अपना आपा खो बैठे और उठकर बैठते हुए चिल्लाकर बोले, "अच्छा ही हुआ जो मर गया। नरक थी उसकी जिंदगी। उसका मर जाना ही बेहतर था सभी के लिए, खासकर उसके अपने लिए…"

माँ ने क्रोध से भरकर कहा, "ये क्या अंट-शंट बोलते जा रहे हैं आप? जो जी में आए, बोल रहे हैं? वह बेटा है हमारा।"

"है नहीं, था…और नहीं चाहिए मुझे ऐसा बेटा, जिसे न तो अपने माँ-बाप की इज्जत की परवाह हो, न अपनी बहन के प्यार की कद्र हो और न ही अपने भविष्य का खयाल हो।"

"ऐसा मत कहिए। सोचिए तो सही कि वो लड़का कश्मीर में कितना अच्छा था। यहाँ आकर वो इतने दुःख सह नहीं पाया और कमजोर पड़ गया। अरे! अभी बच्चा ही तो है।"

"तो क्या हमने दुःख नहीं सहे? और लोगों ने नहीं सहे? उसकी उम्र के किसी और लड़के ने नहीं सहे? ऐसे तो इस केसर को भी बिगड़ जाना चाहिए था…तुम्हें भी मुझे छोड़कर चले जाना चाहिए था…मुझे भी आत्महत्या कर लेनी चाहिए थी…"

बाबूजी के इतना बोलते ही माँ ने उनके मुँह पर अपनी हथेली रख दी और बोलीं, "बस! अब आगे और कुछ मत कहना। अच्छा बस इतना बता दो, आपने ठीक से पहचाना था? अंबर ही था वह?"

"हाँ, वही था। लाशें बहुत बुरी दशा में थीं। चेहरे और अंगों को देखकर लग रहा था कि बुरी तरह से चाकू से गोदा गया हो। यहाँ तक कि लाशों में पहचानने लायक कुछ बचा ही नहीं था। मैंने उसे उसके कपड़ों से पहचाना।"

"तो क्या हम उसका अंतिम संस्कार भी नहीं…"

"नहीं, उसकी बॉडी लाना असंभव है। सभी लड़कों के शरीर के अंग तितर-बितर होकर पड़े हुए थे…"

इसके बाद माँ ने उनसे न तो कुछ पूछा और न ही कुछ कहा। बस उठकर चली गईं। वे रोई भी नहीं। मेरी आँखों से आँसुओं की धार बह रही थी, लेकिन मैं दुविधा में घिरी थी कि इस वक्त खुद को सँभालूँ? बाबूजी को सहारा दूँ? या माँ को जाकर देखूँ?"

यह बताते हुए केसर की आँख से आँसू की एक धार बह चली। मनवीर ने उसे प्यार से पोंछ दिया। बच्चों ने भी केसर की ओर प्यार से देखा और उन्होंने सोचा कि मम्मी दोबारा उसी जगह आकर अपनी पुरानी यादों में खो गई हैं। इसीलिए रो पड़ी हैं ···और वैसे भी पापा तो उन्हें सँभाल ही रहे हैं इतने प्यार से। इसीलिए उन्होंने अभी इन दोनों के बीच में आना उचित नहीं समझा।

मनवीर ने केसर से कहा, "यही नियति है जान। कोई हमारे जीवन में क्यों है? कब तक के लिए है? किस उदेश्य से है? हमें कुछ पता नहीं होता, जैसे तुमने अपने छोटे भाई को खोया, वैसे ही मैंने भी अपने ताया जी के पूरे परिवार को खोया। अपनी दादी को, अपनी प्यारी छोटी बहन को खोया। इन्हीं हाथों से, अकेले ही, घर की चीजों से उनका अंतिम संस्कार किया।

हम क्या कर सकते हैं केसर? बड़ी अबूझ पहेली है ये जिंदगी; कभी समझ ही नहीं आती। तुम बहुत हिम्मतवाली हो। तुमने छोटी उम्र में अपनी सूझ-बूझ से मुझे और पापाजी को बचाया और अपने जीवन का यह कष्ट भी सहा, जबकि उस समय तुम्हारा हमसे कोई नाता भी तो नहीं था।"

मनवीर की आँखें भी नम हो चली थीं। केसर ने मनवीर की हथेली को प्यार से सहला दिया, "शायद हमारा पिछले जन्म का कोई नाता था मनवीर और वैसे भी, भविष्य में भी तो हम इस मजबूत रिश्ते में बँधनेवाले थे। हम नियति को कहाँ समझ पाते हैं।"

"सही कह रही हो केसर।"

"मनवीर! जैसे उस शाम पापाजी के केश काटते समय मेरे सामने एक बहुत बड़ी चुनौती आ खड़ी हुई थी, वैसे ही उस दिन माँ को सँभालना, उन्हें रुलाना और इस हकीकत को स्वीकार करवाना भी बेहद कठिन हो रहा था। पिताजी की बात सुनने के बाद वे सीधे अपने पूजाघर में चली गईं और बहुत देर तक अपने महादेव के सामने सूनी-सूनी आँखें लिये बैठी रहीं। मैं खुद एक डॉक्टर की बेटी थी, इसलिए इतनी समझ तो रखती थी कि इस वक्त इन्हें रुलाना बहुत जरूरी है। इन्हें गहरा सदमा लगा है, जो कि इनके जीवन के लिए खतरनाक भी हो सकता है। मैंने जबरदस्ती माँ को खुद से चिपका लिया और मैं जोर-जोर से रोने लगी, लेकिन वे तो पहाड़ सी अटल बैठी हुई थीं, फिर मैंने

उन्हें जोर से झिंझोड़ा और चिल्लाकर यह एहसास कराया कि अब उनका बेटा इस दुनिया में नहीं रहा है। उन्हें उसकी याद में रोना चाहिए, तब भी उन पर कोई असर नहीं हुआ। आखिरकार बाबूजी ने ही हारकर उन्हें समझाना शुरू किया कि अब वे सच्चाई को स्वीकारें, उनका बेटा हमेशा के लिए चला गया है। माँ तब भी नहीं रोईं तो बाबूजी ने उनके दोनों गालों पर जोर से चाँटे मारे। मेरा तो दिल ही बैठ गया। मैंने पहली बार उन्हें माँ पर हाथ उठाते देखा था, लेकिन उस समय यह जरूरी था, मेरे डॉक्टर पिता मजबूरी में यह करने के लिए बाध्य थे और सचमुच इससे माँ रो पड़ीं। बाबूजी ने बच्चों की तरह बिलखते हुए उन्हें अपनी बाँहों में भर लिया। मैं भी उन दोनों से लिपट गई। हमारा दर्द वही समझ सकता है, जिसने किसी अपने को खोया हो। यह दर्द शब्दों से बयाँ नहीं किया जा सकता मनवीर।"

इस वक्त मनवीर और केसर, दोनों की ही आँखों से आँसुओं की धाराएँ बह बहकर एक-दूसरे के दर्द को साझा कर रही थीं। दोनों एक-दूसरे का हाथ थामे बड़ी देर तक बाहर के नजारे देखते रहे और भीतर के दर्द से जूझते रहे, फिर बुलबुल को एहसास हुआ कि अब उसे और कुशल को ही कुछ करना होगा। उन्हें ही अपने मम्मी-पापा को सँभालना होगा।

बुलबुल ने आगे सरककर कुशल के कान में कुछ कहा और फिर वे दोनों गाड़ी से बाहर निकलकर कुछ देर प्रकृति में खेलने की जिद करने लगे। बच्चों की जिद से मनवीर और केसर अपने वर्तमान में लौट आए।

कुछ देर बाहर मस्ती कर लेने के बाद सभी फिर से टैक्सी में आकर बैठ गए। अब केसर और मनवीर सहज हो गए थे।

बुलबुल ने पूछा, "मम्मी! आप इतनी सुंदर जगह छोड़कर दिल्ली जैसे शहर में पढ़ने आईं! आपको शुरू-शुरू में तो बहुत परेशानी हुई होगी न?"

"बेटा यहाँ उस समय श्रीनगर में कॉलेज एजुकेशन की इतनी सुविधाएँ नहीं थीं। मेरी पढ़ने में बहुत रुचि थी और माँ-बाबूजी भी मुझे आगे पढ़ाना चाहते थे, इसलिए उन्होंने मुझे दिल्ली पढ़ने भेजा। उन दिनों दिल्ली में मेरे मौसाजी की पोस्टिंग थी। मौसी-मौसा अपने बच्चों के साथ वहीं रहते थे। उन्होंने दो-तीन कॉलेजों में मेरा फॉर्म भरवा दिया। चूँकि बारहवीं में मैं फर्स्ट

डिवीजन से पास हुई थी और मेरे बहुत अच्छे नंबर आए थे, इसलिए दिल्ली यूनिवर्सिटी में मेरा एडमिशन हो गया। मेरे माँ बाबूजी मुझे बार-बार समझाते रहते थे कि अब मुझे खुद अपने पैरों पर खड़े होना होगा। खुद ही अपना ध्यान रखना सीखना होगा। मैं भी हमेशा उनकी सीख और अपने जीवन के अनुभवों से लगातार आगे बढ़ती गई।"

"पापा! आप भी उसी कॉलेज में पढ़ते थे न ?" बुलबुल ने पूछा।

"हाँ! वहीं से तुम्हारे पापा मेरे जीवन में आए।" केसर और मनवीर ने एक-दूसरे की तरफ प्यार से देखा।

कुशल अपने मम्मी-पापा को छेड़ते हुए बोला, "ओहो लव मैरिज!"

"धत्त!" केसर ने शरमाते हुए कुशल को एक चपत लगा दी।

सभी हँस दिए।

मनवीर बोला, "अरे, वो तो मैंने ही हाथ-पैर मारे, वरना हो पानी थी हमारी लव मैरिज? इनके बाबूजी ने तो इनका टेंडर निकाल दिया था।"

बुलबुल की हँसी छूट गई, "मम्मी! आपने नानी-नाना को पापा के बारे में बताया क्यों नहीं?"

"मेरी हिम्मत ही नहीं पड़ती थी। एक दिन मैंने बाबूजी से कहा कि मैं भी उनका हाथ बँटाना चाहती हूँ, नौकरी करना चाहती हूँ, लेकिन उन्होंने मना कर दिया। इसके बाद वे मेरे लिए रिश्ते की खोज में जुट गए। माँ और बाबूजी ने सभी रिश्तेदारों को मेरे लिए अच्छे रिश्ते बताने के लिए कह दिया।"

"ओह माई गॉड!...और पापा? आपको पापा के लिए डर नहीं लगा?"

बुलबुल के ऐसा पूछते ही मनवीर मंद-मंद मुसकरा दिया। केसर की हँसी छूट गई। कुशल हँसते हुए बोल पड़ा, "पापा तो कनाडा जाकर बैठे थे।"

अब मनवीर बोला, "तभी तो जल्दी लौट आया मैं। इतनी मुश्किल से बात हो पाती थी हमारी। कभी-कभी तो बात करते-करते लाइन ही कट जाती, जब तुम्हारी मम्मी ने मुझे बताया कि उनके माँ बाबूजी रिश्ता तलाश रहे हैं, तब मैंने ही कुछ करने का निर्णय लिया।"

"ओ हो! हीरो पापा..." कुशल ने छेड़ते हुए कहा।

"हाँ, तो और क्या करता? अपनी हीरोइन को हाथ से निकल जाने देता?

इनकी तो हिम्मत ही नहीं हो रही थी अपने माँ और बाबूजी को हमारे बारे में बात करने की!"

मनवीर के ऐसा बोलते ही सभी ठहाका मारकर हँस दिए और केसर का चेहरा लाज से सुर्ख हो उठा। वह इस उम्र में भी बहुत सुंदर लगती थी।

"अरे पापा, समझा करिए न! बेचारी कैसे बतातीं? एक तो लड़की, दूसरे ऐसा माहौल। ऐसे में आपका ही आगे आना ठीक था।" बुलबुल ने मम्मी का पक्ष लेते हुए कहा।

"हाँ, तो वही किया मैंने। पापाजी और बेब्बे तो पहले ही इन्हें प्यार करते थे। मैंने कनडा से लौटकर पहला काम यही किया। एक दिन नहा-धोकर वाहेगुरु का नाम लिया और पापाजी को अपने दिल की इच्छा बता दी। पापाजी ने बेब्बे को बताया, लेकिन बेब्बे यह सुनकर सोच में पड़ गईं। उन्होंने समझाया कि हमें जो भी करना है, वो बहुत सोच-समझकर करना है, क्योंकि लड़की के माता-पिता सिखों में अपनी बेटी देने को राजी न हुए तो? फिर काफी सोच-विचार के बाद एक दिन पापाजी ने इनके बाबूजी को फोन किया और मिलने की बात कही। पहले तो वे हमारे मिलने आने का कारण समझ ही नहीं पाए, फिर उन्होंने सोचा कि चूँकि संकट के समय में उनकी बेटी केसर ने हमारी मदद की थी, इसीलिए शायद हम उनके संकट के समय में हमदर्दी के नाते आना चाह रहे होंगे।"

"फिर?"

"फिर क्या? हम तीनों पहुँच गए श्रीनगर, इनके घर रहें अब इनकी साँस ऊपर की ऊपर और नीचे की नीचे।"

"तो और क्या करती बेचारी? उस जमाने में लड़कियाँ बोलने की हिम्मत कर पाती थीं भला? और वो भी ऐसी बात..." बुलबुल ने फिर अपनी मम्मी का पक्ष लिया।

"हाँ, पहले तो ये नहीं बोल पाई थीं, लेकिन बाद में इन्होंने भी अपनी हिम्मत दिखाई।

इनके माँ-बाबूजी ने हमारी खूब खातिर की, फिर मेरी बेब्बे ने ही मौका देखकर मन की बात उनके सामने रख दी कि हम केसर को अपने मनवीर के

लिए आपसे माँगने आए हैं। यह सुनकर वहाँ सन्नाटा छा गया। इनका परिवार कितना कुछ सहता हुआ यहाँ तक पहुँचा था। उन्होंने अपनी सारी परिस्थितियाँ पापाजी और बेब्बे के सामने रखीं। मेरी बेब्बे ने उन्हें तसल्ली दी कि वे निश्चिंत रहें, हमने केसर को उसके गुणों की वजह से पसंद किया है न कि धन-दौलत या कुछ और देखकर। केसर के परिवार का शरणार्थी होना या अंबर का मारा जाना यह सब बातें केसर के गुणों के सामने बहुत छोटी हैं। इनके बाद इनके माँ-बाबूजी ने इनकी ओर देखा। इनकी तो सिट्टी-पिट्टी गुम।"

"…क्या सिट्टी-पिट्टी गुम? फिर बता तो दी थी, मैंने भी अपने मन की बात सबको।" केसर मनवीर को घूरकर बोली।

"फिर हम आपकी मम्मी को ब्याहकर दिल्ली ले आए। बाद में हम दोनों परिवारों ने मिलकर अपने सभी रिश्तेदारों को एक ग्रांड रिसेप्शन दिया।"

"वॉउ ग्रेट पापा! आप तो सचमुच के हीरो निकले! और मेरी दादी-दादू का भी जवाब नहीं।"

"ये तो सच है बेटा।" केसर ने भावुक होते हुए कहा।

□

पीछा करती परछाइयाँ

शाम होते-होते केसर अपने मायके पहुँच गई। उसके पिता बाहर ही बैठे कहवा पी रहे थे और अपनी डायरी में कुछ लिख रहे थे, जैसे ही उन्होंने अपनी बेटी-दामाद और दोनों बच्चों को देखा, प्रसन्न होकर दौड़ पड़े।

उन्होंने हर्ष मिश्रित आश्चर्य से भरकर पूछा, "तुम लोग! अचानक! फोन कर देते तो मैं लेने आ जाता।"

"बाबूजी, पहले ही हमने आप लोगों के पास आने में इतने साल निकाल दिए अब और समय बरबाद नहीं करना चाहते थे।" केसर भावुक होकर बोली। वह अपने पिता का आशीर्वाद लेने के लिए झुकी ही थी कि उन्होंने बेटी को अपने गले से लगा लिया। केसर फूट-फूटकर रो पड़ी। वह इतने वर्षों बाद अपने घर की देहली पर खड़ी थी। उसकी भावनाएँ उसके काबू में नहीं रहीं। मनवीर उसे सँभालने लगा।

फिर बाबूजी ने मनवीर को खूब प्यार किया। कुशल और बुलबुल को खुद से लिपटा लिया।

"चल-चल, अब अंदर चल। यहीं खड़ी रहेगी क्या ?" उन्होंने भी अपनी नम आँखें पोंछते हुए कहा।

वे सबको अंदर ले आए। केसर ने देखा कि सामने एक खाट पर उसकी माँ लेटी हुई कराह रही हैं। वे बहुत ही कमजोर दिख रही थीं। केसर अपनी माँ को ऐसी हालत में देखकर ग्लानि से भर उठी। उसे ऐसा लगने लगा, जैसे उनकी इस हालत की जिम्मेदार वह ही है, तब तक माँ की नजर भी केसर पर पड़ी। उन्होंने आँख बंद कर ली मानो कोई सपना देख रही हों···लेकिन फिर अगले ही पल

उन्होंने दोबारा आँखें खोलीं और केसर को सामने खड़ा देख चौंक पड़ीं। वे अब भी यकीन नहीं कर पा रही थीं, इसलिए अपनी दोनों आँखों को मलते हुए ध्यान से केसर की तरफ देखने लगीं। केसर उनकी मनःस्थिति समझ गई। दरअसल वे इतने सालों से केसर की राह जोह रही थीं और आज जब केसर उनके सामने खड़ी थी तो वे अपनी आँखों पर विश्वास ही नहीं कर पा रही थीं।

केसर रोते-रोते माँ के पास पहुँची और सिरहाने बैठ गई। उसने उनका एक हाथ अपने हाथ में ले लिया, फिर अपने दूसरे हाथ से उनका सर सहलाते हुए बोली, "माँ! ये क्या हाल बना लिया है आपने अपना?"

"मैंने क्या बनाया है, तूने ही बनाया है। जब बच्चे माँ-बाप को अपने हाल पर छोड़ देते हैं, तब माँ-बाप का यही हाल हो जाता है। तुझे क्या लगता है कि सिर्फ बच्चे ही माँ-बाप के बिना अनाथ हो जाते हैं...अरे पगली! माँ-बाप भी अपने बच्चों के बिना अनाथ से कुछ कम नहीं रहते।"

उनकी यह बात सुन सभी द्रवित हो उठे। केसर माँ से लिपट गई और माँ-बेटी देर तक सुबकते रहे। बहुत ही भावुकता के पल थे वे। मनवीर और बच्चे भी उनके पास आकर बैठ गए।

डॉ. साहब ने पत्नी को प्यार से डाँटते हुए कहा, "अरे! ये क्या बात हुई! आते ही बेटी को डाँटने लगीं तुम तो! अच्छा अब तुम ज्यादा मत बोलो, तुम्हें कम बोलने और चिंता न करने के लिए कहा था न मैंने? मैं तो तुम्हें किसी और डॉक्टर की धमकी भी नहीं दे सकता, क्योंकि मैं ही तुम्हारा डॉक्टर हूँ। तुम मेरी ही पेशेंट हो, इसका मतलब क्या तुम मेरी बात नहीं मानोगी? याद रखना, तुम्हारा पति तुमसे डरता होगा; तुम्हारा डॉक्टर नहीं।"

डॉ. साहब का इतना बोलना था कि वहाँ सभी नम आँखें होते हुए भी खिलखिलाकर हँस दिए।

"देखा केसर! तेरे बाबूजी ऐसे डाँटते हैं दिन भर मुझे। डॉक्टर होने की धमकी देते रहते हैं।"

"माँ! वे इस तरह से खुद भी खुश रहने की कोशिश करते हैं और आपको भी खुश रखने की कोशिश करते हैं।" केसर ने अपनी आवाज में स्नेह घोलते हुए कहा।

फिर उसने बाबूजी से पूछा, "माँ को क्या हुआ है? रिपोर्ट में क्या आया है बाबूजी?"

"बेटे! बी.पी. और शुगर बढ़ गया है। कुछ दिन पहले तेज बुखार भी था। बुखार तो उतर गया है अब! वैसे तो कोई चिंता की बात नहीं निकली है, थोड़ा आराम करेंगी और कम सोचेंगी तो ठीक हो जाएँगी। दरअसल ये सोचती बहुत ज्यादा हैं, मानती ही नहीं हैं।"

तब तक बुलबुल और कुशल अपनी नानी के सिराहने खिसक आए। नानी ने दोनों बच्चों की हथेलियाँ चूम लीं और मनवीर के सिर पर हाथ फेरकर आशीर्वाद देने लगीं।

बुलबुल चहककर बोली, "अब हम आ गए हैं न नानू! देखिएगा नानी कैसे जादू से ठीक होती हैं।"

"हा...हा...हा...बिल्कुल सही कहा तूने बेटे, अब तो इसे ठीक होना ही पड़ेगा।"

"अजी, 'होना पड़ेगा' क्या! देखिए मैं तो हो भी गई। अपने बच्चों को सामने देखते ही मैं ठीक हो गई हूँ।"

ऐसा कहकर वे उठकर बैठने लगीं, लेकिन कमजोरी की वजह से हाँफ उठीं। मनवीर उठने में उनकी मदद करने लगा। केसर ने उनकी पीठ के पीछे तकिया खड़ा करके लगाया। दोनों बच्चे अपनी नानी के और पास आकर बैठ गए।

उन्होंने बच्चों की तरफ स्नेह से देखा, "तुम दोनों की पढ़ाई कैसी चल रही है बेटा?"

"बहुत अच्छी, नानी। मेरा एम.कॉम. पूरा हो गया है, अब मैं पी-एच.डी. करूँगी।"

"अरे वाह! और आप कुशल बाबू?"

वे और डॉ. साहब अकसर उसे छेड़ते हुए 'कुशल बाबू' कहते। 'बाबू' सुनते ही वह चिढ़ जाता था। उसे बाबू शब्द सुनकर ऐसा लगता था, जैसे वह किसी सरकारी दफ्तर का बाबू हो।

"ऐ नानी! बाबू मत कहो ना। आपको कित्ती बार मना किया पहले भी कि मुझे बाबू मत कहा करो। मेरा नाम कुशल है कुशल।"

"अरे हाँ! मैं तो भूल ही गई थी कुशल बाबू।"

"कट्टी! जाइए मैं नहीं बात करता आपसे। मुझे सबसे छोटा समझकर आप सब लोग मुझे तंग करते रहते हैं।" वह रूठकर बैठ गया।

डॉ. साहब ने उसे दुलारते हुए कहा, "हाँ, मत बात करना इन लोगों से, ये सब ऐसे ही हैं। तू आजा मेरे साथ चल। हम बाहर चलते हैं, गली के मोड़ तक घूमकर आते हैं।"

कुशल घूमने जाने के नाम से खुश हो गया, "हाँ चलिए, नानाजी।"

डॉ. साहब ने सामने आले में रखके बटुए की ओर इशारा करते हुए कहा, "मेरा वो बटुआ भी उठाते लाइए कुशल बाबू।"

"गंदे! सब गंदे! मैं नहीं जाता आपके साथ। आप भी?" वह चिढ़ गया। इस पर केसर उसे दुलारते हुए बोली, "अरे प्यार से बोल रहे हैं तुझे बाबू। अच्छा बता, तू हमारा बाबू नहीं है?"

"आप भी? मम्मा, आप भी यहाँ आकर एकदम बिगड़ गई हैं।"

सबकी हँसी ठिठोली से आज यह सूना-सा घर चहक उठा था। अपनी बेटी के इंतजार में जिस माँ की आँखें पथरा गई थीं, आज उन आँखों में अलग ही चमक थी। उन्हें देखकर लग ही नहीं रहा था कि ये वही आँखें हैं जो अपनी बेटी के लिए इतने सालों तक रोई हैं...अनवरत बही हैं! कितना अजीब होता है यह ममता का रिश्ता भी। दो बच्चों की माँ थीं, लेकिन दोनों बच्चों के लिए तरस गईं। बेटी थी, जो कि लौटकर आना नहीं चाहती थी और बेटा था, जो कि लौटकर आ नहीं सकता था।

लेकिन अब केसर के आ जाने से काफी कुछ पहले जैसा हो गया था। घर की सूनी दीवारें और बेजान खिड़कियाँ जैसे बोल उठी हों। अगले दिन से ही माँ की तबीयत में भी सुधार आने लगा था। दिन भर बच्चों के साथ हँसतीं-खेलतीं, उनके लिए मनपसंद चीजें बनातीं, जिन्हें बनाने में दोनों बच्चे उनकी मदद किया करते, क्योंकि अभी उनके शरीर में थोड़ी कमजोरी बाकी थी।

लेकिन केसर कभी-कभी परेशान हो जाती। घर की दर-ओ-दीवारें देखकर केसर को अकसर पुराने दिन याद आने लगते और वह अकेले में जाकर रोने लग जाती, हालाँकि मनवीर और बच्चे उसे अकेला कम ही छोड़ते थे। वे तुरंत उसे

समझा बुझाकर चुप करा देते और प्यार से सँभाल लेते।

धीरे-धीरे केसर का मन भी सँभलने लगा। अब उसके भीतर का डर और पुरानी कड़वी यादें मिटती जा रही थीं। उसे एहसास होने लगा कि वह खुद ही उन यादों से चिपकी बैठी है, उसे उन्हें अपने जहन से निकाल फेंकना होगा। वह देख रही थी कि उसके माँ और बाबूजी उन सब बीती बातों को पीछे छोड़कर खुश होकर जी रहे हैं। वहाँ के लोग भी उन दोनों का बहुत सम्मान करते हैं।

एक दोपहर डॉ. साहब अपनी पत्नी को दूर से बैठे देख रहे थे। वे कुशल और बुलबुल के साथ हँस-हँसकर कुछ बातें कर रही थीं, तभी वहाँ केसर और मनवीर भी आ गए। वे बोले, "इन्हें बुलबुल और कुशल के साथ काम करते, हँसते-खेलते देख ऐसा लग रहा है, मानो इनके जीवन में वही पुराने दिन वापस लौट आ गए हों। ये इन्हीं लम्हों को हमेशा खोजती रही थीं शायद!"

डॉ. साहब ने भावुक होकर अपने आँसू पोंछ लिये। मनवीर और केसर भी भावुक हो उठे।

रसोई में काम करते हुए माँ ने केसर से कहा, "केसर, हेरथ आ रही है, याद है न तुझे? उसकी भी तैयारियाँ शुरू करनी हैं।"

"हाँ माँ! कल बाबूजी भी यही कह रहे थे। मैं जाकर बाबूजी और मनवीर से बोलती हूँ, वे बाजार से सामान ले आएँ।"

"ठीक है बेटे, उन्हें लिस्ट बनाकर देना, ताकि कोई चीज छूट न जाए।"

"हाँ माँ।"

हेरथ कश्मीरी पंडितों का बहुत खास त्योहार होता है। इसके लिए वे अनेक तैयारियाँ करते हैं, वैसे तो यह महाशिवरात्रि के नाम से पूरे देश में मनाया जाता है, लेकिन कश्मीर के लोग इसे हेरथ नाम से पुकारते हैं। हेरथ संस्कृत भाषा से आया है, जिसका अर्थ होता है—हरि की रात या शिव की रात्रि। ये लोग हेरथ यानी महाशिवरात्रि पर अपने-अपने घरों में भगवान् शिवजी और उनके पूरे परिवार की स्थापना करते हैं। मान्यता है कि उनकी पूजा करने से वटुकनाथ घरों में आकर रहते हैं और पूरे साल उस परिवार को सुख, समृद्धि और खुशियाँ देते हैं। यह त्योहार चार दिन तक मनाया जाता है, लेकिन इसकी तैयारियाँ काफी पहले से शुरू हो जाती हैं। घर की पूर्व दिशा में मंदिर की स्थापना की जाती है और उसे ठोकुर कुठ कहा जाता

है। यहीं भगवान् शिव के पूरे परिवार को स्थापित कर उनकी पूजा की जाती है।

केसर ने एक लिस्ट अपने पिता की ओर बढ़ाते हुए कहा, "बाबूजी, आप और मनवीर यह सामान बाजार से ले आइए। हेरथ का सामान है यह।"

"अरे हाँ! हेरथ आ गई है, वैसे ये लिस्ट रहने दे बेटा। मुझे सब सामान याद है। मिट्टी के कलशे, अखरोट, बेलपत्र, धतूरा, मोंजी, नदरू···यही सब लाना है न?"

"हाँ बाबूजी, लेकिन फिर भी आप सामान की ये लिस्ट लेते जाइए।"

"नानू! मैं भी चलूँ आपके साथ?" कुशल ने मनुहार करते हुए पूछा। क्योंकि इसी बहाने उसे घाटी में घूमने का मौका मिल जाता था।

"हाँ-हाँ, चल।"

मनवीर ने भी उठते हुए कहा, "रुकिए बाबूजी, मैं भी चल रहा हूँ आपके साथ।"

"आ जाओ बेटा।" और तीनों बाजार चले गए

इधर घर में माँ-बेटी बाकी की तैयारियों में जुट गईं। बुलबुल भी उनकी मदद करने लगी।

नानी ने बुलबुल से कहा, "बुलबुल, उधर ऊपर चढ़कर देख बेटा। अलमारी के सबसे ऊपरवाले खाने में पीतल के कलशे रखे होंगे।"

बुलबुल ने चढ़कर देखा। कुछ देर उचक-उचककर देखने के बाद वह बोली, "हाँ नानी! रखे हैं। दूँ?"

"हाँ बेटा, दे दे···और देखना वहाँ थाल भी होगा एक! वह भी दे दे।"

फिर उन्होंने वे कलशे और थाल केसर को देते हुए कहा, "केसर इन्हें रगड़कर माँज दे।"

केसर देख रही थी कि माँ आज बहुत उत्साहित होकर काम कर रही हैं।

वैसे तो वे हमेशा से ही हर त्योहार बहुत चाव से मनाती थीं, लेकिन इस बार तो उनकी वर्षों पुरानी इच्छा पूरी हुई थी। उनका परिवार साथ था, इसलिए एक अलग ही उत्साह उनके भीतर जाग उठा था।

बुलबुल ने केसर कहा, "लाओ मम्मी इन्हें मैं धो देती हूँ। मैं इन्हें पीछे ले जाती हूँ और जमीन में बैठकर अच्छी तरह से रगड़कर धो लाती हूँ।"

"ठीक है बेटे।"

केसर जब से यहाँ आई थी, तब से देख रही थी कि बुलबुल घर के हर काम में खूब हाथ बँटा रही है। वह अपनी नानी और नाना के साथ खूब हँस-खेल रही है, हर चीज के बारे में उत्सुकता से उनसे पूछती, कश्मीर की संस्कृति में खूब रुचि ले लेकर नई-नई बातें जानने की कोशिश करती।

शिवरात्रि के दिन नानी और बच्चों ने मिलकर सुबह से ही पूजा की तैयारियाँ शुरू कर दीं। उन्होंने थाल में फूल, बेलपत्र, धतूरा, तिल, दूध, शहद, चावल की छोटी-छोटी पूड़ियाँ आदि सामान सजाकर रख लिए। कलशों को धोकर उनमें साफ पानी भरा और फिर बुलबुल से बोलीं, "बेटे इनमे अखरोट भर दे। इसके बाद सभी बरतनों को फूलमाला से सजा दे।"

"नानी! मम्मी बताती हैं कि अखरोट को चारों वेदों का प्रतीक माना जाता है।"

"हाँ बेटा, सही कहती है वो और सोनिपतुल को हमारे यहाँ भगवान् शिव का प्रतीक माना जाता है। इसकी पूजा की जाती है। बेटा चार दिन तक वटुकनाथ अब हमारे घर में मेहमान बनकर रहेंगे।"

पंडित परिवारों में इस रात्रि को शिव-विवाह की परंपरा निभाई जाती है। सभी बरतन बाराती के प्रतीक स्वरूप माने जाते हैं और बड़े कलश शिव और पार्वती के स्वरूप। श्रीगणेशजी, कार्तिकेयजी और नंदी भी को भी स्थापित किया जाता है। सभी लोग बम-बम भोले के जयकारे लगाते हैं। पूजन विधि ठाकुर कुठ में संपन्न की जाती है। बाद में रातभर इस ठाकुर कुठ में कोई नहीं जाता। पूजा के बाद घर के सभी सदन्य एक-दूसरे को 'हेरथ मुबारक' कहकर शिवरात्रि की शुभकामनाएँ देते हैं। घर के बड़े बच्चों को पैसे और उपहार देते हैं।

चूँकि केसर यह सारी परंपराएँ शादी के बाद भी निभाती आ रही है, इसलिए उसके दोनों बच्चे इन सभी से खूब परिचित हैं। रात में सभी ने सीपियों से अपना पारंपरिक खेल भी खेला। सुबह-सुबह ही कुशल अपने नाना के पास जाकर खड़ा हो गया और हाथ फैलाकर बोला, "मेरा हेरथ-खर्च?"

"अरे हाँ! ये ले···ये रहा तेरा हेरथ-खर्च।"

"इतने सारे पैसे!"

"हाँ, इतने साल से इकट्ठे जो हो गए हैं···"

फिर उन्होंने बुलबुल को आवाज दी, "बुलबुल बेटे! ये लो अपना हेरथ-खर्च।"

बुलबुल ने पैसे लेते हुए कहा, "हेरथ मुबारक हो नानाजी।"

"ठाकुरजी तुझे खूब खुश रखें बेटा। खूब तरक्की दें।" उन्होंने आशीर्वाद दिया।

माँ ने भी बेटी और दामाद को हेरथ में उपहार दिए, फिर भोजन में मोंजी, नदरू और दम आलू बनाया गया। इस दिन भोजन में यही बनाने की परंपरा है। इसे कमलककड़ी और गाँठगोभी भी कहते हैं। चौथे दिन डून मावस मनाया जाता है। इस दिन चावल के आटे की रोटियाँ, पानी में भीगे हुए अखरोट और नदरू खाया जाता है। ऐसा माना जाता है कि आज के दिन सभी देवता अपना आशीर्वाद देकर लौट जाते हैं। परिवार के सदस्य सभी पूजन सामग्री समेटते हैं। वे पूजा करने मंदिर जाते हैं, फिर जब वे घर वापस आते हैं तो द्वार खुलवाने के लिए द्वार पर ही एक विशेष प्रकार से पूजा करते हैं।

डॉ. साहब और कुशल मंदिर से लौटकर आए और द्वार पर खड़े हो गए, फिर डॉ. साहब ने द्वार खटखटाया और उनकी पत्नी ने भीतर से पूछा कि, 'कौन है?' दरअसल ये पारंपरिक वार्ता इस प्रकार से हुई—

ठुकु! ठुकु!

कुन छुव?

राम ब्रोर

किया हेयथ?

अन हेयथ, धन हेयथ, सुख हेयथ।

हेरथ मुबारक!

इसका तात्पर्य यह था कि ईश्वर द्वार पर आए हैं और अन्न, धन, सुख आदि पूरे परिवार के लिए लाए हैं।

परिवार में सभी खूब प्रसन्न और उत्साहित थे। केसर के लिए जैसे अपना बचपन लौट आया हो, हालाँकि अब भी वह कभी-कभी पुरानी बातें सोचकर भयभीत हो जाती, लेकिन फिर पूरे परिवार को हँसते-खेलते देखती तो खुद को

उन कड़वी यादों से बाहर निकाल लेती। उसने मनवीर से वादा किया था कि वह कश्मीर जाकर जरा भी नहीं डरेगी, बल्कि उन यादों से मुकाबला करेगी और अपना सारा डर निकाल देगी। मनवीर भी उसका इस काम में खूब साथ दे रहा था। वाकई अब यहाँ के हालात ऐसे नहीं थे कि इतना डरा जाए। केसर खुद यहाँ आकर देख रही थी कि अब लोगों का जीवन काफी सामान्य है। हाँ! फौज की सुरक्षा-व्यवस्था जरूर थोड़ी सख्त है, लेकिन उसकी आवश्यकता भी तो है। आतंकवादी तो हमेशा ही यहाँ हिंसा करने और अव्यवस्था फैलाने के मौके तलाशते रहते हैं। ऐसे में इन फौजियों की वजह से ही वे आम नागरिकों तक नहीं पहुँच पाते, बल्कि अब तो यहाँ सख्ती इतनी बढ़ गई है कि ये आतंकी सीमा तक नहीं लाँघ पाते। एक समय था, जब ये हीं आतंकी दिल्ली, मुंबई जैसे शहरों में जाकर बम फोड़ आते थे··· नरसंहार मचाते थे और एक आज का समय है, जब ये लोग सीमा तक आते-आते ही धर दबोचे जाते हैं।

केसर को अब एहसास होने लगा था कि उसे पहले ही अपनी माँ से मिलने आ जाना चाहिए था। उसने अपनी माँ को बहुत इंतजार करवाया है। बच्चे भी अपने ननिहाल आने के लिए कितना तड़पते रहे थे! उसे अफसोस होने लगा।

शाम को बुलबुल सारे कलश लेकर पीछेवाले आँगन में चली गई और बैठकर उन्हें धोने लगी, तभी अचानक केसर को ऐसा महसूस हुआ कि पीछे की तरफ लगे पौधों के झुरमुट से कोई झाँक रहा है। वह चौकन्नी होकर उस ओर देखने लगी, फिर वह धीरे से उठी और दबे पाँव झुरमुट के पास पहुँची। उसने बहुत निगाह दौड़ाई, लेकिन वहाँ कोई नजर नहीं आया। उसने सोचा, कोई जानवर रहा होगा शायद! लेकिन जैसे ही वह पलटी कि फिर वही आवाज हुई। उसने दोबारा पास जाकर देखा, मगर अब भी दूर-दूर तक कोई नहीं दिखा। वह हैरान तो हुई, लेकिन फिर अंदर जाकर माँ के साथ काम में व्यस्त हो गई और इस घटना को भूल गई।

दोपहर भोजन के बाद घर के सभी सदस्य हलकी नींद ले रहे थे। धीरे-धीरे दिन ढलने लगा था, तभी केसर को घर के पीछे फिर वही सरसराहट सुनाई दी, जैसे कोई मद्धिम गति से चल रहा हो। वह झट से उठी और पिछले आँगन में जाकर देखने लगी। उसने आहिस्ता से पौधों को हटाया और इधर-उधर झाँका।

वह साँस रोके देख ही रही थी कि तभी किसी ने पीछे से उसकी पीठ पर हाथ रखा और वह बुरी तरह से चिहुँक उठी।

"क्या हुआ ?" माँ ने पूछा

माँ को देखकर उसकी जान में जान आई, "कुछ नहीं माँ! मुझे लगा यहाँ कोई है।"

"यहाँ कौन होगा ? तेरे बाबूजी ने दूर-दूर तक काँटों की बाड़ लगवा रखी है और इतने सुंदर-सुंदर फूलों की क्यारियाँ लगा दी हैं। यहाँ तो कोई आ भी नहीं सकता। चल आजा। आराम कर ले थोड़ा।"

"हूँ..." कहते हुए वह माँ के साथ भीतर चल दी, लेकिन तभी वह फिर एक बार पलटी और चिल्लाई, "वो देखो! वो कौन है माँ ?"

माँ ने बाड़ के पास जाकर देखा। वे काफी देर इधर-उधर देखती रहीं, तभी फौजी-वरदी में एक युवक सामने आ गया और उन्हें देखकर मुसकरा दिया। वे भी हँसकर बोलीं, "अरे! तूने इसे देखा होगा। यह तो राघव है। फौजी जवान है ये। आजकल यहाँ इसकी नाइट ड्यूटी होती है। शाम शुरू होने से पहले ही ये आ जाता है और दूसरा फौजी चला जाता है, फिर सुबह ये चला जाता है और वह आ जाता है। ये तो हमारी ही सुरक्षा के लिए ही यहाँ तैनात है और तू इससे ही डर गई!"

केसर ने भी एक बार राघव की तरफ देखकर हलकी सी मुसकान फेंकी, फिर वह माँ के साथ भीतर चली गई।

"नानी, कहीं घूमने चलें? कल नानाजी बता रहे थे कि कश्मीर में बहुत सुंदर-सुंदर जगह हैं घूमने के लिए।" बुलबुल ने कहा।

"हाँ बेटा, यहाँ नेचुरल ब्यूटी बहुत है। इसीलिए बहुत सारी जगहों पर बहुत सुंदर-सुंदर पार्क, मंदिर, झरने, लेक वगैरह बने हुए हैं। कश्मीर तो पर्यटकों की पहली पसंद है बेटे। यहाँ पूरे साल लोग आते रहते हैं।"

कुशल ने मचलते हुए कहा, "तो चलिए न कहीं घूमने चलते हैं सभी लोग।"

मनवीर भी उत्साहित होकर बोला, "हाँ हाँ चलो। बताओ केसर कहाँ चला जाए ?"

"माँ! बाबूजी! क्यों न हम लोग खीर भवानी माता के मंदिर चलें ?" केसर ने पूछा।

"हाँ, चलते हैं, वैसे भी तेरी माँ को घर से निकले काफी समय हो गया है। मनवीर और बच्चे भी पहली बार घाटी आए हैं तो सबसे पहले माता के दर्शन के लिए चलते हैं। क्यों ठीक है न?" डॉ. साहब ने अपनी पत्नी की सहमति लेने के लिए पूछा।

"हाँ, यह ठीक रहेगा। केसर बेटा! खीर बना लेना। माता को खीर का भोग चढ़ता है।"

"माँ! बल्कि मेरा तो सुझाव है कि हम खाना भी बनाकर ले चलते हैं। माता के दर्शन करेंगे, फिर बच्चों के साथ पिकनिक भी मना लेंगे।"

कुशल ने चहकते हुए कहा, "अरे वाह! फिर तो मजा आ जाएगा।"

"तो बच्चो! कल सुबह-सुबह ही निकल चलते हैं। ठीक है?" डॉ. साहब की बात पर सबने सिर हिला दिया। वे आगे बोले, "हम सभी को सुबह जल्दी जागना होगा, इसलिए आज रात सब जल्दी सो जाना।"

अगले दिन तड़के चार बजे से ही माँ और बेटी यानी केसर और उसकी माँ भोजन और प्रसाद बनाने में जुट गईं। एक घंटे बाद मनवीर और डॉ. साहब भी जाग गए, फिर उन्होंने बुलबुल और कुशल को जगाया और तैयार होने के लिए कहा। तब तक मनवीर केसर के साथ मिलकर पिकनिक का सामान पैक करवाने लगा। बच्चे भी उठकर चटपट तैयार हो गए और फिर सभी लोग टैक्सी द्वारा गांदरबल जिले की ओर चल दिए।

रास्ते के मनोहारी प्राकृतिक दृश्य सभी को बहुत सुकून दे रहे थे। दोनों बच्चे कश्मीर देखने और अपने नाना-नानी के साथ वक्त बिताने का भरपूर आनंद उठा रहे थे। नाना-नानी भी बच्चों को बड़ी ही उत्सुकता से रास्ते में आनेवाली जगहों की जानकारी देते जाते। केसर अपने बचपन में इन जगहों पर बहुत घूमी थी, इसलिए उसके पास तो यहाँ की ढेर सारी यादें थीं।

"हम कब तक पहुँच जाएँगे बाबूजी?" मनवीर ने डॉ. साहब से पूछा।

"बेटा, रास्ता ऐसे ही साफ मिलता रहा तो करीब सवा घंटे में हम माता के दरबार में होंगे।"

"नानी! इस मंदिर का नाम खीर भवानी क्यों है?" नानी के बगल में बैठे कुशल ने पूछा।

"बेटा! यह दुर्गा माता का मंदिर है, लेकिन इस मंदिर की स्थापना के बारे में एक बहुत पुरानी कहानी प्रचलित है।"

"क्या कहानी है नानी? सुनाइए न।" बुलबुल भी कहानी सुनने के लिए उत्सुक हो उठी।

"कहते हैं कि देवी माँ पहले लंका में विराजमान थीं..." उनकी बात बीच में काटते हुए कुशल आश्चर्य से बोला, "हैं नानी! यानी यह मंदिर श्रीलंका से यहाँ आया है!"

"अरे, सुन तो! कहते हैं कि लंका का राजा रावण देवी माँ की बहुत अराधना करता था। माता उससे प्रसन्न हो गईं और फिर रावण ने माता से आज्ञा लेकर अपने राज्य में उनकी यह मूर्ति स्थापित की, लेकिन फिर कुछ समय बाद जब रावण ने बुरे काम करने शुरू कर दिए, सीताजी का अपहरण कर लिया तो माता उससे नाराज हो गईं, फिर जब हनुमानजी लंका पहुँचे तो वे दर्शन के लिए माता के मंदिर में भी गए। माता ने उनसे कहा कि अब मैं यहाँ नहीं रहना चाहती हूँ, तुम मुझे यहाँ से कहीं और ले जाकर स्थापित कर दो।"

"फिर?" दोनों बच्चों ने एक साथ पूछा।

"फिर हनुमानजी ने माता की मूर्ति को रावण के राज्य से उठा लिया और उसकी स्थापना यहाँ गांदरबल के तुलमुल में कर दी। तभी से माता का यह मंदिर एक चश्मे के ऊपर स्थापित है। कहते हैं कि जब कोई विपत्ति आने वाली होती है तो माता के मंदिर के कुंड का पानी काले रंग का हो जाता है।"

"क्या सचमुच!"

"हाँ बेटा, ऐसा अनेक बार हुआ तो है। हमने खुद अपनी आँखों से देखा है। कुछ समय पहले तुम्हें याद है, जब यहाँ भयंकर बाढ़ आई थी, तब भी ऐसा ही हुआ था।"

"अच्छा?"

"यहाँ वसंत पंचमी के दिन खास पूजा होती है, वसंत के महीने में मेला भी लगता है। माता को खीर का भोग लगाया जाता है, इसीलिए इनका नाम खीर भवानी पड़ा, वैसे इनका नाम महाराज्ञा देवी माना जाता है, लेकिन यहाँ के लोग खीर भवानी माता ही कहते हैं।"

नाना ने कहा, "बेटे, जिन दिनों कश्मीर से हिंदू पंडितों को भगाया जा रहा था, तब यहाँ के मंदिरों को भी बहुत तोड़ा-फोड़ा गया। आततताइयों ने मूर्तियों तक को खंडित कर दिया। बहुत नुकसान पहुँचाया, लेकिन बाद में स्थानीय लोगों ने मिलकर अनेक मंदिरों को दोबारा ठीक भी करवाया। खीर भवानी मंदिर को भी हिंदू और मुसलमानों दोनों ने ही मिलकर दोबारा ठीक किया था। इस मंदिर के प्रति सभी की बहुत आस्था है।"

"यह तो बहुत अच्छा है बाबूजी।" मनवीर ने प्रशंसा करते हुए कहा।

सभी लोग मंदिर पहुँचे। माता के दर्शन किए। वहाँ श्रद्धालुओं की काफी भीड़ थी। सभी यहाँ से डल झील की ओर चल दिए। बुलबुल और कुशल बेहद खुश थे। डॉ. साहब और मनवीर केसर और उसकी माँ को खुश देखकर खुश थे। करीब एक घंटे में वे लोग डल झील पहुँच गए। सभी निशात बाग में घूमे, वहीं भोजन किया और फिर डल झील के किनारे बैठकर प्रकृति का आनंद लेने लगे।

सभी झील की तरफ मुँह करके बातें करने लगे। कुशल तरह-तरह के चुटकुले सुना रहा था, जिस पर सभी खूब हँस रहे थे, तभी अचानक केसर को ऐसा लगा कि झाड़ियों के पीछे से कोई झाँक रहा है और उन्हीं की तरफ देख रहा है। पहले तो उसने अनदेखा कर दिया। उसने सोचा कि यह एक सार्वजानिक जगह है, कोई भी आ जा सकता है⋯होगा कोई, लेकिन उसके भीतर एक उत्सुकता जाग उठी थी। उससे रहा ही नहीं जा रहा था और वह बार-बार मुड़कर झाड़ियों की तरफ देखने लगती। कई बार देखने के बाद उसे यकीन हो गया कि जरूर कोई है वहाँ, जो काफी देर से सिर्फ उन्हीं लोगों को देख रहा है। एकाएक वह उठी और झाड़ियों की ओर चल दी। उसने पास जाकर पीछे की तरफ झाँका, लेकिन वहाँ कोई नहीं था। हाँ! चेक की शर्ट पहने एक व्यक्ति दूर जाता हुआ जरूर नजर आया। केसर थोड़ी देर तक असमंजस में खड़ी सोचती रही⋯

तभी मनवीर ने उसे आवाज लगाई, "केसर वहाँ क्या कर रही हो अकेली? देखो माँ और बाबूजी मिलकर कितना प्यारा गीत गा रहे हैं। यहाँ आओ।"

"हाँ आई⋯" कहते हुए असमंजस में पड़ी केसर परिवार वालों के पास जाकर बैठ गई। मनवीर ने आँखों ही आँखों में उससे पूछा कि क्या हुआ? केसर ने

मुसकराकर 'न' में सिर हिला दिया और फिर माँ-बाबूजी के गीत के साथ तालमेल बैठाते हुए ताली बजाने लगी।

अब तक शाम हो चली थी और वे लोग अपने घर बड़गाम लौटने की तैयारी करने लगे। आज सभी लोग खूब थक गए थे, लेकिन खुश भी बहुत थे। वहाँ से वापस लौटते समय केसर को न जाने क्या सूझी कि वह एक बार फिर उन झाड़ियों के पास जा पहुँची। वहाँ कोई भी नहीं था। दूर कुछ परिवार अलग-अलग झुंडों में बैठे थे ...हाँ! लेकिन वह चेक की शर्टवाला व्यक्ति अब भी वहीं बैठा था और इसी तरफ देख रहा था। केसर को थोड़ा अटपटा-सा लगा, लेकिन फिर उसने अपना सिर झटक दिया और परिवार के साथ लौटने लगी। उसने मनवीर का हाथ पकड़ लिया। मनवीर ने प्यार से केसर की आँखों में देखा और उसकी हथेलियों को और कस लिया। केसर के मन में कई बार आया कि वह पीछे मुड़कर देखे, लेकिन उसने अपना दिल कड़ा किया और एक बार भी मुड़कर नहीं देखा, किंतु उसकी बेचैनी उस समय बेहद बढ़ गई, जब उसने कार में बैठते हुए देखा कि वह व्यक्ति भी अब इसी तरफ चला आ रहा है। केसर ने अपना सिर झटक दिया।

घर लौटते हुए लाल चौक पड़ा और नाना बच्चों को उसके बारे में बताने लगे।

"बच्चो! यही वह प्रसिद्ध लाल चौक है, जहाँ 1948 में भारत के पहले प्रधानमंत्री पं. जवाहरलाल नेहरू ने तिरंगा झंडा फहराया था। पं. नेहरू ने वादा किया था कि कश्मीर के भविष्य का फैसला यहीं के लोग करेंगे, लेकिन बाद के सालों में यहाँ की धरती को आतंकवाद ने बरबाद करके रख दिया। बाद में 26 जनवरी, 1992 को बी.जे.पी. के तत्कालीन अध्यक्ष डॉ. मुरली मनोहर जोशी ने कश्मीर में एकता यात्रा की। उनकी इस एकता यात्रा में मौजूदा प्रधानमंत्री श्री नरेंद्र मोदी भी उनके साथ थे, बल्कि वे ही उनके सारथी थे।"

कुशल ने उत्साहित होकर पूछा, "पी.एम. मोदीजी ?"

"हाँ बेटे, उस समय मोदीजी बी.जे.पी. के एक वरिष्ठ कार्यकर्ता हुआ करते थे, तब वे गुजरात के मुख्यमंत्री नहीं बने थे। डॉ. जोशी की इस एकता यात्रा के प्रबंधन और संचालन की पूरी जिम्मेदारी मोदीजी को ही थी। वे ही इसके प्रभारी थे और इसका सारा प्रबंधन उनके हाथों में ही था। जोशीजी ने अपनी इस एकता-

यात्रा को कन्याकुमारी से शुरू करके कश्मीर में इसका समापन करने की योजना बनाई। चूँकि यह यात्रा लंबी थी और अलग-अलग राज्यों से होकर गुजरनी थी, इसलिए हर राज्य के अलग-अलग प्रभारी बनाए गए और उनका को-ऑर्डिनेशन श्री नरेंद्र मोदी किया करते थे। वे हर जगह पहले ही पहुँच जाते थे और भाषण भी देते थे। वे इस यात्रा में एक महत्त्वपूर्ण व्यक्ति के तौर पर आखिर तक जोशीजी के अभिन्न अंग बनकर उनके साथ रहे।"

मनवीर ने याद करते हुए कहा, "पिताजी इस एकता यात्रा में तो बी.जे.पी. के बड़े-बड़े नेता अटलजी, आडवाणीजी भी मौजूद थे न?"

"हाँ बेटे, इसमें चमनलाल गुप्ता, प्रमोद महाजन भी थे। उस वक्त पार्टी के महासचिव रहे मुरली मनोहर जोशी ने पूरे देश में इस एकता यात्रा को निकालने का निर्णय लिया। उन्होंने अपनी यह यात्रा 11 दिसंबर, 1991 को कन्याकुमारी से शुरू की। उस समय कश्मीर में आतंकवाद चरम पर था। जोशीजी की यह एकता यात्रा 25 जनवरी को जम्मू पहुँची। उन्होंने गणतंत्र दिवस के मौके पर इसी लाल चौक पर तिरंगा झंडा फहराने का ऐलान किया था, जो कि बेहद जोखिम भरा निर्णय था। प्रशासन उनके इस ऐलान के बाद सुरक्षा के इंतजामों को लेकर बेहद चिंता में पड़ गया। आतंकवादियों की ओर से न सिर्फ धमकियाँ मिल रही थीं, बल्कि साथ ही साथ उग्र घटनाओं को भी अंजाम दिया जा रहा था। पार्टी के तमाम बड़े नेताओं सहित देश भर से करीब एक लाख कार्यकर्ता बड़े जोश में भरे हुए इस एकता यात्रा के लिए जम्मू आ पहुँचे थे। उन सभी की सुरक्षा प्रशासन के सामने एक बहुत बड़ी चुनौती बन गई थी।"

"उन दिनों तो जम्मू-कश्मीर में राष्ट्रपति शासन था न?"

"हाँ मनवीर, और तब यह जम्मू आज के मुकाबले काफी छोटा होता था। उस समय घाटी के हालात बेहद खराब थे। आए दिन आतंकवादी कोई-न-कोई बड़ी वारदात अंजाम देते रहते।

जोशीजी के झंडा फहराने के ऐलान से प्रशासन बहुत डरा हुआ था, क्योंकि इतने बड़े-बड़े नेताओं के साथ लाखों की संख्या में आए कार्यकर्ता अगर आतंकवादग्रस्त कश्मीर घाटी में दाखिल होते तो कानून व व्यवस्था के लिए बड़ा खतरा पैदा हो सकता था और आखिर जिसका डर था, वही हुआ—आतंकवादियों

ने 25 जनवरी को एक बड़ी घटना को अंजाम दे दिया। 25 जनवरी को श्रीनगर में जम्मू-कश्मीर पुलिस प्रमुख के कार्यालय में एक जोरदार बम धमाका हुआ, जिसमें पुलिस प्रमुख जे.एन. सक्सेना सहित पाँच बड़े पुलिस अधिकारी बहुत बुरी तरह से घायल हो गए।

इस विस्फोट से न सिर्फ जम्मू-कश्मीर, बल्कि पूरा देश काँप उठा। लोग घायल अधिकारियों के लिए दुआएँ माँगने लगे।"

"जी बाबूजी, मुझे याद है। हम लोगों को भी समाचार से इस हमले के बारे में पता चला था। लोगों के दो मत हो गए थे, एक वर्ग का मानना था कि सबकी भलाई को देखते हुए जोशीजी को लाल चौक पर झंडा फहराने नहीं जाना चाहिए, जबकि दूसरा वर्ग चाहता था कि डरकर पीछे नहीं हटना चाहिए और अब तो झंडा जरूर फहराना चाहिए।"

मनवीर और पिता की यह बातें सुनकर केसर को वो दिन याद आने लगे। वह भी तो उन दिनों समाचार-पत्रों में खोज-खोजकर यहाँ की खबरें ही पढ़ा करती थी। कितना डरती थी, लेकिन फिर भी खुद को रोक नहीं पाती थी। कुछ समय पहले ही उसकी और मनवीर की शादी हुई थी। उसे माँ-बाबूजी की बहुत फिक्र हुआ करती। उस जमाने में मोबाइल भी नहीं होते थे और सोशल मीडिया का तो दूर-दूर तक अता-पता नहीं था। लोग अखबारों, रेडियो और टी.वी. समाचारों पर ही निर्भर थे। इनके भी समय निर्धारित थे, आज की तरह नहीं कि जब खोला, ट्विन किया, चैनल बदला और समाचार चालू।

बाबूजी आगे बता रहे थे, "...लेकिन उससे पहले 25 जनवरी की कँपकँपाती शाम को जम्मू के ऐतिहासिक परेड ग्राउंड में एक जनसभा होनी थी और वह जनसभा अपने तय समय पर शुरू हुई। देश भर से आए कार्यकर्ताओं से परेड ग्राउंड भर चुका था, अब तक इन बड़े-बड़े नेताओं को भी कार्यकर्ताओं की सुरक्षा की फिक्र होने लगी थी। उनकी सुरक्षा की नैतिक जिम्मेदारी इन नेताओं की ही बनती थी, क्योंकि वे इन्हीं के कहने पर अपनी जान हथेली पर लेकर यहाँ तक आए थे। इतने लोगों का लाल चौक पहुँचना खतरे से खाली न था, लेकिन तब तक स्थिति ऐसी हो चुकी थी कि अब पीछे भी नहीं हटा जा सकता। कार्यकर्ता बेहद जोश में भरे हुए थे, अब उन्हें लाल चौक जाने से रोकना एक चुनौती भरा काम हो

गया। इसलिए उस वक्त सभी बड़े नेता अटलजी की तरफ आशा से देखने लगे।

...और वाकई में अटलजी ने अपने कुशल वक्तव्य से स्थिति को सँभाल लिया। अटलजी अपने भाषणों के लिए खूब जाने जाते थे। लोग साँस रोककर बैठे उनकी बात सुना करते। उस शाम भी वही हुआ। लोग यहाँ के मौसम के साथ खुद को ढाल नहीं पा रहे थे। सभा में बैठे अनेक लोग सर्दी से ठिठुर रहे थे। अटलजी उनकी यह मुश्किल समझ गए और वे जैसे ही मंच पर आए, बिना कोई भूमिका बाँधे बोले, "ठंड बड़ी है और मुझे पता है कि आप में से कई लोग स्वेटर नहीं लाए हैं। जम्मू-कश्मीर आए हैं, पर गरम कपड़े नहीं लाए हैं।"

फिर एकदम से अपनी आवाज में थोड़ी कठोरता लाते हुए बोले, "जम्मू-कश्मीर आना हो तो गरम कपड़े लेकर आना चाहिए।"

बुलबुल और कुशल भी बड़े ध्यान से नाना की बातें सुन रहे थे। बुलबुल बोली, "यह तो हमने भी खूब सुना है नानू कि अटलजी जनता के मन की बातों को बड़ी ही जल्दी समझ जाते थे और अपनी इसी खूबी के कारण उनके साथ सीधे संवाद बना लेते थे।"

"हाँ बेटे, उस शाम भी अटलजी ने वही किया। बड़ी ही सहजता से उन्होंने सभी कार्यकर्ताओं को एक तरह से आदेश देते हुए कहा, "कल जोशीजी श्रीनगर के लाल चौक में राष्ट्रीय ध्वज फहराने जाएँगे। मैं नहीं जा रहा हूँ और आप लोग भी नहीं जा रहे हैं। आप लोग माता वैष्णों देवी के दर्शनों के लिए जाएँ और आज श्रीनगर में हमारे जिन पाँच अधिकारियों पर कायरतापूर्ण ढंग से हमला किया गया है; आप उनके लिए माता से प्रार्थना करें। यहाँ तक आए हैं तो माँ के दरबार में जाकर माथा टेकें हमें सुरक्षा के लिए खतरा नहीं पैदा करना है, बल्कि सुरक्षा बलों का मनोबल बढ़ाना है। मैं भी जम्मू में ही रहकर जोशीजी के श्रीनगर से लौटने का इंतजार करूँगा।"

अटलजी बोल रहे थे और लोग उन्हें चुपचाप सुन रहे थे और वही हुआ, उनका कहा मानकर बहुत सारे लोग शांति के साथ माता वैष्णो देवी के दर्शनों के लिए निकल गए। हमारे मौजूदा प्रधानमंत्री श्री नरेंद्र मोदी हर जगह डॉ. जोशी के साथ रहे, अगले दिन उनके साथ वे भी श्रीनगर पहुँचे।

जोशीजी, मोदीजी और अन्य सत्रह-अठारह लोग ही श्रीनगर के लिए निकले

और सुरक्षा को ध्यान में रखते हुए इन लोगों को जम्मू-श्रीनगर हाइवे से नहीं, बल्कि जहाज से जाने की अनुमति दी गई, जब ये लोग वहाँ पहुँचे तो दहशत भरा माहौल था। आतंकी अपनी ताकत दिखा रहे थे। वे लोग ट्रांसमीटर से धमकियाँ दे रहे थे कि सबको मार दिया जाएगा।

इसी लाल चौक में उस दिन झंडा फहराने के लिए पहले से अनेक लोग पहुँचे हुए थे। ये नेतागण भी वहाँ पहुँचे और 26 जनवरी की उस सुबह लाल चौक पर तिरंगा फहराया गया, जो कि ऐतिहासिक था।"

"इतनी दहशत के बीच तिरंगा झंडा फहराना बहुत बड़ी बात है! उस समय यह कतई आसान तो नहीं रहा होगा?"

"अरे बेटा! बहुत ही खौफनाक था। वे नेता यहाँ पंद्रह मिनट ही रहे होंगे, लेकिन उन पंद्रह मिनटों के दौरान आतंकवादी रॉकेट फायर कर रहे थे। इन रॉकेट फायर को देखकर मुरली मनोहर जोशी डरे नहीं, बल्कि बोले, "आज लाल चौक पर तिरंगा फहराया जा रहा है और पाकिस्तानी रॉकेट और ग्रेनेड उसे सलामी दे रहे हैं।" आतंकी ट्रांसमीटर पर चिल्ला-चिल्लाकर कह रहे थे, "कश्मीर के बिना पाकिस्तान अधूरा है।" इस पर जोशीजी ने अटलबिहारी वाजपेयीजी की बात दोहरा दी। अटलजी अकसर कहते थे, "…फिर तो पाकिस्तान के बिना हिंदुस्तान अधूरा है।"

"इस तिरंगा यात्रा का असर यहाँ की आम जनता, फौज, राजनीतिक दलों आदि पर भी पड़ा ही होगा?"

"बहुत असर पड़ा था। तिरंगा फहराने का सबसे बड़ा और पॉजिटिव असर फौज पर पड़ा। उनका मनोबल काफी बढ़ गया, क्योंकि इससे पहले उन्हें लगता था कि वे यहाँ लड़ रहे हैं, अपनी जान दे रहे हैं, लेकिन अब उनके भीतर और अधिक स्वाभिमान की भावना जागी, उन्हें एहसास हुआ कि जनता उनके इस बलिदान का कितना सम्मान करती है।

इधर जनता का मनोबल भी थोड़ा बढ़ा, जो कि उस समय बहुत ज्यादा गिरा हुआ था। वातावरण अच्छा नहीं था, लेकिन तिरंगा फहराने के बाद काफी चीजें बदलीं। लोकल लोगों के भीतर एक भरोसा जगा कि देश हमारे साथ है और हम जिन कठिनाइयों में रह रहे हैं, देश उसे समझ रहा है। पूरे देश में यह संदेश गया कि

पाकिस्तान की तरफ से घृणित आतंकवाद फैलाया जा रहा है और अब इसे रोकना ही होगा। इससे पहले ऐसी जागृति नहीं आई थी यहाँ। बच्चे-बच्चे में यह विश्वास पैदा हुआ कि कश्मीर भारत का अभिन्न अंग है, लेकिन यहाँ के राजनेताओं में खलबली पैदा हो गई।"

"बाद में मोदीजी पार्टी के सचिव बने, फिर महासचिव और सन् 2001 में वे गुजरात के मुख्यमंत्री बने।"

"हाँ बेटे! मोदीजी को सत्ता सँभाले हुए कुछ समय ही बीता था कि गुजरात के गोधरा में दंगा भड़क उठा। अनेक जानें गईं।"

"हमारे देश की समस्या ही यही है। हमें आपसी प्यार और भाईचारे के साथ रहना चाहिए, लेकिन धर्म और मजहब के नाम पर देश में आए दिन दंगे होते हैं।"

"बेटे! धर्म की परिकल्पना इतनी सुंदर है। यह हमारे जीवन को सुंदर और अनुशासित रखने के लिए अस्तित्व में आया, लेकिन हमने इसी को असुंदर बना डाला और इसी में अनुशासनहीनता शुरू कर दी। धर्म कोई लड़ने की चीज है?" केसर की माँ ने भारी मन से कहा।

"माँ, आप सही कह रही हैं। जो व्यक्ति धर्म के वास्तविक मर्म को समझते हैं, वे कभी मजहबी दंगे नहीं करते। धर्म और मजहब के नाम पर ये दंगे वे मूर्ख लोग ही करते हैं, जो इसके विषय में कुछ जानते तक नहीं हैं।"

"...और इस दंगे के कुछ ही महीने बाद गुजरात में विधानसभा चुनाव हुए जिसमें मोदीजी को ही बहुमत मिला। इसके बाद तो नरेंद्र मोदी ने गुजरात की सत्ता को इस प्रकार सँभाला कि प्रधानमंत्री बनने तक चार बार वहाँ के सीएम रहे। आज उन्हीं श्री नरेंद्र मोदी ने प्रधानमंत्री के पद का सदुपयोग करते हुए कश्मीर का भूगोल ही बदल दिया। किसी ने सोचा भी नहीं था कि जम्मू-कश्मीर से 370 और 35-ए हट भी सकती है!"

बातें करते-करते समय कैसे निकल गया, पता ही नहीं चला और करीब सवा घंटे में ये लोग अपने घर बड़गाम पहुँच गए।

□

एक चीख और खामोशी

केसर को मायके आए दो सप्ताह बीत चुके थे। बच्चों का तो अपने ननिहाल में ऐसा जी लग गया था कि वे यहाँ से चलने का नाम ही नहीं ले रहे थे। मनवीर फोन के जरिए अब तक अपना काम सँभाल रहा था। पापाजी भी आते-जाते रहते थे, लेकिन अब बहुत दिनों तक तो वह भी अपने बिजनेस से दूर नहीं रह सकता था। उसने सोचा कि लौटने की टिकिट बुक कराने के विषय में केसर के साथ चर्चा कर ले।

दोपहर को भोजन के बाद केसर और मनवीर आराम करने के लिए कमरे में आ गए। दोनों बच्चे नाना-नानी के पास बातें करने बैठ गए। मनवीर ने लैपटॉप पर काम करते-करते केसर से पूछा, "केसर! अब हमें दिल्ली लौटने के बारे में सोचना चाहिए। तुम्हारा क्या खयाल है?"

"हाँ, चलना तो है, लेकिन बच्चों का तो यहाँ दिल ही लग गया है, पता नहीं कैसे राजी होंगे दोनों!"

"मैं सोच रहा था कि कुछ दिनों के लिए माँ-बाबूजी को भी साथ लिए चलते हैं। वे दोनों कुछ दिन और बच्चों के साथ बिताएँगे तो अच्छा रहेगा, जब हम लोग यहाँ आए थे, तब माँ की तबीयत कितनी खराब थी। बाबूजी भी बहुत उदास थे, लेकिन अब देखो, दोनों पूरे दिन बच्चों के साथ कैसे चहकते रहते हैं। हमारे साथ चलेंगे तो ठीक रहेगा।"

"तुम सही कह रहे हो, लेकिन उनसे भी तो पूछना पड़ेगा। पता नहीं वे कश्मीर छोड़कर वहाँ चलने के लिए राजी होंगे भी या नहीं।"

"एक आइडिया है। मैं उनकी बात फोन पर पापाजी और बेब्बे से करा

देता हूँ। कुछ दिनों के लिए उन्हें भी बुला लेंगे दिल्ली और अभी तो बच्चों की छुट्टियाँ भी हैं। कुछ दिन सभी साथ रह लेंगे।"

"यह तो बहुत ही बढ़िया आइडिया है। हम आज शाम ही पापाजी को अमृतसर फोन कर लेते हैं।"

"हाँ।" फिर केसर ने मनवीर से पूछा, "कहवा पियोगे?"

"बना लाओ।"

सबसे बात करने के बाद रात को सोने से पहले मनवीर ने दिल्ली की छह टिकिटें बुक कर दीं, हालाँकि माँ और बाबूजी को दिल्ली चलने के लिए मनाने में सभी को बड़े पापड़ बेलने पड़े, लेकिन बच्चों की जिद के आगे नाना-नानी की एक न चली। ऊपर से उसी समय मनवीर ने अपने पापा और मम्मी को भी फोन लगा दिया। समधी और समधन की प्यार भरी मनुहार पर वे दोनों न नहीं कह सके।

यहाँ दिन कैसे निकल रहे थे, पता ही नहीं चल रहा था। केसर रोज सुबह तड़के बगीचे में टहलती थी। उसे बचपन से ही सुबह जल्दी उठने की आदत थी। वह बचपन में भी जल्दी जागकर घर के पीछेवाले इसी बगीचे में टहलती। यह बगीचा उसके पिता ने खुद सजाया था। माँ को पौधों का शौक तो था, लेकिन उन्हें इनकी साज-सँभाल करना जरा भी नहीं आता था। वे खुद ही अपना मजाक बनातीं और पति से कहतीं, "आप ही दीजिए पानी अपने इन लाड़ले पौधों को। मुझसे तो रूठे से ही रहते हैं ये। जिसे दो बार भी पानी दे दूँ, वही मुरझाने लगता है, पता नहीं क्यों?"

वे उनकी इस बात पर हँसकर कहते, "अरे! ये भी प्यार माँगते हैं, जैसे हमें प्यार देती हो न, वैसे ही इन्हें भी दो। इनके साथ भी प्यार से दो बातें किया करो।"

"पौधे न हुए, आपके पेशेंट हो गए!"

माँ के ऐसा बोलते ही बाबूजी ठहाका मारकर हँस देते।

तभी केसर को अंबर की याद हो आई। वह अकसर बाबूजी की आँख बचाकर फूल तोड़ लेता था। बाबूजी पौधा देखते ही तुरंत समझ जाते कि इस जगह से फूल तोड़ा गया है। बचपन में केसर बड़ी हैरान हो जाती कि बाबूजी को पता कैसे चल जाता है कि कहाँ-कहाँ से कौन-सा फूल या पत्ता तोड़ा गया

है? लेकिन आज वह इस बात को बहुत अच्छी तरह से समझ सकती है, क्योंकि अपनी बगिया को माँ-बाप की तरह सजाना पड़ता है। उसे बिल्कुल वैसे ही सहेजना होता है, जैसे माँ-बाप अपने बच्चों को सहेजते हैं, सँवारते हैं।

उसे आज भी याद है कि बाबूजी जब भी देखते कि कोई फूल या पौधा टूटा हुआ है तो वे अंबर को बगीचे में खींच लाते और उस टूटी हुई डाल को दिखाकर कहते, "देखो अंबर! यह खाली डाल कैसी दिख रही है? बेटा, तुम क्यों तोड़ते हो इन्हें? इन्हें भी तो दर्द होता है न?"

वह निष्ठुर बाबूजी की बात एक कान से सुनता और दूसरे कान से निकाल देता। कुछ दिनों तक तक तो वह ठीक रहता, लेकिन बाद में जैसे ही कोई सुंदर फूल देखता तो खुद को रोक नहीं पाता और तोड़ ही लेता।

…और एक दिन ऐसा भी आया, जब वह खुद भी हमारे जीवन की बगिया से टूटकर छिटक गया, दूर बहुत दूर चला गया हमसे।

अंबर के बारे में सोचते ही केसर की आँखें भर आईं। वह जब से यहाँ आई है, बहुत कोशिश करती कि खुद को संयत रखे, क्योंकि वह नहीं चाहती थी कि उसकी माँ और बाबूजी उसकी आँखों में नमी देखें और उस नमी में अंबर की छवि खोजें। उन्होंने तो खुद को इतना बदल डाला था कि वे अंबर का जिक्र तक नहीं करते थे, जैसे कि उनके जीवन में अंबर नाम का कोई इनसान कभी था ही नहीं। वे उसे अपने जीवन से पूरी तरह से निकाल चुके थे। न घर में उसकी कोई तसवीर और न ही उसका कोई सामान, हालाँकि माँ आज भी छुप-छुपकर रो लेती हैं, क्योंकि कोई भी माँ अपने बच्चों को प्यार करना छोड़ ही नहीं सकती है, लेकिन वे अपने पति को दिया हुआ वचन निभाने के लिए उसका नाम कभी अपनी जुबान पर नहीं आने देतीं। वे नहीं चाहतीं कि उनके पति को कष्ट पहुँचे।

जब से केसर यहाँ आई है, तब से दोनों माँ-बेटी दो-तीन बार अंबर को याद करके धीरे-धीरे बात कर चुकी हैं और रो भी चुकी हैं। वे एक-दूसरे को दिलासा भी देती रही हैं, लेकिन पूरे घर के सामने किसी ने भी अंबर के बारे में कोई जिक्र नहीं छेड़ा अब तक, शायद कोई भी इस जख्म को कुरेदना नहीं चाहता…बच्चे भी नहीं।

तभी केसर को पौधों के झुरमुट में किसी के चलने की आहट हुई। अभी

सूर्योदय नहीं हुआ था। पहाड़ी इलाकों के खुले स्थानों में पर्वतों के पीछे से सूरज जल्दी ही झाँकने लगता है, जबकि तराई वाले क्षेत्रों में अच्छा खासा दिन चढ़ जाने के बाद ही सूरज नजर आ पाता, लेकिन उजाला तो भोर से ही हर तरफ फैलने लगता। इस वक्त भी हलका-हलका उजाला फैलना शुरू हुआ ही था कि इस आहट ने केसर का ध्यान अपनी ओर खींच लिया। जहाँ से आवाज आई थी, केसर उसी ओर चल दी। उसने एक झाड़ी को हलका-सा सरकाया, लेकिन वहाँ तो कोई भी नहीं था। वह कुछ देर ऐसे ही खड़ी रही, जब काफी देर तक कोई हरकत नहीं हुई तो उसे लगा कि कोई जानवर रहा होगा और वह पलटकर वापस चल दी, लेकिन वह ज्यों ही पलटी कि किसी के दौड़ने की आवाज उसके कानों में पड़ी। वह तेजी से पीछे मुड़ी और उसने देखा कि एक व्यक्ति मुँह पर काला कपड़ा बाँधे झाड़ियों के बीचो-बीच तेज-तेज कदमों से भागा जा रहा है और फौजी युवक राघव उसके पीछे-पीछे दौड़ रहा है और उसे वहीं रुक जाने की चेतावनी दे रहा है।

केसर ने दिमाग पर जोर डाला तो उसे ऐसा लगा कि इस व्यक्ति की कद-काठी तो बिल्कुल उसी से मिल रही है, जो उस दिन डल-लेक में झाड़ियों से उसके परिवार को ताक रहा था, लेकिन फिर उसने अपने सिर को झटक दिया और सोचने लगी कि वह वहमी होती जा रही है। उसे इस तरह के खयालों से दूर ही रहना चाहिए, तभी वह अपने डर से मुक्ति पाएगी।

वह व्यक्ति छुपते-छुपाते न जाने कहाँ गायब हो गया। राघव भी थक-हारकर लौट आया और अपनी पोजीशन पर आकर खड़ा हो गया। माँ की तरह केसर को भी अब उसके साथ अपनापन हो गया था। कभी-कभी वह उससे बात भी कर लिया करती थी। उसे यह देखकर अच्छा लगता कि ये फौजी हमारी ही सुरक्षा के लिए दिन-रात खतरों को झेलते हैं, फिर भी अपनी ड्यूटी से नहीं मुकरते। वह राघव की तरफ बढ़ी और झाड़ियों की इस तरफ से ही उससे पूछा, "मिस्टर राघव! कौन था यह ?"

"पता नहीं मैडम! शायद कोई गड़रिया होगा। आपकी बगिया के फूल देखें होंगे तो खुद को रोक नहीं पाया होगा और चुराने घुस आया होगा। कोई हथियार भी नहीं था उसके पास, क्योंकि होता तो चलाता भी जरूर। इसलिए मैंने भी ज्यादा नहीं धमकाया, जाने दिया उसे।"

"अच्छा!" कहते हुए केसर ने राघव को एक मुसकान दी और उस तरफ एक निगाह डाली, जहाँ कुछ समय पहले वह व्यक्ति भागा था, फिर पलटकर घर के भीतर आ गई।

माँ जाग चुकी थीं। नहा-धोकर अपने ठाकुरजी को नहला रही थीं। केसर भी बच्चों को जगाने चल दी।

दोपहर के भोजन के बाद मनवीर और डॉ. साहब बाहर धूप में आकर बैठ गए और गपशप करने लगे। भीतर माँ-बेटी भी बतिया रही थीं। दोनों बच्चे टेलिविजन में कोई फिल्म देखने में मशगूल थे।

मनवीर ने पूछा, "बाबूजी! श्रीनगर से दोबारा अपने घर कश्मीर लौटना आपके लिए बड़ा ही मुश्किल भरा फैसला रहा होगा न?"

"हाँ बेटे! था तो, लेकिन जब मैंने अपने दोनों बच्चों…" फिर वे खुद ही अपनी बात को दोहराकर बोले, "मेरा मतलब जब केसर तुम्हारे साथ दिल्ली चली गई, तब मुझे ऐसा लगा कि अब मेरे पास डरने की कोई वजह नहीं रह गई है। तुम्हारी सासू-माँ तो शुरू से ही बहादुर थीं, इसलिए मुझे उनकी ओर से कभी फिक्र हुई ही नहीं, अब तक हम सिर्फ केसर की वजह से कश्मीर लौटने से डरते रहे थे, लेकिन जब हम केसर की तरफ से निश्चिंत हो गए तो हमने सोचा कि क्यों न अपने घर ही वापस लौटा जाए।"

"आपने सही फैसला किया था उस समय, अब तो यहाँ के हालात काफी अच्छे हैं।"

"हालात तो बहुत ठीक नहीं हैं बेटे, लेकिन हाँ, नियंत्रण में जरूर हैं। दरअसल यहाँ के हालात कभी भी एकदम स्थिर नहीं रहे। आज भी दो-चार दिन शांति से गुजरते हैं कि फिर कहीं से किसी आतंकी हमले की खबर आ जाती है। हाँ! आजकल प्रशासन जरूर कड़ाई से नियम-पालन करने लगा है, हालाँकि घाटी में इतनी फौज को देखकर किसी छावनी जैसा एहसास होता है, लेकिन इसके अलावा कोई और चारा भी तो नहीं। सीमा पार से निरंतर घुसपैठ होती रहती है। ये वरदी वाले ही उनके और हमारे बीच ढाल बनकर खड़े रहते हैं। यहाँ के लोग यही सोचकर संतोष किए रहते हैं कि ये जो दिन-रात, हर मोड़ पर वरदी में खड़े हैं, दरअसल हमारी ही सुरक्षा के लिए हैं।"

"आप सही कह रहे हैं। ये लोग देश की खातिर अपना घर-परिवार छोड़कर आते हैं। न समय की परवाह, न मौसम की। कितनी चुनौतीपूर्ण है इनकी यह ड्यूटी।"

"मैं भी अकसर जब कभी सोचता हूँ तो बड़ा अचरज होता है कि यह इनसान भी कितना अनोखा जीव है। अपनी-अपनी प्रवृत्तियों की वजह से कितना अलग है एक-दूसरे से। किसी की जीवन की राह आसान करने वाला भी इनसान है और किसी का जीवन संकट में डालनेवाला भी इनसान ही है। किसी की मदद करने के लिए दौड़कर चले आनेवाला भी इनसान है और किसी को परेशानी में देखकर अनदेखा कर देनेवाला भी इनसान ही है। एक ही भगवान् के बनाए ये इनसान कितनी अलग तरह के हैं। एक वो भी इनसान था, जिसने हमारे पूरे परिवार को अपनी जान पर खेलकर यहाँ से बचाकर निकाला था और दूसरी तरफ वह भी इनसान ही थे, जो हमें और हमारी इज्जत को अपना निशाना बना रहे थे।" डॉ. साहब अपने मित्र मीर को याद करके भावुक हो उठे।

"आजकल कहाँ हैं मीर काका?"

"बेटा, पिछले महीने ही गुजर गए वे…"

"ओह! ईश्वर ने उन्हें जरूर सद्गति दी होगी।"

"हाँ बेटे! जब हम श्रीनगर से यहाँ लौटे तो बहुत ही असमंजस में थे, क्योंकि हमने यहाँ से जाते-जाते ही अपने घर को आग के हवाले होते देख लिया था। मेरी आँखों के सामने ही मेरी खून-पसीने की कमाई से बना यह घर उजाड़ दिया गया था। श्रीनगर पहुँचकर कुछ ही दिनों बाद हमारे सुनने में तो यह भी आया था कि कई कश्मीरी मुसलिमों और पड़ोसियों ने ही पंडितों के घर पर कब्जा कर लिया है। हमें भी इस घर के बचने की कोई आस नहीं थी, लेकिन फिर भी जब हम लौटे तो सबसे पहले यहीं आए।"

"फिर जब आप और माँ यहाँ आए तो घर कैसा मिला आपको?"

"बेटे, घर के मुख्य दरवाजे पर बड़ा-सा ताला लटक रहा था और मेरी नेमप्लेट हटा दी गई थी। नई नेमप्लेट चमक रही थी जिस पर नाम खुदा था—मोहम्मद मीर आलम।"

"अरे! फिर?"

"फिर क्या! जो किस्से हम श्रीनगर में सुन रहे थे और उन दिनों जिन पर चाहकर भी यकीन नहीं कर पा रहे थे, यहाँ आकर और उस ताले और नेमप्लेट को देखकर ऐसा लगा, जैसे हम भी उसी कहानी का एक किरदार बनकर रह गए हैं। हमारा भी सब हमारे अपनों द्वारा छीना जा चुका है, लेकिन तभी मेरे मन के भीतर से आवाज आई कि एक बार उस इनसान से मिल तो लें, जिसने हमें यहाँ से निकालने में अपनी जान लगा दी थी। एक बार देखें तो सही कि वह इनसान अब कैसा दिखता होगा, जिसने मेरी बेटी की इज्जत की खातिर अपने ही बेटे की जान ले ली थी''एक बार यह भी जान और समझ लें कि दोस्ती का दम भरनेवाले लोग अपने ही दोस्तों की पीठ पर छुरा घोंपकर उनसे आँखें कैसे मिला पाते हैं।

तेरी माँ और मैं दोनों ही हैरान हो एक-दूसरे का मुँह ताक रहे थे, बल्कि तुम्हारी माँ ने कहा भी कि यहाँ से वापस चलते हैं, कोई जरूरत नहीं है उनसे मिलने की। हम यही सोचकर तसल्ली कर लेंगे कि उन्होंने हमारी जान बचाने के एवज में यह कोठी रख ली, अब चालिए यहाँ से, लेकिन मेरा दिल नहीं माना। भीतर से आवाज आई कि नहीं एक बार देखना तो चाहिए ही कि नीयत बदल जाने के बाद इनसान दिखता कैसा है? मैंने तुम्हारी माँ को समझाया कि हम रुकेंगे नहीं लौट चलेंगे, लेकिन जाते-जाते सिर्फ एक बार मीर से मिलना चाहता हूँ और यह देखना चाहता हूँ कि मेरी ही कोठी पर कब्जा करके वह मुझसे आँखें कैसे मिला पाता है।"

मनवीर बहुत ध्यान से डॉ. साहब की बातें सुन रहा था। उसकी उत्सुकता भी बढ़ती जा रही थी।

डॉ. साहब ने आगे कहा, "हमने कई बार दरवाजा खटखटाया, फिर करीब दस मिनट बाद भीतर से एक कमजोर-सा व्यक्ति बाहर आता हुआ दिखा। उसे पहचानना भी मुश्किल हो रहा था। जो स्थिति हमारी थी, वही उसकी भी हो रही थी। उसने अपनी आँखों को सिकोड़ते हुए हमारी तरफ देखा। वह एक पल को थमा, फिर दौड़कर मुझसे लिपट गया। वह मीर ही था।

"यारा मेरे! कहाँ खो गया था तू''सँभाल अपनी अमानत यार। मैं दो-दो घर सँभालते-सँभालते थक चुका हूँ।"

"दो-दो घर!" मैंने आश्चर्य से पूछा।

"हाँ यार! तुम लोगों के जाने के बाद यहाँ वे दहशतगर्द रोज आते थे। मैंने बहुत कोशिश की कि तुम्हारी अमानत सँभाल सकूँ, लेकिन नहीं सँभाल सका। वे सब सामान लूटकर ले गए। बस वे मुझे ही नहीं मार पा रहे थे···न जाने क्यों! शायद अल्लाह की मर्जी नहीं होगी या शायद मैं उनके साथी का बाप था, इसलिए फिर चाहे बेशक मैं ही उनके साथी का कातिल भी था। जो भी वजह रही हो···खैर!

कुछ दिनों बाद पुलिस भी आई। सबसे पूछताछ हुई और पता चला कि मेरी बीवी को अपने बेटे के आतंकवादी होने के बारे में पहले से ही पता था··· एक मैं ही अँधेरे में था। शर्मिंदगी की वजह से वह मुझसे और मोहल्ले वालों से आँख नहीं मिला पाती थी, फिर एक दिन फाँसी ही लगा ली और इस दुनिया के सारे झंझटों से मुक्त हो गई।

लेकिन मैं इतना कड़ा जी नहीं कर पाया कि खुद की जान ले सकता, तभी से दोनों घरों में एक जिंदा लाश की तरह डोलता रहता हूँ। तुम्हारे इस घर पर कब्जा करनेवालों की बुरी नजर थी और उस वक्त इसे सँभालने का, उनकी बुरी नजर से बचाए रखने का एक ही तरीका बचा था मेरे पास कि मैं इसे अपना नाम दे दूँ। ···अब तुम और भाभी सँभालो अपनी अमानत।"

बोलते-बोलते बाबूजी एक मिनट के लिए चुप हो गए। मनवीर ने हमदर्दी से उनके कंधे सहला दिए, तब तक केसर भी अपनी माँ के साथ वहीं आ गई।

फिर वे आगे बोले, "मैं उस पल बेहद शर्मिंदा महसूस कर रहा था और उस इनसान के गले लगने की हिम्मत तक नहीं जुटा पा रहा था, क्योंकि अभी कुछ ही देर पहले हम दोनों उसकी नीयत पर शक कर रहे थे, जबकि वह तो अब भी हमारे लिए ही जैसे जी रहा हो। वह इनसान के रूप में कोई देवता था। मैंने और तुम्हारी माँ ने उनके सामने अपने दोनों हाथ जोड़ लिए और सिर झुका दिया, फिर वे अपने आखिरी समय तक हमारे साथ ही रहे। वे सोते अपने घर जाकर, लेकिन खाना वगैरह यहीं आकर खाते रहे, वैसे भी उनके आगे-पीछे कोई था भी तो नहीं। ···लेकिन कमबख्त जाते-जाते भी वे हम पर एहसान लाद गए।"

"कैसा एहसान बाबूजी?"

"वे अपना घर केसर के नाम कर गए।"

"क्या!" केसर ने चौंककर पहले उनकी तरफ देखा फिर माँ की तरफ और आखिर में मनवीर की तरफ...।

"माँ! इत्तेफाक से आपने भी मुझे आज ही मीर चचा के बारे में बताया, लेकिन आपने यह बात मुझे क्यों नहीं बताई?"

"बेटे! तेरे बाबूजी और मैंने यह तय किया था कि तेरे और मनवीर के सामने ही यह बात करेंगे और आज-कल में हम यह बात तुम दोनों से करने ही वाले थे।"

"केसर! वे दिल से तुझे अपनी बेटी मानते थे इसीलिए अपनी कोठी तेरे नाम कर गए।" बाबूजी ने स्नेह से कहा।

"माँ! बाबू जी! इस समय कोठी की हालत कैसी है? क्या हम उसे देख सकते हैं?" केसर ने मनवीर को अपने इस 'हम' में शामिल करते हुए माता-पिता से पूछा।

"हाँ बेटे, क्यों नहीं...बेशक। तू चाहे तो अभी देख ले।"

चूँकि मीर साहब उनके पड़ोसी ही थे, इसलिए वे चारों अगले पाँच मिनट में उनकी कोठी के भीतर थे। केसर भीतर पहुँचकर भावुक हो उठी। वह घर की कई चीजों को उठा-उठाकर देखती, प्यार से हाथ फेरती और फिर रख देती। उसकी आँखों से आँसू बह रहे थे। उसे महसूस हो रहा था कि उसी की तरह ये बेजान चीजें भी आँसू बहा रही हैं...सुबक-सुबककर इस घर के लोगों को याद कर रही हैं और उनकी बदकिस्मती को कोस रही हैं। उसे ऐसा लगा मानो ये सब चीजें रहीमा चाची के स्पर्श को तरस रही हों। केसर को एक बार फिर उस रात की त्रासदी याद आ गई। उसे लगा जैसे उसके दिल में फिर वही चीखें उठने लगी हैं और वहीं समाती जा रही हैं, अब उसके भीतर एक गहरी खामोशी फैलने लगी, जिसे वह बखूबी सुन पा रही थी। इस घर में उसने कई बार अपना बचपन गुजारा था। बड़ी सारी यादें जुड़ी हुई थीं इस घर के साथ।

एकाएक वह मनवीर के पास गई और उसका हाथ पकड़कर बोली, "मनवीर! मैं एक निर्णय में तुम्हारा साथ चाहती हूँ।"

तीनों केसर की इस बात पर थोड़ा सकपकाए, लेकिन फिर मनवीर ने उसकी हथेली पर अपनी दूसरी हथेली रखते हुए कहा, "हाँ! बोलो न केसर। मैं तो हमेशा हर निर्णय में तुम्हारे साथ हूँ।"

"बाबूजी! मैं चाहती हूँ कि आप इस घर में बच्चों का एक स्कूल खोलें। मैं यह घर स्कूल के लिए दान करना चाहती हूँ।"

यह बात कही तो केसर ने, लेकिन आँसू चारों की आँखों से बह चले थे। माँ और बाबूजी ने एक साथ आगे बढ़कर केसर को गले से लगा लिया। मनवीर ने भी केसर को बाँहों में भर लिया। आज तीनों को केसर पर बेहद फख्र हो रहा था, लेकिन उनके पास इसे जाहिर करने के लिए शब्द नहीं थे और वैसे भी केसर को इसकी जरूरत नहीं थी। यह प्यार···यह आलिंगन···आँखों से बहते आँसू सब कहे दे रहे थे।

"बेटे, हम मीर के नाम से ही स्कूल का नाम रखेंगे।"

केसर ने हामी में अपना सिर हिला दिया, क्योंकि इस वक्त उसका गला भरा हुआ था, बोल नहीं फूट पा रहे थे।

घर लौटने के बाद मनवीर अपनी डायरी में कुछ लिखने बैठ गया। वह अकसर अत्यधिक भावुक हो जाने पर अपनी भावनाओं को शब्दों का रूप दे देता था। आज उसने लिखा—

कितनी अजीब होती है स्त्री!
संसार में सबसे मजबूत।
पता नहीं वे कौन लोग हैं
जो उसे कमजोर
या कि
डरपोक कहते हैं!
उस जैसी शख्सियत मिल ही नहीं सकती।
जब कठोर निर्णय लेने पर आती है
तो पर्वत जैसी अडिग
और जब भावनाओं की आँच में तपती है
तो उसी पर्वत से

झरने की तरह फूट पड़ती है।
वह मर्द के शरीर को,
दिमाग को,
यहाँ तक कि उसकी रूह को भी
संबल देना जानती है।
कितनी अजीब होती है स्त्री!

रात में खाना खाने के बाद मनवीर और केसर पीछेवाली बगिया में एक-दूसरे का हाथ पकड़कर टहल रहे थे। दोनों एक-दूसरे की भावनाओं को, प्यार को अपने हाथों के एहसास से महसूस कर रहे थे। साझा कर रहे थे। निःशब्द प्यार उनके बीच रात की रानी सा महक उठा। दूर कहीं घड़ियाल बजने की आवाज से पता चला कि रात के दस बज चुके हैं।

"सोने चलें?" मनवीर ने पूछा।

"तुम चलो, मैं बस थोड़ी ही देर में आई।"

"कोई बात नहीं, मैं थोड़ी देर और रुक जाता हूँ।"

"जान! हमारे बीच कैसी फॉरमेलिटी? तुम चलो मैं बस कुछ ही देर में आती हूँ।"

"अच्छा ठीक है, मगर जल्दी आ जाना।"

मनवीर काफी समय से देख रहा था कि अब केसर अपना डर बहुत पीछे छोड़ चुकी है। उसने मुसकराकर केसर के गाल पर प्यार किया और 'जल्दी आना' कहकर भीतर चला गया। मनवीर के जाने के बाद वह कुरसी पर बैठ गई। अभी दस मिनट ही बीते होंगे कि झाड़ियों के पीछे सरसराहट हुई। केसर के शरीर में झुरझुरी दौड़ गई, लेकिन तभी उसने देखा कि अँधेरे में एक हाथ आगे बढ़ा और उसने कोई चमचमाती हुई-सी चीज केसर की तरफ उछाल दी, फिर वह व्यक्ति वापस पलटकर जाने लगा।

केसर ने अपनी गोद में देखा कि सोने का एक पेंडेंट आकर गिरा है··· शिवजी का पेंडेंट!

वह चौंक उठी और उस व्यक्ति की ओर दौड़ी। उसका दिल हुआ कि आवाज लगाकर उसे रोके, लेकिन फौजी वहीं गश्त दे रहे थे, इसलिए उसने कोई

रिस्क नहीं लिया। वह व्यक्ति केसर को अपनी ओर आता हुआ देखकर रुक गया। वह मुड़ा। कुछ कदम वह आगे बढ़ा, कुछ कदम केसर आगे बढ़ी। अब दोनों एक-दूसरे के आमने-सामने खड़े थे।

केसर ने अपनी आँखों में आए आँसू पोंछते हुए पूछा, "अंबर?"

उस व्यक्ति ने अपना सिर झुका लिया। उसका चेहरा काले कपड़े से ढका हुआ था। केसर ने हाथ आगे बढ़ाकर कपड़ा हटाना चाहा, लेकिन वह पीछे हट गया। केसर भी ठिठक गई।

"कैसा है मेरे भाई? तुझे कभी मेरी याद नहीं आई?"

"नहीं आई, लेकिन कभी भूला भी नहीं।"

"कैसा निष्ठुर है तू! बिल्कुल भी इमोशनल नहीं है!"

"इमोशन का हमारे जीवन में कोई काम नहीं।"

"ऐसा भी कौन-सा बड़ा महान जीवन है तेरा, मैं भी तो सुनूँ?"

"ये जीवन मैंने नहीं चुना है। मेरी गलतियों की सजा के रूप में मिला है, मुझे यह जीवन और अब मैं इसे ही जीने के लिए मजबूर हूँ।"

"…तो तू छोड़ दे इस जीवन को। आजा हमारे पास। हम कोई न कोई रास्ता निकाल लेंगे।"

"मेरा जीवन भी अब यही है और मेरा रास्ता भी अब यही…"

"अंबर!"

"नहीं! अब यह मेरा नाम नहीं।"

"क्या बोल रहा है तू! जो जी में आए बोले जा रहा है।"

"सही ही तो बोल रहा हूँ।"

"…तो अब क्या है तेरा नया नाम? वह भी बता दे मुझे।"

"मेरे उस नए नाम से तुम लोग नफरत करते हो।"

"अंबर! न हम तुझसे नफरत करते हैं और न ही तेरे नाम से। हम नफरत करते हैं तो तेरे काम से मेरे भाई। तू समझ क्यों नहीं रहा!"

इतने में उसे खोजती हुई बुलबुल वहाँ आ पहुँची। उसने अँधेरे में आवाज लगाई, "मम्मी? कहाँ हैं आप?"

"आई बेटे…" केसर हड़बड़ा कर वहाँ से भागी।

अंबर झुरमुट के पीछे खड़ा बहुत देर तक अपनी बहन और भांजी···नहीं! नहीं! केसर और बुलबुल को देखता रहा।

इस वक्त उसके भीतर एक अजीब भावनात्मक द्वंद्व ज्वारभाटे की तरह मचल रहा था।

एक तरफ तो उसका जी चाह रहा था कि दौड़कर जाए और अपनी बहन और अपनी भांजी को गले लगा ले, जबकि दूसरी तरफ उसका दिमाग उसे चेतावनी दे रहा था कि जितनी जल्दी-से-जल्दी हो सके निकल जाए यहाँ से, अब ये दुनिया उसकी नहीं है। विडंबना यह थी कि एक समय जिस काली दुनिया के लोगों ने अंबर की यह रंगीन दुनिया उजाड़ी थी, आज अंबर उसी काली दुनिया का एक खासमखास हिस्सा बन चुका था और चाहकर भी उस वहशत की दुनिया को छोड़कर अपनी इस रंगीन दुनिया में नहीं लौट सकता था।

वाकई एक भाई के आगे एक आतंकी जीत गया और अगले ही पल उसने इस रंगीन कैनवास से खुद को अलग कर लिया। वह अपनी उसी बारूदों की खाइयों की तरफ बढ़ चला।

ऐसा लग रहा था, मानो किसी चित्रकार के बनाए सुंदर से प्राकृतिक चित्र के उस हिस्से में मटमैले रंगों से घुला पानी लुढ़ककर बिखर गया हो, जहाँ पिछले कुछ पलों में एक सुंदर युवक फूलों की क्यारी के बीच खड़ा था। ऐसा लगा मानो मटमैला पानी गिर जाने से चित्र बिगड़ गया हो और अब वो क्यारियाँ भी मटमैली दिखने लगी थीं। युवक भी इसी मटमैले रंग के बीच कहीं खो गया था। यह वही मटमैला पानी था, जिसमें चित्रकार अपनी कूचियाँ धोता है। केसर सोचने लगी, 'ये ईश्वर भी बड़ा अजीब चित्रकार है! उसने अपने ही बनाए इस सुंदर चित्र पर वह मटमैला पानी कैसे बिखरा दिया? जिस कूँची से इतना सुंदर चित्र बनाया, उसी कूँची का मटमैला पानी अपने चित्र पर बिखर जाने दिया! वह विधाता इतना बड़ा चित्र रच सकता है, इतने सारे रंग भर सकता है, अलग-अलग रंगों को इतनी खूबसूरती से साध सकता है, लेकिन इतना-सा मटमैला पानी नहीं सँभाला गया उससे!

इस गंदले पानी ने उस चित्रकार की कल्पना को, उसकी मेहनत को बरबाद करके रख दिया था!

केसर का जी किया कि वह अंबर के बारे में माँ और बाबूजी को बताए, लेकिन फिर उसने सोचा कि अगर उन्होंने अंबर को माफ नहीं किया तो? वह यह सोचकर डर गई कि बाबूजी उसे तुरंत आत्मसमर्पण करने के लिए कहेंगे और उसके बाद पुलिस और फौज मेरे भाई का न जाने क्या हाल करें? इसलिए मुझे हर कदम बहुत सोच-समझकर उठाना पड़ेगा।

उसने विचार किया कि क्यों न वह अंबर के बारे में मनवीर से बात करे, लेकिन फिर वह यह सोचकर असुरक्षित महसूस करने लगी कि जब मनवीर को पता चलेगा कि मैं एक आतंकवादी की बहन हूँ तो कहीं वो मुझसे नफरत ही न करने लगे।

एक बार उसके मन में यह भी आया कि बुलबुल को अपने मन की बात बताए, लेकिन वह नहीं बता सकी।

एक वक्त ऐसा था, जब यही केसर अपने भय की वजह से कश्मीर नहीं आना चाहती थी, लेकिन इस वक्त उसकी मनःस्थिति एकदम ही अलग थी। न ही वह भयभीत थी और न ही निडर, बल्कि असमंजस से घिरी हुई थी। वह अंबर के साथ हुई बीभत्सता के एक-एक पल को महसूस कर पा रही थी। कितना कुछ सहा होगा उसके मासूम भाई ने। वह लड़कपन में ही उस दुनिया में चला गया था। उसके मासूम हाथ, जो हमेशा मेरी ही अलमारी और दराज खँगालते रहते थे, जो हमेशा कोई न कोई चीज उठा लेने की फिराक में लगे रहते थे, उन हाथों ने ए.के.-47 कैसे थामी होगी उस उम्र में!

उस उम्र में जब उसे वह अपने सीने से सटाकर चलाता होगा, तब उसे माँ की याद तो आती ही होगी, जो कि उसके उसी सीने को खुद से चिपटा लेती थीं।

जब वह अपनी अपरिपक्व उँगलियों से उसके ट्रिगर को दबाता होगा, तब क्या उसे पिताजी की याद नहीं आती होगी, जो कि वही उँगली पकड़कर उसे जाने कहाँ-कहाँ की सैर करवा लाते थे।

याद आता रहा होगा उस मासूम अंबर को···यह सब याद आता रहा होगा, बल्कि कौन जाने कितनी यातना के बाद वह यह सब भूला होगा···भूला भी होगा या जबरन सब भुलवाया गया होगा! पता नहीं क्या-क्या सहा होगा मेरे इस भाई ने उस छोटी उम्र में! संभव है वहाँ से भागने की कोशिश भी की हो, कई-कई दिन भूखा भी रहा हो, जंगली जानवरों से भी बदतर इनसानों की हैवानियत को

खुद पर झेला हो…वह किसे बताएगा यह सब? कौन सुनेगा उसकी आपबीती?

वह उबरना भी चाहे तो कहाँ उबर सकता है अब! कितने ही गुनाहों के दाग लगे हैं उसके दामन पर। नहीं! नहीं! उसका तो दामन ही गुनाहों के ताने-बाने से बुना गया है, अब वह इससे कभी मुक्त नहीं हो सकता।

केसर के भीतर कशमकश चल रही थी।

…लेकिन उसे ऐसे जीते हुए भी तो नहीं देख सकती मैं। वह जिंदा है ही कहाँ! मैंने तो खालिस मौत देखी है उसकी आँखों में। मौत बाँटनेवाला यह मेरा सगा भाई एक जीती जागती लाश से कम नहीं लग रहा था मुझे। मुझे उसे समझाना ही होगा। अभी मैं घर में किसी को भी उसके बारे में नहीं बताऊँगी। मैं खुद ही उसे इस दलदल से बाहर निकालूँगी। इस दलदल के भीतर वह जिंदा नहीं बचेगा और यदि इस दलदल से बाहर आ जाता है तो लोग उसे नहीं जीने देंगे। हे ईश्वर! तुम ही मुझे रास्ता दिखाओ। उसने अपनी आँखें बंद कर लीं इस समय उसका चेहरा बेहद कठोर हो उठा था। यदि इस वक्त कोई उसके चेहरे की यह कठोरता देख लेता तो निश्चित ही भयभीत हो उठता। भय के साए में जीने वाली केसर इस समय हर भय से मुक्त थी।

वह सोचते-सोचते सो गई।

अगले दिन घर में सभी ने महसूस किया कि केसर काफी खामोश लग रही है।

लेकिन सच्चाई तो यह थी कि उसके भीतर भयंकर तूफान छिड़ा हुआ था। कदाचित् उसके शांत हो जाने के पीछे कारण भी यही था कि वह नहीं चाहती थी कि कोई उसके भीतर के इस तूफान को भाँप सके।

हालाँकि वह सभी काम पहले की ही भाँति कर रही थी। वह बाहर से यही दिखाने की कोशिश कर रही थी कि कुछ नहीं बदला है, लेकिन उसके भीतर अब काफी कुछ करवटें ले रहा था।

वह दिन भर अंबर के बारे में ही सोचती रही। उसे कैसे इस दलदल से निकाला जाए, इसका जतन खोजती रहती।

जब वह बुलबुल और कुशल का चेहरा देखती तो ममता से भर उठती। महसूस करती कि अभी वह पत्थर नहीं हुई है, उसके दिल में अब भी धड़कन बाकी है, लेकिन जब वह अंबर के बारे में सोचती तो फिर कठोर हो उठती।

बड़ी ऊहापोह की स्थिति थी। उसके भीतर एक भीषण द्वंद्व मचा हुआ था।

वह बड़ी देर तक बेचैन-सी इधर से उधर टहलती रही। घर में सभी महसूस कर रहे थे कि केसर कुछ परेशान है, लेकिन दिक्कत भी तो यही थी कि लाख पूछने पर भी वो किसी को कुछ बता ही नहीं रही थी। बस यही कह देती कि 'सिर जरा भारी है बस! हलकी से बेचैनी है, ठीक हो जाऊँगी।'

मनवीर को महसूस हुआ कि शायद केसर अपने भीतर के डर को निकालने के लिए एक बहुत बड़ा मानसिक संघर्ष झेल रही है। हो सकता है वह खुद से लड़ते-लड़ते थक रही हो। यहाँ की चीजें देखकर उसे पुरानी यादें तो आती ही होंगी न? वह चाहे जितनी भी कोशिश कर ले, लेकिन सब भूल जाना आसान कहाँ है! लेकिन उसे यह भी विश्वास था कि केसर अपने डर को जीतेगी जरूर। मैं दूँगा उसे हौसला।

रात में केसर उसके बगल में लेटी गहरी सोच में डूबी हुई थी, मनवीर ने प्यार से उसके माथे पर हाथ फेरते हुए पूछा, "जान! क्या मैंने तुम्हें यहाँ लाकर कोई गलती कर दी है?"

"नहीं तो ··तुम ऐसा क्यों कह रहे हो?"

"मैं देख रहा हूँ कि तुम बहुत जूझ रही हो खुद से। भीतर-ही-भीतर अपने ही आप से कोई युद्ध लड़ रही हो जैसे···"

केसर ने मनवीर की बात को काटते हुए कहा, "नहीं ऐसी तो कोई बात नहीं है, लेकिन हाँ! मैं यह जरूर सीख गई हूँ कि अपने भीतर के डर को मारने के लिए खुद को कितना मजबूत बनाना पड़ता है और बहुत कठोर भी।"

"इतना कठोर मत बनाओ अपने मन को केसर। तुम अपने भीतर के डर को निकाल चुकी हो। मैं देख रहा हूँ तुम्हारी आँखों में, अब मेरे सामने वो केसर नहीं है जो कश्मीर के नाम से सहम उठती थी। तुम जीत गई हो जान। तुमने अपने डर पर काबू पा लिया है, अब और संघर्ष मत करो खुद से। मैं अपनी उस हँसती-खिलखिलाती केसर को नहीं खोना चाहता। मुझे मेरी वही मुसकराती हुई केसर वापस लौटा दो।"

कोई और दिन होता तो केसर मनवीर की इस बात पर फूट-फूटकर रो देती और उससे लिपट जाती, लेकिन आज न जाने कैसी सख्त हो चुकी है वो। आँखें

खामोश जरूर हैं उसकी, लेकिन भीतर बेइंतिहा शोर है।

उसने कोई जवाब नहीं दिया बस मनवीर की हथेली को हौले से पकड़ लिया। मनवीर ने उसकी बर्फ-सी ठंडी हथेली के सर्दपन को अपने दिल की गहराइयों तक महसूस किया। उसे महसूस हुआ कि इस समय केसर के दिल में दर्द के अनेक ग्लेशियर हैं, जिनमें भावनाओं का पानी तो है, लेकिन न जाने किस कारण से वह इस समय जम गया है, कठोर हो गया है। पिघलने में वक्त लगेगा, लेकिन पिघलेगा जरूर।

न जाने कैसे रात में फिर केसर के कदम पीछे बगिया की तरफ बढ़ चले। उसे अंबर का इंतजार था, लेकिन आज केसर ने आने में शायद देर कर दी थी या अंबर किसी खतरे की वजह से ज्यादा देर रुक नहीं पाया हो, क्योंकि वह आज भी आया तो था। वह अपने आने की निशानी छोड़ भी गया था, अपने बचपन वाले अंदाज में अनेक फूलों को तोड़कर।

केसर ने निराश होकर उन टूटे फूलों को चुना और क्यारी में दबा दिया, फिर भीतर आकर सो गई।

अगले दिन भी वह अनमनी सी रही। उसे रात होने का इंतजार था। रात का खाना वगैरह हो जाने के बाद सभी लोग टी.वी. देखने लगे। केसर सभी के साथ बैठी जरूर थी, लेकिन वह वहाँ होकर भी नहीं थी। उसका मन तो बाहर बगिया की तरफ था। 'अभी आई' कहकर वह उठी और बगिया में चली गई। अंबर वहाँ पहले से मौजूद था।

आज भी अंबर ने काले कपड़े से अपना पूरा चेहरा ढक रखा था। केसर ने उसकी आँखों में देखा। उनमें अजीब-सी कठोरता थी, जैसे वे पत्थर की हों। वैसे देखा जाए तो आँखें ही क्यों अब तो वह खुद पूरा-का-पूरा पत्थर का ही हो चुका था।

काफी देर दोनों एक-दूसरे के सामने यूँ ही मौन खड़े रहे, लेकिन उनके बीच वह मौन भी बोल रहा था। वे मुँह से भले ही कुछ न बोल रहे हों, लेकिन दोनों के बीच भावनाएँ खूब साझा हो रही थीं। केसर की नम आँखें बार-बार अंबर से याचना कर रही थीं कि 'लौट आ मेरे भाई', जबकि अंबर की सर्द आँखें इनकार कर रही थीं, उनसे बार-बार एक ही भाव उठ रहा था कि 'मैं अब नहीं

लौट सकता, चाहकर भी नहीं लौट सकता', दोनों के बीच खामोशी बोलती रही।

आखिकार केसर ने चुप्पी तोड़ी और पूछा, "कैसा है मेरे भाई ?"

"क्या जवाब दूँ इसका ? कैसा हो सकता हूँ मैं ? जान हथेली पर लेकर चलने वाले और दिन-रात बारूदों से खेलनेवाले कैसे हो सकते हैं भला ?"

"...तो छोड़ दे बारूदों से खेलना। लौट आ अपने परिवार के पास। तू अब और कितनों की जिंदगियाँ लेगा ? मासूम लोगों को मौत के घाट उतारते वक्त तेरे हाथ जरा भी नहीं काँपते ? किसी बुजुर्ग महिला में अपनी माँ, बूढ़े व्यक्ति में अपने पिता नजर नहीं आते ?"

"नहीं, क्योंकि हमारे कोई रिश्ते-नाते नहीं होते।"

"इतना निर्दयी मत बन अंबर, लौट आ अपने परिवार में।"

"कौन-सा परिवार! कैसा परिवार! हमारे लिए कोई परिवार-अरिवार नहीं होते।"

"....तो क्या होता है तुम्हारे लिए ? किसके लिए जीते हो तुम लोग ? जरा मैं भी तो सुनूँ ?"

"हम जिहाद के लिए जीते हैं।"

"किस बात का जिहाद ?"

"अत्याचार के खिलाफ जिहाद, अन्याय के खिलाफ जिहाद..."

"कौन-सा अत्याचार ? कैसा अन्याय ? अपनी अंतरात्मा से पूछ तो जरा कौन अत्याचार कर रहा है तुम लोगों पर ? कैसा अन्याय हो रहा है तुम लोगों के साथ ? बल्कि तुम लोगों से बड़ा क्रूर और अत्याचारी तो दूसरा कोई भी न होगा। अरे! सब जानते-बूझते हुए भी क्यों नासमझ बन रहा है अंबर।"

"बचपन की नासमझी का बोझ आज भी ढो रहा हूँ। उस दिन जुए में हारने के बाद अगर अपनी नई शर्ट साथी को न दी होती तो शायद मैं भी बच जाता, अगर नशे का आदी न बनता तो शायद इस दलदल में नहीं फँसता। मैं भी तेरी तरह मजबूत दिल का होता और उस उम्र में बुरी संगत में न पड़ता तो आज यहाँ न खड़ा होता। मुझे जबरदस्ती उठाकर ले गए थे वे लोग। आज तू जिस पत्थर को अपने सामने देख रही है, उसे अनेक यातनाएँ दे देकर ऐसा बनाया गया है।"

"तू अब भी बच सकता है अंबर, जैसा मैं कहती हूँ, वैसा कर मेरे भाई।"

"मैं बच्चा नहीं हूँ और न ही मुझे झूठी उम्मीदें लगाने का शौक है, अब मुझे उसी दुनिया के लिए जीना है और उसी में एक दिन मर जाना है।"

"ऐसे क्यों बोल रहा है? क्या तेरे अंदर अपनों के लिए जरा भी अपनापन नहीं बचा है?"

"कहा न, हमारे अपने नहीं होते···"

"क्या तेरा दिल हम लोगों के लिए जरा भी नहीं तड़पता? कुछ इमोशन तो बचे होंगे इसमें अभी?"

"इमोशन! कौन से इमोशन? मेरे पास अब कोई इमोशन नहीं बचे।"

"अगर इमोशन नहीं बचे तो फिर क्यूँ आता है यहाँ? दूर से ही कब तक अपने घरवालों को यूँ देखता रहेगा?"

"न मेरा कोई घर है, न घरवाले।"

"तो तू इस समय किससे बात कर रहा है? मैं तेरी क्या लगती हूँ?"

"अगर तू मुझसे बात नहीं करना चाहती तो मैं लौट जाता हूँ।"

"अरे! कैसा बेरहम और निर्दयी है तू। मैं तुझे लौट जाने के लिए नहीं, लौट आने के लिए कह रही हूँ। लौट आ मेरे भाई।"

"कहा न, मैं लौट नहीं सकता। अगर मैं लौट आया तो कितनों की जिंदगियाँ चली जाएँगी मेरी वजह से···"

"तेरे बिना कितनी जिंदगियाँ पहले ही अधूरी हैं। माँ, बाबूजी, मैं, हम सब अधूरे हैं अंबर! पूरा परिवार अधूरा है तेरे बिना।"

"तू हर बात समझती है। हमारी जिंदगी और मौत की सच्चाई भी जानती है, फिर भी ऐसी बातें कर रही है!"

"इस तरह से तो तू जिंदा भी नहीं है मेरे भाई।"

"मैं जिंदा हूँ। तुम सब जिंदा हो तो मैं भी जिंदा हूँ। तू समझती क्यों नहीं? अगर मैं लौट आया तो मेरी वजह से कितनों की जिंदगियाँ छिन जाएँगी। कोई भी जिंदा नहीं बच पाएगा। वे लोग एक-एक को चुन-चुनकर मार डालेंगे। यहाँ तक कि मैं खुद भी यहाँ पहुँचने से पहले ही खत्म कर दिया जाऊँगा। जहाँ मैं हूँ, वहाँ से कोई लौटता नहीं है।"

"ओह अंबर!"

"हाँ! अब यही सच्चाई है। स्वीकार कर ले इसे।"

"बहुत कड़वी सच्चाई है यह। न मैं किसी को यह सच्चाई बता पा रही हूँ और न ही छुपा पा रही हूँ।"

"मेरी एक बात मानेगी?"

"हाँ, बोल न! मानने लायक होगी तो जरूर मानूँगी।"

"अब मुझे बचाने के बारे में नहीं, बल्कि मुक्ति देने के बारे में सोच। मुझे मुक्ति दे दे।"

"क्या?"

"हाँ! तू ही मुझे मुक्ति दे सकती है।"

"ये क्या कह रहा है तू!"

"ठीक कह रहा हूँ मैं। मुझे इस जिंदगी से मुक्ति दे दे बहन।"

"नहीं···"

"देख बहन! अभी तूने ही कहा था कि मैं जिंदा नहीं हूँ ···मैं लौट आऊँ।"

"हाँ, कहा तो था और हमेशा यही कहती रहूँगी।"

"मेरे लौटने का अब बस यही एक उपाय है। तू इन पौधों को देख रही है? अपनी जड़ों से जुड़े हैं, इसीलिए इतने हरे-भरे हैं, कैसे लहलहा रहे हैं, अगर इन्हें जड़ों से उखाड़कर किसी दूसरी जगह पर रोप दिया जाए और इन्हें पानी से सींचने की बजाय तेजाब से सींचा जाए तो ये खत्म हो जाएँगे। वही हाल इस वक्त मेरा भी है। मेरी जड़ें झुलस चुकी हैं। मैं पूरी तरह से जल चुका हूँ। अपने घर-परिवार, देश-समाज किसी के भी काम का नहीं हूँ अब, बल्कि नुकसान पहुँचा रहा हूँ सबको। मुझे जड़ से उखाड़कर फेंक दे बहन। नई मिट्टी में फिर एक बार उगना चाहता हूँ, फिर से हरा-भरा होना चाहता हूँ, लहलहाना चाहता हूँ। मुझे मुक्ति दे दे बहन। एक तू ही मुक्त कर सकती है मुझे। इस जीवन से मुक्त कर दे, ताकि एक नया जीवन पा सकूँ।"

"··· ··· ···" केसर निःशब्द थी।

"मारा तो वैसे भी जाऊँगा ही, लेकिन वो मौत कुत्ते की मौत होगी। तू मुझे अपने हाथों से इस जिंदगी से आजाद कर देगी तो मुझे मुक्ति मिल जाएगी। दीदी! न मैं उन दरिंदों के हाथों मरना चाहता हूँ और न ही फौजियों के हाथों। मैं तेरे

हाथों से मुक्त होना चाहता हूँ।" ऐसा कहते हुए उसने अपने कुरते के नीचे से एक पिस्तौल निकालकर केसर के हाथ में थमा दी।

केसर के हाथ एकदम ठंडे पड़ गए थे। उसका दिमाग भनभना रहा था। ऐसा लग रहा था, मानो दिमाग में हजारों हथौड़े एक साथ चोट कर रहे हों।

"मुझे मुक्त कर दे दीदी।" अंबर ने अपने चेहरे से कपड़ा हटा दिया। अपने दोनों हाथ जोड़कर डबडबाई आँखों से केसर की आँखों में देखते हुए याचना करने लगा, "मुक्ति दे दे प्लीज। मुझे अपने हाथों से मुक्ति दे दे।"

केसर के हाथ काँप रहे थे, लेकिन अगले ही पल उसने पिस्तौल अंबर के सीने पर रख दी।

फिर आँख बंद कर सारी गोलियाँ उसके सीने में उतार दीं।

अंबर का हट्टा-कट्टा शरीर धराशायी हो गया।

इस वक्त अंबर की आँखों में मासूम सी शांति झलक रही थी। केसर भी वहीं बैठ गई और अपने अंबर को एकटक निहारने लगी।

वह लगातार बोल रही थी, "ले मैंने तुझे मुक्त कर दिया मेरे भाई···मुक्त कर दिया।"

गोली की आवाजें सुनकर मनवीर बगिया की तरफ दौड़ा। उसके पीछे-पीछे बाकी सभी लोग भी दौड़ पड़े। पहली नजर में देखकर सभी को यह लगा कि केसर किसी मुसीबत में आ गई होगी और उसने आत्मरक्षा में इस आतंकवादी को मार गिराया होगा, लेकिन फिर करीब पहुँचने पर जब उसके मुँह से यह सुना कि 'मैंने तुझे मुक्त कर दिया मेरे भाई···मुक्त कर दिया', सब हतप्रभ से वहीं खड़े रह गए, फिर एकाएक केसर अंबर के सीने पर सिर रखकर दहाड़ मारकर रोने लगी, "अंबर मेरे भाई! लौट आ, लौट आ मेरे भाई···"

माँ, बाबू जी, मनवीर, बुलबुल, कुशल उसे चारों ओर से घेरे खड़े थे और सामने मृत पड़े अंबर को एकटक देखे जा रहे थे। सबकी आँखों से आँसुओं की धार बह चली थी। किसी को कुछ भी बताने की जरूरत नहीं थी, वे सब कुछ समझ गए थे। मनवीर ने रोती-बिलखती केसर को अपनी बाँहों में थाम लिया। केसर उसके कंधे के सहारे ठह गई। दोनों बच्चे भी मम्मी को थामकर बैठ गए।

अब तक राघव भी पास आ पहुँचा। इससे पहले कि और लोग जुट आते

राघव आगे बढ़ा और उसने बेहोश हो चुकी केसर के हाथ से पिस्तौल लेकर अपने हाथ में पकड़ ली। एक बार मनवीर और राघव की आँखें मिलीं। बुलबुल ने भी राघव की तरफ देखा। आँखों-ही-आँखों कुछ साझा हुआ।

आसपास के घरों के दरवाजे एक बार खुले और फिर बंद हो गए। घर के नजदीक एक आतंकवादी मारा गया है, उनके भयभीत होने के लिए इतना ही काफी था।

माँ भी अंबर की देह को देखकर रो पड़ीं। मनवीर, बाबूजी बच्चे उन्हें सँभालने लगे, हालाँकि सभी रो भी रहे थे और एक-दूसरे को दिलासा भी दे रहे थे। राघव अपने सीधे हाथ में पिस्तौल थामे हुए था, जिसकी नली में से अब भी धुआँ निकल रहा था। राघव ने सभी को जल्दी-से-जल्दी भीतर चले जाने के लिए कहा।

तभी केसर को होश आ गया और वह अपनी हथेलियों में कुछ खोजने लगी। मनवीर समझ गया और उसने कहा, "तुम्हारे हाथ में कुछ नहीं है जान। उसे एक बुरा सपना समझकर हमेशा-हमेशा के लिए भूल जाओ।"

"कैसे भूल जाऊँ!" केसर फूट-फूटकर रो पड़ी, "मैने अपने छोटे भाई को मार डाला···"

"नहीं, तुमने इसे नहीं मारा, जैसे आज तुमने इसे मुक्त कर दिया, वैसे ही खुद को भी इन यादों से हमेशा के लिए मुक्त कर दो और अब भूल जाओ।" ऐसा कहकर मनवीर ने केसर को अपने सीने से चिपका लिया, तभी उसने महसूस किया कि केसर के भीतर के ग्लेशियर अब पिघल रहे हैं, उसकी आँखों से अनवरत बह रहे हैं।

केसर एक बार फिर अंबर की देह की ओर झुकी और उसने अपनी हथेलियों से उसकी खुली आँखें बंद कर दीं। केसर की आँखों से बहती हुई गंगोत्री में एक भाई पूरी तरह से भीग चुका था, अब उसके चेहरे पर मुक्ति की शांति खेल रही थी।

आज उसे मुक्ति मिल गई थी।

पूर्ण मुक्ति!